함께 가는 미래

여성주의 리더십

부산여성사회교육원 엮음

신정

프롤로그

"결혼은 언제쯤 할 예정인가요?", "출산은 할 겁니까?", "자녀는 누가 돌봐주나요?" 예전에는 여성들이 취업을 위한 면접을 볼 때, 이런 질문을 자주 받곤 하였다. 지금의 여러분들에게 이런 질문이 주어진다면 어떻게 대처할 것인가? 아마도 시대착오적인 질문이라며 비난하고 이런 질문을 던지는 조직에 도전할 것이다. 최근 한 법정기관 대표와의 개인적 대화에서 자신이 일하는 기관에서는 직원 면접 시 이런 질문을 금하는 면접자 교육을 먼저 실시한다는 얘기를 듣게 되었다. 1980년대가 아닌 지금, 여성의 권익이 향상되어 역차별이 존재한다는 2019년에 이런 질문이 아직도 존재한다는 사실! 이 얼마나 기막히고 어이없는 노릇인가? 이런 부당함과 차별에 문제 제기를 하면 대부분의 남성 관리자들은 '여성을 차별하는 것이 아니라 여성의 출산은 생물학적 사실'로 조직의 경제적 손실에 절대적 영향을 미칠 수 있는 현실이기에 우려하는 것일 뿐이라고 말한다. 이것이 우리 사회의 현실이다. 결혼은 혼자 하는 것이 아님에도 남성에게 같은 질문을 하는 조직은 없다. 출산과 양육의 문제가 오로지 여성의 몫인 가부장적 문화 속에서 여성들은 경제활동과 가사, 출산, 양육을 모두 감당할 수 없기에 결혼과 출산을 거부하기에 이르렀다.

지금의 젊은 여성들에게 경제활동이란 결혼이나 육아 등을 고려한 선택사항이 아니다. 아니 모든 걸림돌을 넘어 일해야 하는 세상이다. 여성들에게 모든 과제를 부여한 가부장적 사회문화는 모두에게 부담이 될 것이다. 사회에 뿌리박혀 있는 가부장적 문화를 획기적으로 바꾸지 못하면 여성과 남성의 갈등뿐 아니라 세대 간의 갈등도 점차 확산될 것이다. 너무나 오랜 시간 익숙해진 가부장적 문화를 바꾸려면 이런 문제를 누구보다 잘 알고 있는 여성들이 앞장서야 한다. 여성은 리더가 되어야 한다. 구조에 굴복하지 않는 하나의 인간이며, 자신으로 설 수 있는 리더십을 발휘하여야 한다. 또 의사결정직에 올라 자신의 경험을 녹여 혁신적인 변화의 바람을 일으킬 수 있는 리더가 되어야 한다. 차세대 여성들이 인간으로서 존중받고 능력을 발휘하여 사회구성원으로서의 역량을 발휘할 수 있는 사회를 만들어야 하는 것이다. 여성들은 리더가 되어 이 변화를 위한 바람의 선두에 서야 한다.

여성주의 리더십이란 바로 이 바람의 표지판이라고 할 수 있다. 여성뿐 아니라 모두가 함께 살아가는 사회, 원하는 바를 펼칠 수 있는 사회로 혁신하는 가이드라인이 여성주의 리더십이다.

리더십을 특별한 능력을 가진 특정인, 특히 남성의 전유물이라고 인식하던 시절이 있었다. 리더십은 경영성과를 극대화하기 위한 기업연수나 공공영역의 커리어 발전을 위한 교육내용에 포함되기도 하였지만 일반적으로는 내가 아닌 누군가가 가지고 있는 것이라는 인식이 보편적이었다. 그러나 근래에는 리더십이 모두가 개발해야 하는 능력으로 인식되기 시작하였다. 국경을 초월하는 경제의 흐름은 지구화 이전과는 다른 삶의 방식(Beck, 2000)을 준비해야 현대를 살아낼 수 있다며 자기계발을 강조하게 되었다. 그 일환으로 변혁적 리더십을 기반으로 셀프 리더십, 서번트 리더십 등 새롭고 다양한 리더십에 대한 관심이 증가하였다. 리더십이란 더 이상 특정인의 전유물이 아니며 사회에서 살아남고 성장하기 위한 필수적 자질로 인식되었으며 학습을 통하여 개발할 수 있음이 강조되었다. 여성주의 리더십 역시 새로운 리더십 흐름의 선상에 있다. 그러나 여성주의 리더십은 다른 리더십 흐름과 같지 않다. 아니 많이 다르다. 조직원들의 역량을 개발하고 비전을 제시하며 공감으로 목표를 이루고자 함은 다르지 않다. 하지만 여성주의 리더십은 다른 리더십 흐름이 관심을 두지 않았던 사회 전반의 문화를 혁신하는 데 특별한 관심을 가지고 있다. 바로 가부장제 문화의 타파가 여타의 리더십과 여성주의 리더십이 차별화되는 특이점이다.

리더십이 모두가 갖추어야 하는 주요 능력으로 인식되면서 많은 교육 프로그램이 만들어졌지만 여성은 여기서 소외되었던 것이 사실이다. 이는 여성을 사회 구성원으로 동등하게 보지 않는 가부장 문화 때문이다. 여성은 역할분리라는 고정관념에 의해 경제활동에서 배제되었다. 그러나 경제적으로 여성이 필요한 상황에서는 아무런 준비 없이 사회적 이해도 없는 채 열악한 경제활동에 내몰리기도 하였다. 여성들은 여성을 배제하는 조직 속에서 주변인으로라도 살아남기 위해 버텼고 조직의 일과 가사, 육아까지 책임지면서도 직업의식의 부족과 무책임하다는 비난을 감당하였다. 이런 상황에서도 여성들은 지구화 이전과는 다른 삶에서 살아남기 위하여, 젠더라는 고정관념에서 벗어나기 위하여 또 사회적 배제에서 주류가 되기 위하여 지대한 노력을 하였다. 이 노력에 힘을 실어줄 새로운 리더십 흐름이 바로 여성주의 리더십이다.

우리는 여성주의 리더십이 변화된 사회를 살아나갈 준비 중 하나임을 확신한다. 모두가 잘 살 수 있는 미래를 창출할 여성주의 리더십의 의미는 세 가지로 볼 수 있다. 첫째 여성주의 리더십은 변할 수밖에 없는 세상을 앞서 만들어 가고자 하는 능력이다. 둘째, 여성주의 리더십이란 변화의 방향을 제시하는 표지판이다. 셋째, 리더십이 전통적 사회문화를 대변해 왔다면 여성주의 리더십은 전통적 사회문화 혁신의 중심에 있다.

마지막으로 당부하고 싶은 것은 여성주의 리더십이 여성만을 위한 방법과 기회의 의미라고 생각하지 않기를 바란다는 것이다. 여성주의 리더십이란 파격적 혁신을 해야 할 사회조직의 방향을 제시하는 것이고, 기존 조직을 비판하는 의견을 통하여 조직의 뿌리 깊은 가부장적 가치를 변화시키며 기득권의 전승을 막아 사회를 재구성하고자 하는 흐름으로 이해하기 바란다.

이 책은 최근 부각되는 새로운 리더십에 대한 요구로 (사)부산여성사회교육원의 회원(김희경, 김혜숙, 석영미, 조은주)들이 집필에 참여하였다. (사)부산여성사회교육원은 부산지역의 페미니즘 연구집단으로 7권의 여성학 교재를 집필하는 등 지난 20여 년간 부산지역 페미니즘의 아젠다를 창출하고 이끄는 데 중심적 역할을 하였다. 특히, 2002년에 설립된 부설 여성리더십센터는 다양한 맞춤형 여성주의 리더십 프로그램을 개발하여 활발한 교육활동을 진행하였다. 이런 경험을 바탕으로 리더십에 대한 오해를 불식시키고 보다 나은 사회문화로의 변화를 추구하기 위하여 여성주의 리더십을 이해하고자 하는 학습자들을 위한 입문서를 출간하게 되었다.

이 책은 여성주의 리더십의 입문서로서 모두 12장으로 구성되어 있다. 1장은 리더십에 대한 그동안의 오해를 중심으로 리더십과 여성주의, 여성주의 리더십에 대한 개념과 여성주의 리더십을 개발하기 위한 전략을 제시하고 있다. 2장은 리더십에 대한 접근을 전통적인 접근과 최근의 흐름으로 나누어 설명하고 있다. 3장은 리더십이란 팔로워가 있기 때문에 존재하는 것임을 강조하고 팔로워의 의미와 성공적 팔로워가 되는 지침을 제공하고 있다. 4장과 5장은 리더가 갖추어야 할 다문화역량과 상호문화역량에 대한 내용이다. 조직에는 다양한 성별과 인종, 연령 및 종교를 배경으로 하는 사람들이 함께 존재하고 있다. 이런 다양성에 대한 리더의 이해와 접근법이 조직의 성과에 차이를 만들고 있음을 확인하고 그 역량을 기르는 방안을 모색하고 있다. 6장은 국제성평등지수, 국가성평등지수를 통해 한국의 성평등 수준을 알아보고, 7장은 열악한 한국의 여성 대표성 현황을 분야별로 살펴보았다. 8장은 가사노동(가정관리와 가족 및 가구원 돌보기 포함)을 중심으로 가정 내 역할 공유, 일터와 가정의 연계를 모색하였다. 이는 여성 리더의 경력 유지와 성장을 위해 반드시 확보되어야 하는 환경이다. 9장은 여성주의 리더십의 실천을 위하여 젠더 파트너십을 바탕으로 하는 팀빌딩의 구체적 세부

지침을 제시한다. 젠더 파트너십으로 성별을 넘어 성공적인 조직을 위한 리더십의 가이드라인을 제공하고 있는 것이다. 10장과 11장은 여성주의 리더의 공감적 소통과 의사결정 방법을 안내하고 있다. 특히, 이 두 장은 연습을 통한 소통과 의사결정 역량을 함양하는 데 초점을 두고 있다. 마지막으로 12장에서는 미래의 삶을 위하여 새로운 리더십에 부여된 몇 가지의 과제를 제안하고 있다.

이 책을 집필하면서 리더십과 페미니즘에 대한 다양한 관점을 점검하게 되었다. 이 과정에서 우리는 여성주의 리더십 가치의 공유와 전파에 대한 책임을 무겁게 느꼈다. 이 책이 페미니즘과 리더십에 대한 편견들을 불식시키고 새로운 리더십에 대한 중요성을 인식하며 미래를 모색하는 데 견인차가 되었으면 한다.

그리고 이 책을 접하는 모든 사람들이 여성주의 리더십을 이해하고 각성하여 변화의 시작, 그 길에 함께할 수 있기를 기대한다.

2020년 1월

저자들을 대신하여 김희경 쓰다

차례

CHAPTER 01

여성주의, 리더십을 만나다

리더십은 갖는 자에게 달려 있습니다.
리더십은 당신에게서 시작됩니다.
– Sandberg, S.

01 CHAPTER

여성주의, 리더십을 만나다

수업에서 “당신은 리더인가?”라는 질문을 던지면 대다수의 학생들은 스스로를 리더가 아니라고 말한다. 그 이유를 물으면 자신은 리더십이 없기 때문이라고 생각한다거나 리더십이 있다고 생각하는 학생들도 자신이 나서서 리더가 되는 데 부담을 가진다는 것이다. 대학생에게 리더 역할을 맡지 않으려는 이유를 물으면 리더가 되어 팀을 위하여 봉사하거나 희생하는 일이 어렵기 때문이라고 답한다. 그리고 리더를 맡는 것을 나서는 태도로, 나섬을 부정적으로 보는 인식이 있었다. 일반적으로 대학생들은 리더십이 있는 사람은 내가 아니며, 리더십이 있다고 생각하여도 내가 리더가 될 필요는 없다고 생각한다. 또 리더의 책무를 스스로 맡으려는 태도를 나섬으로 인식하는 등 리더십에 대한 몇 가지 오해를 가지고 있다.

1. 리더십에 대한 오해[1)]

리더십은 선천적으로 타고난 소수의 리더만이 발휘할 수 있다

많은 사람들이 책임감 있고 영웅적인 지도자에게 편안함을 느끼고 힘든 일이 닥쳐올 때 자신을 구원해 줄 것이라고 믿는다. 그런 뛰어난 지도자는 하늘이 낳는다고 말하며 이러한 지도자가 되는 것은 나와는 거리가 멀다고 느낀다. 우리는 수많은 추종자들의 숭배를 받았던 나폴레옹, 히틀러 같은 영웅적 지배자들이 추종자들에게 얼마나 많은 피해를 주었고 비참한 말로를 겪었는지 역사를 통해 잘 알고 있다. 짧은 기간에 만들어진 영웅적 지도자가 독재자로 변하거나 관료화되는 모습도 쉽게 찾아볼 수 있다. 지도자의 영웅화는 독재자의 지배를 정당화하거나 추종자들이 스스로 책임을 회피하는 핑계로 사용되어 왔다.

리더십은 소수의 전유물이 아니다. 모든 사람이 주어진 상황에서 발휘해야 하는 역할이고 능력이다. 리더십은 타고나는 것이 아니라 학습과 연습을 통해 개발된다. 그리고 리더십은 교육을 통해서만 개발할 수 있는 것이 아니라 삶의 현장에서 가장 잘 개발된다.

여성은 남성보다 리더십이 없다

여성 리더의 수가 남성 리더에 비해 상대적으로 적기 때문에 여성은 남성보다 리더십이 없다고 인식되었다. 또한 성취욕, 추진력, 경쟁력, 자신감, 카리스마로 대표되는 리더십은 남성다움에 대한 전통적인 사고방식을 반영하고 있어 여성이 리더십을 발휘하면 여성답지 않다고 여겨져 왔다. 그러나 최근 여성 리더의 역할

1) (사)부산여성사회교육원 (2002). 미래를 여는 여성 리더십을 정리함.

에 대한 통념과 태도가 달라지기 시작했다. 조직 내에서 고학력 여성 리더의 수가 늘어나고, 기존의 남성 리더에게서 보지 못했던 탁월한 수행능력을 여성 리더가 보여주는 사례가 증가하고 있기 때문이다. 이처럼 여성 리더십에 대한 부정적인 인식은 여성 리더와의 지속적인 관계를 통해 점차 개선되고 있다.

리더십에 남녀 성차가 있는지를 실험한 연구에서도 일반적으로 남녀 리더십의 성차가 거의 없는 것으로 밝혀졌다. 지금까지 발굴되지 않았던 여성들의 잠재력은 미래를 이끌 중요한 자원이다.

리더십은 권력을 통해 경쟁적으로 성취된다

리더십이 권력을 통해 경쟁적으로 얻어진다는 생각은 권력 또한 경쟁적으로 얻어진다는 생각에서 비롯된 것이다. 즉, 이러한 리더십은 한정된 권력을 두고 싸워서 승리한 소수에게만 기회가 주어지는 개인주의적이고 수직적인 개념이다.

여성주의 리더십은 소수의 성취를 넘어서 전체의 성취를 추구한다. 뒷전으로 밀려나서 소리를 내지 못하던 소수의 목소리를 반영하는 리더십을 추구한다. 이런 점에서 여성주의 리더십은 공동체적이고 수평적인 개념이다. 리더십은 때로는 상호적으로 때로는 협동적으로 발휘될 수 있고 공유될 수 있는 것이다. 리더십은 경쟁에서 이긴 결과가 아니라 공유된 목표를 달성하기 위한 노력의 산물이다.

성별에 따라 리더십 유형은 다르다

성역할 고정관념에서 여성은 의존적, 순종적, 감정적, 비경쟁적, 가족지향적이고 남성은 성취적, 독립적, 합리적, 경쟁적, 사회지향적으로 인식되었다. 이러한 성역할 고정관념 때문에 여성 리더는 관계지향적이고 남성 리더는 과업지향적이라고 생각되어 왔다. 이러한 성역할에 대한 사회의 고정관념은 여전히 여성과 남성의 행동양식에 잣대로 사용되고 있어 여성, 남성 모두에게 자유로움과 인간다움을 억압하고 있다. 리더십 유형은 성역할에 따라 차이가 있는 것이 아니다. 리더십 행동은 오히려 상황, 과업의 특성, 지도자의 개인적인 성향, 추종자의 준비도와 역할, 가능한 자원과 지원에 의해 결정된다.

2. 리더십이란

리더십에 대한 개념은 다양하다. Yukl은 조직의 목표달성을 위하여 비전과 용기, 영향력으로 구성원을 이끌어가는 과정이라 하였다. Katz & Kahn은 조직의 일상적인 지시에 기계적으로 순응하는 것을 넘어서도록 영향력을 행사하는 것이라 하였다. 또 Schein은 문화 바깥으로 나가 보다 적응적인 진화적 변화 과정에 착수하는 능력이라고 하였다(Yukl, 2013). 이렇듯 몇몇 학자들의 리더십 개념을 살펴보면 비전과 영향력, 변화 추구가 공통적인 개념이라고 볼 수 있다.

전통적으로 리더십이란 조직의 관리자나 대표 등의 지위에 있는 특별한 누군가가 가지고 있는 능력 정도로 인식되고 있었다. 즉, 특별한 능력이 있는 사람이 조직의 대표가 되고 관리할 수 있다는 믿음이 사회적으로 팽배하였다. 그러나 지식기반 정보사회를 지나면서 삶의 방향과 조직에서 살아남기 위하여 역량개발의 새로운 방향에 관심과 요구가 증가되었다. 조직 순응적 역량개발에서 새로운 사회문화를 내면화하고 조직의 변화를 창의적으로 선도할 수 있는 능력개발에 집중하게 되었다. 그 대표적인 방법 중 하나가 셀프 리더십[2)]이다. 전통적 리더십이 조직을 이끌어가는 리더의 역량에 초점을 두고 있었다면 셀프 리더십은

2) 셀프 리더십은 Manz & Sims 등의 학자들에 의해 주창된 리더십 모형으로 각 개인이 자기 스스로 생각하고 판단하여 자신의 행동을 이끌어가는 것이다(하미승, 2018).

먼저 자신을 리드함으로써 조직원과 조직 전체에 영향력을 확대할 수 있다는 새로운 형태의 리더십이다. 우리 사회에도 1990년 후반부터 자기개발서의 많은 부분에서 리더십이 자리를 차지하게 되었고 특정한 누군가의 능력이 아니라 현대사회를 살아가기 위해 모두가 가져야 하는 자질로 인식하게 되었다. 여기에는 평생교육의 맥락에서 리더십이란 타고나는 것이 아니라 학습으로 개발할 수 있다는 인식의 변화가 바탕이 되었다(김희경, 2006; 전혜숙, 2016). 이런 변화에는 위계질서가 철저했던 조직이 시대의 변화로 유연성을 띨 수밖에 없는 국제적·경제적 질서가 조직에 새 생명을 불어넣을 새로운 리더십을 요구하게 된 것과도 관련이 있다.

지식기반 정보사회의 엄청난 정보는 조직 대표나 관리자 몇몇이 수용하여 조직을 움직이기에는 너무도 거대해졌기에 새로운 리더십을 요구하게 되었다. 정보의 양과 흐름의 변화는 일선의 담당자도 리더와 조직에 순응하고 있을 수만은 없는 변화를 초래하였다. 자신의 전문성을 바탕으로 정보를 운용하고 동료와 상사, 조직 전체와 공유하여 조직의 목표달성에 기여해야 한다. 리더는 지시하기보다는 조직원 전체가 개개의 역량을 제대로 개발하고 발휘함으로써 조직의 비전과 목표를 달성할 수 있도록 독려하는 것이 중요한 능력이 되었다. 모든 조직원이 자신의 전문성과 역량을 바탕으로 힘을 모아 조직운영에 기여해야 하는 사회가 된 것이다.

리더십이란 스스로를 리드하는 것에서 시작하여 세상과 조직을 움직이고 창조하는 자연스런 능력을 행사하기 위해서 절대적으로 필요한 것이다. 조직의 비전과 목표달성을 위하여 조직 내 여러 영역에서 어떤 변화를 가져올 것인가를 고민하는 것이 새로운 리더십의 출발점이 될 것이다(장필화, 2017). 즉, 리더십이란 협의로는 전문성을 기르고 조직과 소통할 수 있는 힘이고 광의로는 조직을 이끌어가는 어떤 영향력 또는 통찰이라고 볼 수 있으며 보다 다차원적인 것으로 변화되고 있다(Lussier et al., 2016).

3. 여성주의 리더십과 페미니즘

여성주의 리더십은 최근의 리더십 흐름 중 대안적 리더십 이론의 하나이다. 여성주의 리더십은 사회에 뿌리박힌 남성중심적 조직문화를 혁신하고 모두가 아무런 차별 없이 역량을 발휘할 수 있는 사회를 창조하는 데 목표를 두고 있다. 여성주의 리더십은 조직에서 일어나는 성차별에 도전하여 조직 변혁을 목표로 하고 있으며 페미니즘에 그 바탕을 두고 있다. 그렇다면 페미니즘이란 무엇이고 페미니즘과 여성주의 리더십은 어떤 관련을 가지는가?

페미니즘이란

페미니즘은 서구에서 여성의 권리 옹호라는 의미로 19세기 중반 이후부터 사용되었다. 페미니즘은 시대에 따라 다양한 흐름으로 설명되고 있어 한마디로 정의할 수는 없다. 그러나 페미니즘에는 공통적으로 포함되는 몇 가지의 의미가 있다. 첫째, 여성은 여성이라는 이유로 역사적으로 오랫동안 억압당해 왔다. 둘째, 차별적인 남녀관계는 생물학적 차이에서 비롯되어 당연하거나 절대적인 것이 아니라 만들어진 것일 뿐이다. 셋째, 불평등한 젠더 관계를 변화시키고자 하는 정치적 실천이다. 즉, 페미니즘은 불평등한 여성의 인권확립운동의 흐름이고 여성이 일하고 살 수 있는 사회를 구현하기 위한 흐름 중 하나이며, 사회를 재편할 주요한 이념 또는 지표로서 방향을 제시하는 것이다(이재경 외, 2010).

페미니즘은 오랜 기간 남성중심의 사회에 저항하고 도전해 왔다. 페미니즘이라는 의미를 하나로 정의할 수 없듯이 연구자들 모두가 같은 생각을 하진 않기에 다양한 이름을 가진 페미니즘 흐름(Tong, 2010)들이 이어져 오고 있다.

서구에서 성차별에 대한 사회적 도전에 여성들이 적극적으로 뛰어들게 된 것은 18세기 말 프랑스혁명 전후라고 볼 수 있다. 프랑스혁명에서 여성이 중요한 역할을 했음에도 불구하고 참정권을 가지지 못하자 참정권, 교육권, 재산권, 노동권 같은 시민으로서의 당연한 권리를 요구한 것이다. 이것이 바로 초기 페미니즘 운동이다. 프랑스혁명 이후 참정권 획득만으로 억압된 모든 것이 해결되는 것이 아니기에 또 다른 운동의 물결이 일어났다. 이 흐름은 개인의 사소한 일들로 치부되는 것들에 도전하였다. 이때의 중요한 주제는 경제적 독립과 피임을 둘러싼 문제였다. 근래의 페미니즘은 이전과는 다른 대안의 세계를 구상하고 있다. 성별, 인종, 연령, 계급 때문에 차별받지 않는 세상을 만들어가기 위해 목표와 방법에 따라 다양한 페미니즘이 존재하고 있다(김정화, 2019).

다양한 페미니즘

페미니즘은 다양한 흐름을 형성하였으나 모두 차별과 억압이 없고, 자유와 정의가 있는 세상을 목표로 하고 있다.
그 흐름의 처음은 자유주의 페미니즘이다. 자유주의 페미니즘은 여성도 남성과 마찬가지의 능력을 가진 존재임을 부각하며 여성에게도 남성과 같은 교육권, 재산권 등의 권리를 주장하였다.
마르크스주의 페미니즘은 계급이 여성의 지위와 기능을 잘 설명한다고 보았다. 즉 여성의 억압을 개인의 문제가 아니라 자본주의 산물로 보며 여성의 해방은 경제력 확보와 가사노동의 사회화에 있다고 보았다.
사회주의 페미니즘은 마르크스주의 페미니즘이 사적영역에서 이루어지는 활동과 성별 문제를 중요시하지 않은 점을 비판한다. 여성의 억압에는 성별과 계급이 동시에 작용한다고 하며 자본주의 생산양식과 가부장제 두 축으로 여성억압을 설명하였다.
급진적 페미니즘은 자유주의 페미니즘과 마르크스주의 페미니즘에 대한 도전으로 등장하였다. 이들은 여성억압이 최초이자 가장 근본적인 억압의 형태라고 주장하며 억압의 형태로 모성역할과 여성에 대한 폭력과 같은 여성의 성과 재생산 통제에 관심을 두었다.
포스트모던 페미니즘은 앞서 설명한 페미니즘들이 남성적인 논리구조를 이용하고 있는 것을 거부하였다. 포스트모던 페미니즘은 남성중심적인 사고와 언어의 사용을 해체하고 일관성 있는 사고체계의 내적인 모순을 분석하며 주변부에 있는 여성과 억압받는 자의 입장을 재해석하는 작업에 관심을 두고 있다.
에코페미니즘은 여성억압과 자연억압 사이에 직접적 연관성 있다고 보았다. 그러므로 이 연관의 본질을 이해하는 것이 여성억압과 자연억압을 이해하는 데 필수적이다. 페미니즘에 생태학적 관점이 포함되어야 하고 생태학적 문제해결에는 페미니즘이 포함되어야 한다고 보았다.

출처: 공미혜 (2014). 페미니즘 이론과 흐름.

다양한 페미니즘의 흐름들은 성차별주의와 성차별적 억압과 불평등에서의 해방을 목표로 여성들이 연대한 사회적 실천운동의 결과이다(Hooks, 2007). 페미니즘이란 성차별주의와 성차별주의에 근거한 착취와 억압을 종식시키려는 실천으로 차별이 없는 세상, 자유와 정의가 가득한 세상, 지배가 없는 세상을 만드는 것이 목표이다(Hooks, 2010).

여성주의 리더십은 왜 페미니즘을 바탕으로 하는가?

사회의 변화는 조직에 순응하는 인간보다 능동적이고 창조적인 인간을 필요로 하고 있다. 이에 따라 특별한 사람이 갖는 능력이라고 여겼던 전통적 리더십에서 벗어나 스스로를 리드하고 조직원의 역량을 함께 개발할 수 있는 이전과는 다른 리더십을 요구한다. 새롭게 요구되는 리더십은 조직원들과 함께 목표를 달성함은 물론이고 일하고 살아가는 데 성별, 인종, 연령 등 차별이 없는 사회문화의 조성에도 기여해야 한다. 이런 새로운 리더십이 바로 여성주의 리더십이다.

조직을 변혁하고 사회를 혁신해야 하는 점이 바로 여성주의 리더십이 페미니즘을 바탕에 두고 있는 이유이다. 페미니즘은 두 가지 측면을 가진다(Hooks,

2010). 하나는 성차별의 억압에서 해방시키는 힘이며, 다른 하나는 성차별뿐 아니라 다른 차별의 해방에 대한 요구를 급진화시켜서 새롭게 힘을 발휘하는 잠재력이다. 바로 이런 이유가 여성주의 리더십과 페미니즘의 연결점이다. 페미니즘은 여러 가지 이유로 인간이 또 다른 인간을 차별하고 지배하던 모습을 종식시키고 있는 그대로의 모습으로 살 수 있게 하는 것이 목표이기 때문에 우리 모두에게 필요하다(Hooks, 2007). 그래서 여성주의 리더십은 변혁을 목표로 하는 페미니즘을 그 근간으로 두게 되는 것이다.

페미니즘을 바탕에 둔 여성주의 리더십은 조직원들이 스스로를 리드하도록 고무하고 협력을 통하여 더 많은 역량을 개발함으로써 조직의 목표달성과 함께 사회문화의 혁신을 이루고자 한다. 여성주의 리더십은 성별, 연령, 인종, 계급 등 어떤 이유로든 차별이나 억압받지 않는, 차별이나 억압이 없는 세상으로 안내할 지침이 될 것이다.

4. 여성주의 리더십

여성주의 리더십의 이해는 기존의 몰성적 리더십 이론으로는 적절치 않다. 기존의 리더십 연구에서는 남녀 차이에 대한 해석도 남성적 관점을 중심으로 이루어지고 있으며, 차별적 환경을 고려하지 않고 어떤 성이든 리더가 되는데 동일한 과정을 겪는다고 전제하므로 리더십에 대한 부적절한 접근이다. 그러므로 성에 영향을 미칠 수 있는 제반 여건을 고려한 리더십 이론이 필요하다(강영희, 2018).

여성의 리더십에 관한 연구는 세 가지 개념 구분으로부터 출발한다. 첫째는 생물학적 구분에 의해 구별되는 여성 리더십, 둘째는 젠더의 특성과 리더십에 대한 연구를 의미하는 여성적 리더십, 셋째는 차별적인 젠더로부터의 해방이 목적인 여성주의 리더십이다(허라금, 2005).

여성 리더십(female leadership)

여성 리더십은 생물학적으로 여성이 발휘하는 리더십에 대한 연구이다. 여성 리더십의 주관심은 사회적으로 성공한 여성들을 대상으로 어떤 능력과 전략으로 리더의 자리에 오르게 되었으며 어떻게 리더의 역할을 성공적으로 수행했는가 하는 것이다(강혜련, 2005; 박통희, 2004). 여성 리더십은 어떤 여성이 리더가 되는가가 아니라 이미 리더인 여성들을 대상으로 한다(허라금, 2005).

여성 리더십 연구의 결과를 보면, 여성과 남성은 리더십 지위를 취하는 경로가 다르고 권한 행사에도 상당한 차이를 보이고 있으며 직위 수행에서도 현업과 관리업무의 순위에 차이가 있는 것으로 나타났다. 즉 남성 관리자는 비교적 현업에서 벗어나 관리업무에 주력하는 데 반해 여성 관리자는 현업에 매달리는 경향이 있다(김양희, 2006). 여성 리더십 연구는 기존 조직의 여성 리더를 연구한다. 이 연구들은 여성에게 비우호적인 조직적 환경보다는 성별로 구분하여 리더십 차이를 살펴보는 데 초점을 두고 있기에 여성에게 비우호적인 조직문화 자체를 변화시키는 도전과 아이디어를 제공하고 있지는 못하다.

- 여성 리더십은 연구의 대상이 이미 리더 자리에 있는 여성이다.
- 여성 리더십은 남녀의 리더십 차이에 관심을 둔다.
- 여성 리더십은 사회의 조직을 변화시키지는 못한다.

여성적 리더십(feminine leadership)

여성 리더십이 리더의 생물학적 특성에 기반을 두는 것과 달리, 여성적 리더십은 리더의 행위 특성에 여성적 성향이 포함되어야 한다는 리더십이다. 사회 전반에는 여성성 또는 남성성으로 성역할 기대에 따른 특성이 달리 요구되고 있다. 여성성은 부드러움·공감능력·민감성·연민·보살핌의 특성이, 남성성은 단호함·경쟁심·독립심·용기·통제·성취지향의 특성이 포함된다(강영희, 2017; 백기복, 2016).

기존의 조직은 위계적이며 경쟁적이고 통제적이며 성취지향을 강조하였다. 사회변화에 따라 조직은 수평적이고, 소통하며, 민감하게 공감하는 변화에 직면하게 되었다. 이에 따라 여성적 성향이 포함된 리더십 행위에 관심을 갖게 되었다. 여성적 리더십이란 여성 리더십과 달리 성별과 관계없이 여성이든 남성이든 지도자들이 가져야 되는 행위양식에 여성성이 필요하다는 것에 초점을 두고 있는 것이다. 즉 남성적 리더십의 대안으로 여성적 특성이 포함된 리더십이 등장하고 있는 것이다. 일반적으로 사회적 성역할 기대에서 가장 여성적인 특성 중 하나가 감성일 것이다(김양희, 2006). Goleman은 리더가 가진 힘의 근원은 전략이나 비전 또는 굳건한 사상이 아니라 감성을 통한 지도력 행사라고 하였다. 감성에 호소하는 리더의 언행은 조직의 성공에 기여하는 영향력을 발휘하기에 리더는 자신과 타인의 감정을 관리하는 효과적인 방법을 개발해야 함을 강조하였다(Goleman, 2002).

여성적 리더십은 여성이라고 하여 더 여성적인 특성을 잘 발휘할 수 있고 남성은 여성적 특성을 발휘할 수 없다는 의미가 아니다. 영국의 대처(Thatcher) 수상의 경우 여성 지도자이지만 남성적이며 권위적인 여성 지도자로 알려져 있다. 그러므로 리더는 성별에 관계없이 여성적 성향을 발휘할 수 있도록 연습해야 하는 것이다.

여성적 리더십 역시 남성적 또는 여성적 특성의 존재를 인정하고 기존 남성중심 조직에 부재하였던 여성적 특성을 개발함으로써 리더십의 개념을 변화시키고 있지만 여성들만이 느끼는 조직 내의 불편함과 특이성을 넘어서기에는 역부족이다(김양희, 2006). 모든 리더가 감성적 역량개발로 민주적이고 수평적인 조직문화에 기여했으나 여성들만이 느끼는 조직의 근본적 문제해결을 위한 세력화에는 매우 부족하다. 자칫하면 여성적 특성이 가미된 민주적 조직으로 획일화하여 사회 깊숙이 뿌리박힌 여성억압의 현상들을 간과하게 되는 것이다.

- 여성적 리더십은 사회적으로 기대되는 여성적(소통, 공감, 관계지향적 등) 특성을 성별에 관계없이 발휘하게 하고자 한다.
- 여성이 남성보다 더 여성적 리더십을 잘 발휘하는 것은 아니다.
- 여성적 리더십은 가부장적인 여성 억압을 뿌리 뽑기에는 부적절하다.

여성주의 리더십(feminist leadership)

여성주의 리더십이란 조직의 문화를 변화시키고자 하는 목표를 가진 활동이다(이상화, 2017). 여성 리더십과 여성적 리더십은 여성과 남성의 리더십 차이에 관심을 갖거나 여성적 특성을 리더십에 포함하고 있다. 이렇듯 여성 리더십과 여성적 리더십이 성 차이를 전제하고 리더십을 논한다면 여성주의 리더십은 조직에 만연해 있는 가부장제에 근간하여 뿌리깊이 박힌 성차별적 조직문화를 개선하고자 하는 기대에서 출발한다. 즉, 여성주의 리더십이란 여성이 불평등한 정책의 일부를 개선하고 여성 참여가 낮은 부분을 독려하려는 것이 아니라 남성중심의 사회가 만든 권위주의적 관행과 가치, 규범을 변화시키는 데 그 목적이 있다(배선희, 2010). 특히 여성주의 리더십은 사회적 약자인 입장에서 지배적이고 억압적인 현재의 권력에 대항하여 권력관계의 변화를 추구하는 것이기에 리더십의 결과보다 리더십이 조직의 변화에 기여하는가에 관심을 둔다(허라금, 2005).

기존 조직에서 생존하고 성공하기 위해서는 전통적인 남성적 리더십 스타일이 필요할 때도 있었다. 조직은 성별에 따른 차이나 특성을 고려하지 않고 획일적인 남성적 리더십을 당연시했기 때문이다. 이런 조직문화에서 여성과 사회적 약자들은 소외받고 억압당하였기에 모두 함께 평등하게 살아갈 수 있는 조직문화가 절실하므로 여성주의 리더십은 이런 변화를 목표로 하는 것이다.

조직의 변화를 가져오는 여성주의 리더십의 실현을 위해 선행되어야 할 것들이 있다. 첫째, 여성주의 리더가 급격히 증가되어야 한다는 것이다. 여성주의 리더십을 발휘할 수 있는 사람이 리더의 자리에 많으면 많을수록 조직의 변화는 급물살을 타게 된다. 둘째, 여성주의 리더십을 이해하고 있는 집단 및 개인은 자신의 특성을 바탕으로 소통하고 서로에게 영향을 주어 상생의 흐름을 만들어야 한다. 셋째, 여성주의 리더십은 자아존중감을 높여 타인과 사회를 포용할 수 있도록 셀프 리더십을 함양하여야 한다(윤혜린, 2007). 이런 전제를 바탕으로 여성주의 리더십은 한 개인의 삶과 성공에 국한하지 않고 사회 전체에 확산되어야 하며 모든 개개인이 체화하여 변화의 선두에 서야 할 것이다.

여성주의 리더십이란 사회와 삶에 대한 경험이 체화된 것이다. 그렇지만 부당함과 불평등을 경험한 여성만이 여성주의 리더십을 발휘할 수 있는 것은 아니다. 사회의 경쟁에서 성공한 엘리트 여성 중에는 성공을 자신의 능력으로만 보고 사회적 문제를 보지 못하는 경우가 있다. 또 개인의 노력이 선행되어야 한다며 선뜻 변화에 나서지 않기도 한다. 그러므로 여성주의 리더십은 성별에 관계없이 조직문화에 대한 문제를 폭로하고 변화를 추구해 나가는 것이다(나임윤경, 2017).

- 여성주의 리더십은 성차별적 사회문화의 변화를 목표로 한다.
- 여성주의 리더십은 전통적 리더십의 대안적 리더십이다.
- 여성주의 리더십은 모든 개인에게 내면화되어 발휘되어야 한다.

사회문화의 혁신: 여성주의 리더십

김양희(2017)는 여대생을 대상으로 커리어 열망조사를 실시하였다. 그 결과 여대생들은 커리어를 갖길 원하고 전문가가 되고 싶다는 열망은 있었으나 리더가 되고 싶다는 의견은 없다고 하였다. Sandberg(2013)는 여성들에게 새로운 일을 맡기면 자신이 할 수 있을지를 의심하고 경험이 부족함을 피력하며 현업에서도 아직 부족하다며 사양하는 경우가 많은 반면, 남성들은 자신이 적임자임을 피력하려는 차이를 보인다고 하였다. 이는 여성은 남성과 다른 사회적 기대에 따라 차별적으로 성장하는 데 원인이 있다. 여성은 출산과 양육의 책임자로 키워지기에 커리어에만 집중하는 것에 죄의식을 가지게 되는 것이다. 성공한 커리어우먼은 양육에 무책임하고 가족의 돌봄에 무심한 냉혈한이라고 보는 오랜 사회의 관습은 여성이 성공에 대하여 무관심하거나 두려움을 느끼게 만든 것이다. 이런 조직적·사회적 문화는 여성을 조직의 책임자가 되기보다는 현업을 성실히 수행하고 가정을 책임지도록 억압해 왔으며, 리더가 되는 것을 거부하게 하고 리더의 지위에 있을 때조차도 여러 부담을 느끼게 한다.

여성은 성장과정뿐 아니라 조직 내에서도 리더가 될 기회에서 차별받고 리더가 된 이후에도 소외당하고 있다. 〈월스트리트저널〉에서 처음 사용한 유리천장(glass ceiling)은 여성이 자신의 능력에 관계없이 리더가 되는 것을 방해하는 보이지 않는 벽이 있음을 뜻한다. 이런 벽을 뚫고 승진하면 여성에게는 또 다른 벽이 등장하는데 Kanter는 이를 토큰이론으로 설명하였다. 토큰(token)이란 조직이나 정치적 맥락에서 약자를 배려하고 우대하고 있음을 과시하거나 배제하지 않음을 증명하려는 구색 맞추기로 고위직으로 승진시키는 것을 말한다. 토큰(token)이 된 여성 리더는 상징성 때문에 눈에 띄며 관심의 대상이 되지만, 비공식적·공식적 의사결정에서 소외되는 등 여러 가지 부정적인 경험을 하는 것으로 나타났다. 또 토큰(token) 여성 리더는 자신의 실수로 여성 후배의 앞길을 막지 않아야 된다는 책임에 부담을 느끼게 되고 리더에 오르는 혜택을 입었다는 시각 때문에 성과를 극대화하여 자신의 능력을 증명하기에 급급해 스트레스를 받는다. 반면 토큰(token)적 남성은 여성이 느끼는 고통을 느끼지 않는다는 큰 차이를 보이고 있다(김양희, 2014).

앞서 살펴보았듯 여성이 리더로 성장하려면 조직적·사회적 인식 변화가 뒷받침되어야 한다. 사회 전반을 지배하는 조직문화가 완전히 바뀌어야만 여성이 리더가 될 수 있고 리더로서 일할 수 있는 것이다. 여성주의 리더십은 단순히 여성만이 다른 세상에서 일할 수 있도록 하는 것이 전부가 아니다. 남성적 척도가 아닌 새로운 문화를 조직할 수 있는 시각과 경험을 제공하여 성별, 인종, 계급 등 어떤 것으로도 차별받지 않는 사회로 조직문화를 개혁하고자 하는 것이다. 세상을 변화시킬 새로운 리더십인 여성주의 리더십은 다음의 지침을 통해 개발할 수 있다.

5. 여성주의 리더십 개발 지침[3)]

여성주의 리더십 개발은 삶의 과정이자 목표이다

여성주의 리더십 개발의 시작은 리더십이 누군가의 전유물이 아니라 학습을 통하여 습득된다는 것을 깨닫는 것이다. 리더십은 스스로 개발하고 결심하고 실천해야 발휘될 수 있다. 특히, 여성주의 리더십은 성별, 연령, 직업, 학력에 상관

3) (사)부산여성사회교육원(2002). 미래를 여는 여성리더십을 정리함.

없이 누구에게나 필요한 능력이다. 여성주의 리더십의 개발을 통해 삶의 영역을 넓히고 영향력을 확대하는 것은 일생의 작업이고 과정이며 삶의 목표이다.

- 모든 삶의 경험을 리더십 개발의 기회로 삼아라.
- 자신의 리더십 능력을 정확하게 진단하라.
- 여성주의 리더십을 개발하기 위한 학습계획을 세우라.
- 여성주의 리더십을 개발하기 위한 학습의 기회를 의도적으로 만들어라.
- 실수로부터 새로운 것을 배우라.

페미니스트라 말함을 두려워하지 마라

성별과 그 외 많은 요인에 의한 차별과 억압, 그리고 이런 문화의 전승을 막는 것이 여성주의 리더의 역할이기도 하다. 여성주의 리더는 조직을 보는 관점과 내용이 팔로워를 비롯하여 사회 전반에 정확하게 표현하고 전달할 수 있어야 한다. 그 첫걸음이 페미니스트임을 밝히는 것이다. 페미니스트라고 말하면 투쟁적인 사람, 강한 사람으로, 그리고 남성혐오에 찌든 사람이라는 인식으로 인신공격의 대상이 되기도 한다(Gay, 2016). 그러나 페미니스트라고 말하여 투쟁하라는 것이 아니다. 사회 전반에, 조직 전반에 깔려 있는 성인지적이지 못한 부분을 지적하고 문제제기할 용기를 갖자는 것이다. 또 성차별적이라고 정확하며 담대하게 말하자는 것이다. 이런 작은 지적과 문제제기는 무심결에 뱉은 말과 행동이 얼마나 부적절한가를 깨닫게 할 것이고, 많은 부분에서 지속적으로 일어난다면 사회는 변화하고 차별받지 않는 자유로운 환경에서 인간답게 살 수 있게 된다.

- 여성주의 리더로서의 책임감을 가져라.
- 성차별적 현상들을 예민하게 관찰하라.

◆ 정확하고 자신 있게 전달하라.

비전(vision)을 창조하는 것은 미래를 창조하는 것이다

새로운 가능성을 생각하는 능력과 새로운 문제해결 능력은 가치 있는 것이다. 훌륭한 여성주의 리더는 조직의 미래에 관한 비전을 만든다. 그 비전이 구성원들의 생각과 가치에 근거할 때 리더는 구성원들의 헌신과 신뢰를 끌어내고 성공적인 조직으로 이끌 수 있다. 리더의 설득과 영감적 호소, 구성원들의 참여적 의사결정을 통해 공동의 비전은 공유되며 공동체를 통해서 여성주의 리더십이 발휘될 수 있을 것이다.

◆ 조직이 이룰 미래의 성공을 그려 보라.
◆ 초기 성공의 기회를 제공하고 축하하라.
◆ 조직을 상징하는 행사나 심벌을 강조하라.
◆ 비전을 개발하는 데 구성원들의 참여를 촉진하라.
◆ 책임과 정보를 공유하라.
◆ 공동체 의식을 고취하라.

의사소통이 '협력'을 가능하게 한다

의사소통은 자신을 표현하고 상대를 이해하는 연속적인 과정이다. 성공적인 여성주의 리더가 되기 위해서는 자신뿐 아니라 다른 사람들의 욕구와 희망, 그리고 꿈에 대하여 직접적으로 말하는 방법을 알고 있어야 한다. 상대에 대한 인정과 존중은 리더와 팔로워 사이에 신뢰를 끌어낼 수 있다. 성공적인 의사소통은 서로의 이해와 공감을 바탕으로 갈등과 반목이 해결되고, 영향력이 확대되며, 공감된 비전 추구의 과정이다.

- 언어, 행동, 매체 등 다양한 의사소통방식들을 사용하라.
- 자신감을 갖고 당당하게 자신을 표현하라.
- 편견 없이 공감적으로 경청하고 타인을 이해하라.
- 듣고 싶지 않은 것에 귀를 기울여라.
- 협력 작업에서 필연적으로 발생하는 갈등을 합리적으로 관리하라.
- 공식적으로 표현되지 않는 숨겨진 아젠다를 읽어라.

여성주의 리더십은 선택과 결정의 연속이다

의사결정의 질과 의사결정에 대한 구성원의 수용 여부는 여성주의 리더십을 결정하는 주요한 요소이다. 의사결정은 효과적인 과업수행에 필수요소이다. 결정이란 우선되는 정보를 구별하고 판단하는 것이며 의사결정을 위한 준비 과정에서 목표를 세우는 것이다.

- 의사결정을 위한 공식적인 회의 전에 철저한 준비를 하라.
- 당면한 문제가 무엇인지, 그리고 얼마나 중요한지를 정확히 진단하고 평가하라.
- 구성원의 공평한 참여를 촉진하고 다른 의견을 존중하라.
- 대안의 장점과 단점, 혜택과 비용을 열거하라.
- 실행의 책임을 명료화하라.
- 의사결정의 결과를 관계자 모두에게 알려라.

실천으로 옮겨야 결실이 있다

비전은 새로운 도전을 실천으로 옮기는 동기를 유발한다. 그러나 구체적인 목표를 세워도 실천하지 못하면 미사여구에 머무르고 만다. 목표는 행동과 관련하여 서술해야 한다. 목표는 구체적인 작업으로 전환될 수 있도록 구체적이어야 한다. 그리고 작업의욕을 불러일으키고 동기를 부여해 주는 역할을 해야 하며 작업의 평가기준이 되어야 한다. 여성주의 리더십에서 목표설정, 계획 세우기, 자원관리와 같은 관리업무는 필수적이다.

- ◆ 사명을 분명하게 밝히고 구체적인 목표를 설정하라.
- ◆ 실패를 두려워하지 말고 실수로부터 학습하라.
- ◆ 도전적인 목표를 세우고 장애물을 극복하라.
- ◆ 스스로 동기를 부여하라.
- ◆ 적극적으로 자원을 활용하라.
- ◆ 적절히 시간을 관리하라.

권력과 책임을 공유하면 조직의 힘이 커진다

여성주의 리더십은 권력과 책임을 수반한다. 조직 내에서는 최고 리더와 함께 모든 팔로워들이 권력과 책임을 공유할 수 있다. 여성주의 리더는 구성원들에게 힘을 부여함으로써 비전 공유에 다가갈 수 있다. 힘 부여하기는 구성원들이 과업을 수행하는 데 필요한 적절한 자원을 제공한다. 리더는 구성원들에게 권위를 위임함과 동시에 책임도 부여해야 한다. 그리고 리더는 신뢰할 수 있는 동료를 얻어야 하며 그 동료들에게 충고와 조언을 끌어낼 수 있어야 한다. 이것이 여성주의 리더십의 핵심역량이다. 위임은 주위 사람의 자발적 참여를 불러일으키며 창의력과 주인의식을 고취시키고 일을 수행할 책임감을 부여한다.

- 신뢰하며 위임하라.
- 권위와 함께 책임도 명료히 하여 위임하라.
- 위임하는 과업을 명료히 하고 보고를 받아라.
- 추종자의 경력과 관련 있는 업무를 위임하라.
- 멘토/멘티 관계를 구축하라. 특히 여성들에게 필요하다.

하나보다 여럿이 강하다

산술적으로 하나 더하기 하나는 둘이지만 개인과 조직관계에서는 열이 될 수도 있고 백이 될 수도 있다. 서로 다른 개인의 협력은 조직의 중요한 자산이다. 아무리 능력 있고 잘 구성된 집단일지라도 협동과 팀워크가 없으면 성공할 수 없다. 개인기가 뛰어난 운동팀일지라도 팀워크 없이는 이길 수 없는 것과 같다. 응집력이 강하고 정보와 자원을 공유하고 서로 돕고 함께 일하는 것이 팀의 효과성을 높이는 지름길이다.

- 집단구성원의 능력을 정확히 진단하고 역할을 명확히 하라.
- 다양성을 인정하고 구성원의 아이디어를 존중하라.
- 공동의 흥미와 가치를 강조하라.
- 상호협력의 동기를 부여하고 상호작용을 촉진하라.
- 공식적·비공식적 의사소통 통로를 열어 두라.
- 공유된 리더십과 참여적 의사결정 방식을 활용하라.
- 성공을 체험하도록 유도하여 성공의 법칙을 깨닫게 한다.

여성주의 리더십 연습 : 내가 생각하는 리더와 리더십

STEP 1.

- 주변에서 리더라고 생각되는 사람들을 떠올려 보고 그/그녀들이 존경할 만한 어떠한 자질(역량, 태도 등)을 보였는지 생각해 본다.
- 팀원들은 전지 앞면에 리더로서 갖추어야 할 자질을, 뒷면에는 버려야 할 태도를 브레인 라이팅(brain writing)한다.

리더로서 갖추어야 할 자질	리더로서 버려야 할 태도

STEP 2.

- '리더의 자질'에 대해 팀원들과 의논한 후, 전지에 리더의 전신 모습을 그린다.
- 전신 그림에 리더로서 갖추어야 할 자질을 신체 내부에, 버려야 할 태도를 신체 외부에 적도록 한다.
- 리더로서 갖추어야 할 자질을 신체 내부에 적을 때, 가급적 해당되는 곳에 적는다.
- 팀별 발표 후, 리더의 어떤 자질이 가장 중요하게 받아들여지는지, 리더의 이미지에 대한 어떤 고정관념을 가지고 있는지 생각해 본다.

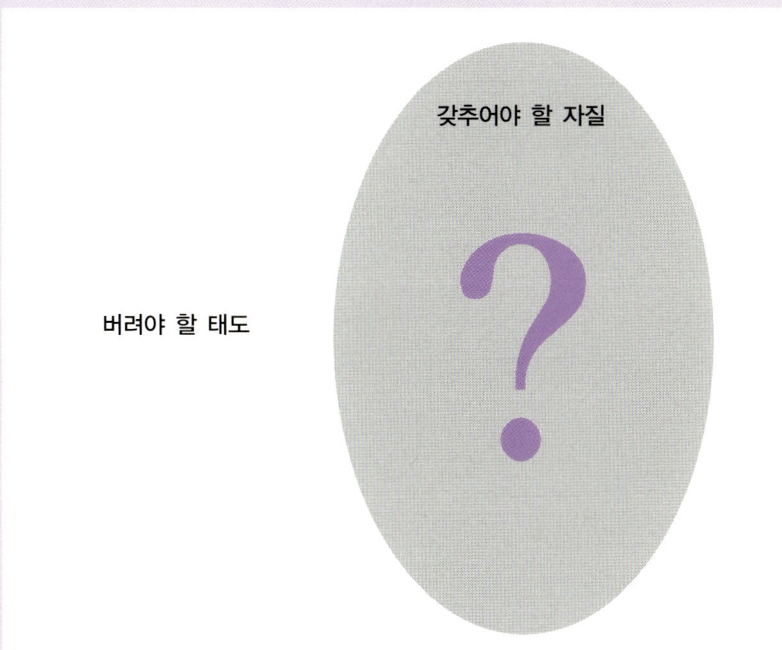

STEP 3.

- 내가 갖추고 있는 리더로서의 자질과 버려야 할 태도를 생각하고 앞으로 계발하고 싶은 여성주의 리더십의 자질을 정리해 본다.

CHAPTER 02

리더십 흐름 따라가기

사람들은 스스로 리더가 되기 위한 준비를 해야 하고,
기회가 주어졌을 때 그 기회를 기꺼이 받아들여야 한다.
– Yukl, G.

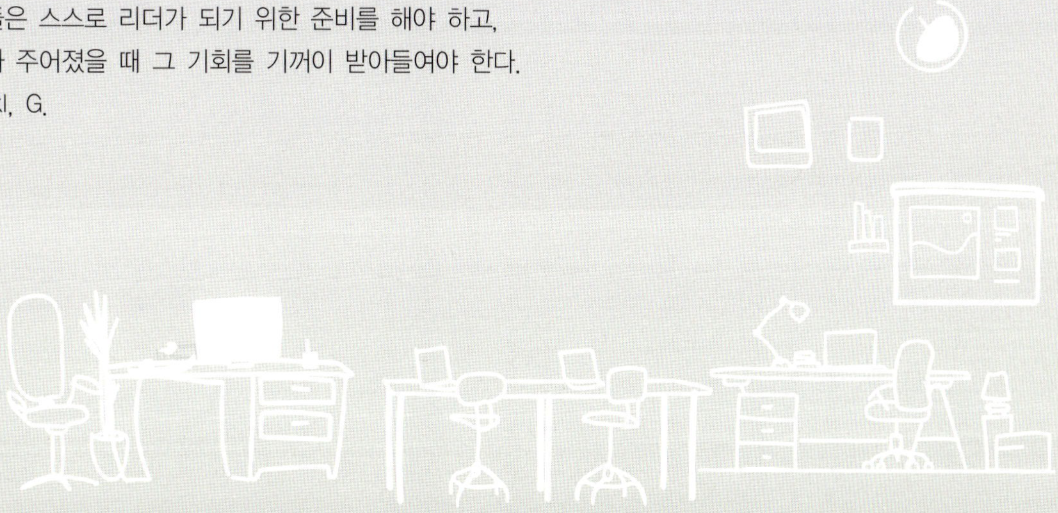

02 CHAPTER

리더십 흐름 따라가기

"당신은 리더입니까?" 누군가가 나에게 이런 질문을 하면 나는 어떻게 답할까? 대부분의 사람들이 이 질문을 받으면 자신 있게 손을 들지 못하고 망설이는 모습을 쉽게 볼 수 있다. 질문을 달리하여 "당신은 자신의 삶의 리더입니까?"라고 물으면 그제야 많은 사람들이 조금은 당당하게 손을 든다. 보기에는 같은 질문 같지만 사람들은 여전히 리더에 대해 자신과는 다른 특별한 존재라고 인식하고 자신의 삶에서는 그 특별한 존재인 리더가 자신임을 자처한다.

리더의 리더십에 관해서는 과거 신화나 역사 속에 등장하는 위대한 인물들의 평범하지 않은 이야기 속에서 쉽게 찾을 수 있었다면, 지금은 시대를 대표하는 수많은 인물들의 다양한 리더십을 직간접적으로 체험하며 영향을 받는다. 여전히 대부분의 리더십은 남성의 영향력을 중심으로 설명되고 있지만, 최근에는 변화무쌍한 현실만큼이나 상황에 맞는 그리고 다양성을 지향할 수 있는 대안적 리더십에 대한 요구가 높아지고 있다.

1. 리더십의 정의

상황에 맞는 다양한 리더십을 구사할 수 있는 리더는 누구일까? 리더에 대한 정의를 살펴보면, 리더란 다른 사람들에게 영향력을 행사하는 능력을 갖고 있는 사람으로, 특히 훌륭한 리더는 리더십 역량을 갖고 태어나서 그 역량을 개발하는 사람이다(Lussier et al., 2016). 또한 리더란 사람과 조직을 움직여 가면서 목표를 향한 여정을 이끌어 가는 사람이다(김양희, 2006). 이처럼 리더란 개인이나 조직 더 나아가 사회공동체에 영향력을 가지며 공유된 목표를 향해 나아갈 수 있는 사람을 말한다.

어떻게 하면 훌륭한 리더, 효과적인 리더 그리고 좋은 리더가 될 수 있을까? 사람들은 자신이나 자신이 속한 조직과 공동체에 조금이라도 영향력 있는 사람이 되기를 원한다. 영향력 있는 사람, 즉 리더가 되기 위해서는 어떻게 해야 할까? 먼저 리더가 가진 리더십에 대한 이해가 필요하다. 다양성을 요구하며 빠르게 변화하는 지금, 리더십의 고유한 특성과 관련된 다양한 이론들을 통해 리더십의 실제적인 가치를 이해한다면 보다 공동체적이고 수평적인 리더십에 더 가까이 접근할 수 있을 것이다.

리더십은 매우 임의적이고 주관적이어서 이에 대한 일반적인 정의를 내린다는 것은 사실상 매우 복잡하고 어려운 일이다(Lussier et al., 2016; Yukl, 2013). 그럼에도 불구하고 리더십은 개인에서부터 조직 그리고 사회공동체에 이르기까지 일상적이면서도 다양하게 정의내려진다. 또한 리더십은 매우 전문적인 영역으로 여겨져 그 의미를 이해하려는 노력 또한 지속적으로 일어나고 있다.

특히 Yukl(2013)은 리더십을 다르게 정의하는 것은 리더의 확인과 리더십 과정에 대한 근본적인 의견 차이를 반영하는 것으로 보고 있다. 그에 따르면 리더십은 무엇을 해야 하고 그것을 어떻게 할 것인가를 이해하고 합의하도록 타인에게 영향을 미치는 과정이며, 공유된 목표를 달성하기 위해 개인 및 집합적 노력을 촉진하는 과정이다. 또한 Lussier 외(2016)의 정의에 따르면, 리더십에 대한 일반적인 정의는 없지만 리더십은 리더와 추종자들이 변화를 통해 조직목표를 달성하도록 영향력을 행사하는 과정이라는 것이다. 이외에도 윤혜린(2009)은 리더십에 대해 리더 안에 내재한 힘이 아니라 구성원들 간의 관계에서 작동하는 힘으로 이해해야 한다고 말한다. 이와 같이 리더십은 개인적인 관점에 따라 다양하게 정의되고 있는데, 이에 대한 대표적인 정의를 살펴보면 다음과 같다.

표 2-1 리더십의 정의[1)]

학자	리더십의 정의
Hemphill & Coons (1957)	리더십은 개인의 행동이며… 집단활동을 공유된 목표로 향하게 한다.
Katz & Kahn (1978)	리더십은 조직의 일상적인 지시에 기계적으로 순응하는 것을 넘어서도록 영향력을 행사하는 것이다.
Rauch & Behing (1984)	리더십은 목표를 성취하도록 조직화된 집단활동에 영향을 미치는 과정이다.
Richards & Engle (1986)	리더십은 비전을 명확히 하고 가치를 구체화시키며, 그 안에서 일이 달성될 수 있도록 환경을 창조하는 것이다.
Jacobs & Jaques (1990)	리더십은 집합적 노력에 목적, 즉 의미 있는 방향을 부여하고 목적을 달성하기 위해 기꺼이 노력을 확대하도록 만드는 과정이다.
Schein (1992)	리더십은 문화 바깥으로 나가… 보다 적응적인 진화적 변화 과정을 착수하는 능력이다.
Drath & Palus (1994)	리더십은 사람들이 함께 무엇을 하고 있는지에 대한 의미를 파악함으로써 사람들로 하여금 그것을 이해하고 그것에 몰입하도록 하는 과정이다.
House et al. (1999)	리더십은 타인에게 영향을 미치고 동기를 부여하며 타인이 조직의 효과성과 성공을 위해 공헌할 수 있도록 하는 개인의 능력이다.

지금까지 서로 다른 방식으로 내려진 대부분의 리더십의 정의들은 영향력 행사의 주체, 영향력 행사의 의도된 목적, 영향력을 행사하는 방식, 그리고 영향력 시

1) Yukl (2013). p.3.의 리더십의 정의를 참고하여 구성함.

도의 결과를 포함한 많은 부분에서는 차이가 있지만, 영향력의 과정을 포함한다는 가정을 공유하고 있다는 점은 분명하다. 따라서 리더십의 일반적인 정의들은 대부분 리더가 공유된 목표를 달성하기 위해 영향력을 행사하는 과정임을 강조한다. 이와 같이 리더십은 시대의 흐름에 따라 다양한 이론들로 새롭게 정의되어 왔지만, 그 기저에는 영향력이라는 공통된 의미를 공유하고 있음을 알 수 있다.

2. 전통적 리더십 이론

리더십 이론은 모든 상황에 가장 효과적인 리더십을 사용할 수 있는 리더의 자질과 역할 그리고 구성원과의 관계 등 다양한 접근방식을 통해 개인의 리더십에서 조직 및 공동체의 리더십에 이르기까지 지속적으로 연구되어왔다. 리더십 이론은 리더십을 실증적으로 설명하고자 하는 것으로 리더십의 어떤 측면을 강조하느냐에 따라 달라지는데 특성이론, 행동이론 그리고 상황이론이 전통적인 리더십 이론으로 분류된다(Lussier et al., 2016; Yukl, 2013). 이러한 전통적인 리더십 이론의 접근방법은 현재 새롭게 등장하는 다양한 리더십의 이론적 토대가 되어 효과적인 리더십 개발에 많은 영향을 주고 있다.

특성이론

한 사내아이가 껍질을 깨뜨리고 나왔다. 그 아이는 골격과 외모가 빼어나고 기이하였고, 나이가 겨우 일곱 살이었을 때 이미 다른 아이들보다 훨씬 성숙하였다. 손수 활과 화살을 만들었고, 쏘기만 하면 백발백중이었다. 부여의 말로 활을 잘 쏘는 사람을 주몽이라 하였으므로 이를 아이의 이름으로 삼았다고 한다.

주몽신화(작자 미상)

이야기 속에서 자연스럽게 접하게 되는 영웅 신화들은 리더십의 초기 이론인 특성이론과 맞닿아 있다. 신화와 역사 속의 인물들은 태어나는 순간부터 다른 사람들과 다른 특별한 능력을 가지고 있으며, 이러한 능력은 극적인 상황에서 인간의 한계를 뛰어넘을 수 있게 하여 성공적인 결과를 가져오게 했다.

특성이론은 1930년대와 1940년대에 리더의 개인적인 자질을 밝혀 성공적인 리더십에 대해 규명하고자 하였다. 이 이론은 리더의 특성과 기술 그리고 리더 개개인의 가치 등으로 어떤 사람이 리더가 되고 리더로서 효과적일 것인지에 대해 예측할 수 있다고 가정한다(Yukl, 2013). 예측 가능한 리더의 차별화된 특성들은 물리적이고 심리적인 특성으로 만들어지는 것이 아니라 선천적으로 타고난 것으로(Lussier et al., 2016), 리더는 태어나면서부터 '신의 은총'인 카리스마를 가진 특별한 존재로 여겨졌다.

이와 같이 특성이론은 리더의 자질을 선천적인 것으로 규정하고 있는데, Stogdill(1948)은 리더의 타고난 자질에는 다섯 가지 공통적인 특성이 있다고 보았다. 리더의 다섯 가지 공통 특성은 신체적 특성(연령, 외모 등), 지능(판단력, 지식수준 등), 성격(자신감, 창의성 등), 사회적 배경(교육 정도, 가정배경 등), 사회적 특성(사회적 참여 등)으로 리더의 타고난 자질에 해당된다(김창민 외, 2017). 따라서 특성이론에서 리더십은 성공적인 리더의 개인적인 특성과 자질을 전제로 평범하지 않은 타고난 능력을 의미하며, 다른 사람들이 소유하지 않은 선천적인 특별함을 의미한다.

그러나 특성이론에서 리더십의 전제가 되는 리더의 타고난 개인적인 특성은 연구자의 관점에 따라 다르게 제시될 수 있어 한계점으로 지적된다. 또한 특성이론이 리더의 특성과 리더십 성공의 구체적 인과관계를 밝히지 못하면서 모든 상황에 일관된 방식으로 리더십의 효과성을 설명할 수 없다는 점 또한 비판을 받는다. 그럼에도 최근에는 특성이론이 그동안의 연구를 토대로 리더의 특성과 리더십 행동 및 효과성의 관계를 밝히는 데 진전을 보이고 있어 새롭게 등장하는 다양한 리더십 이론과의 접목이 활발히 이루어지고 있다.

행동이론

행동이론은 리더의 특성이 리더십의 효과성과 어떻게 연계되는지 밝히지 못한 특성이론을 보완하기 위해 리더의 행동을 객관적으로 분석하려는 새로운 이론적 접근에서 시작되었다. 리더의 행동에 주목한 행동이론은 리더십이 선천적임을 주장하는 특성이론과 달리 리더가 무엇을 말하고 행동하는지에 초점을 맞추면서 리더십이 후천적으로 개발될 수 있음을 강조하였다.

1950년대 이후 행동이론은 리더가 실제로 했던 행동이 무엇인지에 대해 주의를 기울이며 효과적인 리더와 비효과적인 리더의 행동 차이점을 밝히고자 하였다. 초기 행동이론에 관한 연구는 대부분이 리더의 과업지향적 행동과 관계지향적 행동에 초점을 맞추어 진행되었다(Yukl, 2013). 리더의 과업지향적 행동은 효율적이고 확실한 방법으로 과업을 달성하려는 계획수립, 명료화, 점검 등의 목표지향적인 행동으로 나타났다. 그리고 리더의 관계지향적 행동은 상호신뢰, 협력, 직무만족, 팀 및 조직 동일시와 관련된 것으로 지원, 개발 그리고 인정 등의 행동을 포함하는 것으로 나타났다. 따라서 행동이론의 관점에서 리더는 과업목표와 대인관계에 높은 관심을 가지고 있으며, 자신의 리더십 상황에 적합한 구체적인 유형의 행동을 하는 것으로 나타났다.

특히 리더의 행동이 구성원의 행동에 영향을 미친다는 점에서 리더는 특별한 리더십 스타일을 통해 조직이나 공동체의 성과를 촉진하고 유지할 수 있는 행동을 하는 것으로 나타났다. Lussier 외(2016)에 의하면, 이와 같은 리더의 행동은 리더의 특성에 기초하지만 특성보다 배우거나 변화하기 더 쉽기 때문에 적절한 훈련을 통해 리더십 스타일로 습득할 수 있다. 1930년대 아이오와 주립대학의 초기 리더십 스타일에 관한 연구에 의하면, 기본적인 리더십 스타일은 독재적 리더십 스타일과 민주적 리더십 스타일로 구분되었다. 독재적 리더십 스타일은 리더 자신이 직접 의사결정을 하고 지시하고 감독하는 데 반해, 민주적 리더십 스타일은 의사결정의 참여를 장려하고 함께 일하며 감독하지 않은 것으로 나타났다. 이후 리더십 스타일에 대한 연구가 지속되면서 1940년대와 1950년대 미시간 대학의 직무중심과 종업원중심의 리더십 스타일 그리고 오하이오 주립대학의 구조주도와 배려 행동의 리더십 스타일 등 리더의 행동에 관심을 둔 연구로 발전하였다. 이렇게 구분된 리더의 리더십 스타일은 현재까지 리더의 행동을 구분하는 데 사용되고 있다.

그러나 행동이론 연구들은 모든 상황에 적합한 가장 좋은 리더십을 알아내기 위해 지속적으로 리더의 행동 차이를 규명하고자 하였지만, 모든 상황에서 동일한 결과를 창출하지는 못했다. 결국 가장 효과적인 리더십 스타일을 발견하고자 했던 행동이론은 적용될 수 있는 가장 좋은 한 가지 리더십은 없다는 결론과 함께 리더십의 상호작용이 상황적 요인에 따라 달라질 수 있다는 새로운 이론적 접근을 가능하게 했다.

상황이론

특성이론과 행동이론에 대한 비판과 함께 모든 상황에 적합한 최고의 리더십은 없다는 것이 분명해지면서 여러 가지 상황적 요인과의 상호작용을 통해 리더십의 효과성을 설명하는 상황이론이 새로운 리더십 패러다임으로 등장하였다.

1970년대 들어서 리더십 연구는 리더 개인의 자질과 특성 그리고 행동보다 구성원과의 상호작용이나 상황적 요인에 따라 리더십의 효과도 다르게 나타난다는 상황이론에 관심을 가지기 시작했다. 리더십을 상호작용의 관계로 인식하는 상황이론은 리더의 행동이나 특성은 상황에 따라 다르며 리더는 상황에 의해 만들어진다는 점을 강조한다. 상황이론에서 효과적인 리더는 상황을 지속적으로 파악하고 상황에 자신의 행동을 어떻게 적응시킬지 결정해야 하며, 리더의 행동, 형태, 부하, 상황 사이에 적합성이 있어야 리더십을 발휘하게 된다(Lussier et al., 2016; Yukl, 2013).

상황이론은 최적의 상황에서 최적의 리더십 스타일을 취할 것을 전제로 하며 대표적인 이론적 모델로는 Fiedler(1951)의 상황적 리더십 모델과 House(1971)의 경로-목표 리더십 모델이 있다(Lussier et al., 2016). Fiedler의 상황적 리더십 모델에서 리더십 스타일은 고정되어 있으며 상황이 바뀜에 따라 이에 적합한 리더십이 존재한다고 보았다. 즉, 리더십 스타일이 과업 지향적인지, 관계 지향적인지를 파악하고 상황－리더와 부하의 관계, 과업구조, 지휘 권력－이 리더십 스타일에 적합한지를 이 모델을 통해 밝힐 수 있다는 것이다. 리더 자신의 리더십 스타일을 바꾸지 않고, 상황을 바꾸어야 한다는 Fiedler의 주장에 대한 비판이 제기되기도 하지만 이 모델은 초기 모델로 이후 다른 상황이론 개발에 많은 영향을 주었다.

또 하나의 이론적 모델인 House의 경로-목표 리더십 모델은 성과와 직무만족을 최대화하기 위해서 상황에 적합한 리더십 스타일을 선택하는 데 활용되고 있다. 이 모델에서 상황적 요소는 리더십 스타일을 결정하고, 리더십 스타일은 성과와 직무만족을 통하여 목표달성에 영향을 미치게 된다는 것이다. 즉, 효과적인 리더십은 구성원에게 목표를 인지하도록 하여 목표를 스스로 개발하고 목표달성 경로를 찾도록 하는 것이다. House의 경로-목표 리더십 모델은 리더십 스타일이 고정되어 있지 않고 리더가 상황에 맞게 바꿀 수 있다는 점에서 Fiedler의 상황적 리더십 모델과 차이가 있다. 이 모델 또한 언제 어떤 형태의 리더십을 사용하는지에 대해 알기 어렵다는 점에서 비판을 받고 있지만, 상황이론의 개념적인 틀을 제공하였다는 점에 이론적 가치가 있다.

다양한 이론적 모델을 통해 리더는 상황에 의해 만들어진다는 점을 밝히고자 한 상황이론은 리더십 과정이 복잡하여 검증하기 어렵다는 비판을 받고 있다. 이러한 점을 해결하고자 최근의 리더십 이론은 리더가 자신이 처한 상황을 분석하고 그 상황에 적합한 리더십 스타일을 적용하는 등 리더십 패러다임의 변화에 대한 새로운 통합적 접근을 시도하고 있다.

3. 리더십의 새로운 흐름

지금까지 리더십 연구는 다양한 이론적 접근을 통해 주어진 모든 상황에 적합한 리더십을 찾고자 많은 노력을 기울여왔다. 최근에 등장한 리더십 이론은 리더에 대한 구성원들의 정서적 반응이나 상징적 행동의 중요성에 대한 리더의 역할을 강조하는 등 통합적 관점에서 리더의 영향력을 설명하고 있다. 이는 리더십과 관련한 모든 이론의 다양한 측면을 고려한 새로운 접근으로 리더의 개인적 특성이나 행동뿐 아니라 구성원과의 관계 그리고 상황 등과의 상호작용에 나타나는 리더십의 새로운 변화를 의미한다. 리더십의 새로운 흐름은 이전의 리더십보다 통합적 관점에서 다양하게 접근하려는 것으로 변혁적 리더십과 다양성 리더십 그리고 여성주의 리더십을 중심으로 살펴볼 수 있다.

변혁적 리더십

최근에는 리더십이 타고난 것이기보다 만들어진다는 것에 더 큰 의미를 두고 교육과 훈련을 통한 리더의 성공적인 성장에 관심을 두는 등 리더십에 대한 인식 전환이 이루어지고 있다. 이러한 리더십의 인식 전환은 개인과 조직 그리고 사회에 대한 대안적 리더십 스타일을 제시하게 되는데 대표적으로 변혁적 리더십이 있다.

변혁적 리더십은 조직과 개인을 변화시키고 변혁시키는 과감한 비전을 창출하고 명료화하는 과정이며, 변혁적 리더는 새로운 비전과 새로운 가능성을 구성원들이 받아들이도록 영향을 미침으로 평범한 조직을 변혁시키기 위해 노력한다(Lussier et al., 2016; Yukl, 2013). 리더의 영향력이라 할 수 있는 카리스마는 과거 타고난 것으로 믿었던 것에서 지금은 학습과 훈련을 통해 개발할 수 있는 것으로, 특히 변혁적 리더십에서 리더의 카리스마는 상황에 따라 소통과 합의를 통해 유연하면서도 강력하게 비전을 제시하고 조직과 개인의 변화를 불러올 수 있다. 변혁적 리더십을 비전적 리더십 또는 영적 리더십이라고 부르는 Yukl(2013)은 리더십에 대해 리더의 영감과 감정에 호소하여 변환효과를 가져올 수 있다고 본다. 여기에서 변혁적 리더는 구성원들에게 일의 가치와 중요성을 보다 더 잘 인식하게 만들어 조직을 위해서 개인적 이해관계를 초월한 조직의 점진적 변화를 꾀할 수 있다.

이와 같이 변혁적 리더십은 연구자에 따라 다양하게 정의되고 있는데, 그 가운데 Bass(1985)는 구성원이 조직의 이익을 위해서 개인적 이해관계를 초월하여 자신들의 욕구수준을 높이고, 기대 이상의 성과를 달성하도록 구성원에게 비전을 제시하며 동기를 부여하는 과정을 변혁적 리더십으로 보았다. 또한 변혁적 리더십은 리더의 카리스마가 필수 구성요소이지만, 효과적 성과를 달성하는 데 필요한 행동을 취할 수 있도록 권한을 위임하는 등의 행동을 통해 지시보다는 집단적 과업을 수행하는 데 협동의 중요성을 강조한다(권정호 외, 2008). 그 외 Burns(1978)는 변혁적 리더십을 리더와 구성원들이 더 높은 수준의 도덕성을 갖고 동기부여되도록 서로를 고양시켜 주는 과정으로 정의했다. 그리고 변혁적 리더는 자유, 정의, 평등, 평화 및 박애주의 등과 같은 이상과 도덕적 가치에 호소함으로써 구성원들의 의식을 고취시키려고 노력해야 한다(Yukl, 2013). 따라서 연구자들이 말하는 변혁적 리더십은 리더와 구성원 간에 신뢰와 비전을 공유하고 개인과 조직이 더 유능해지도록 동기를 부여하는 등 리더 자신은 물론 구성원을 변화시키는 리더의 영향력이라 할 수 있다.

무엇보다도 대안적 리더십으로서 변혁적 리더십은 사회 전체의 변화와 미래에 대한 비전을 달성하기 위해 리더와 구성원들의 잠재력을 계발시키고 가치를 공유한다는 점에서 여성주의적 재개념화에 유용한 개념틀로 사용될 수 있다. 여성주의적 관점에서 변혁적 리더십의 중요한 특징을 살펴보면, 첫째, 리더는 미래에 대한 비전을 개발할 능력이 있어야 한다. 둘째, 리더는 따르는 사람들에게 영감을 주어 동기를 유발하는 영향력이 있어야 한다. 셋째, 리더는 혁신적인 변화의 주체이다. 넷째, 리더는 의사소통을 중히 여기고, 사람들의 개인적인 욕구와 필요에 대해 관심을 가지고 배려한다. 다섯째, 리더는 정직성과 성실성을 가져야 하며 도덕적이어야 한다(이상화, 2017). 여성주의적 관점에서 변혁적 리더십은 특히 그동안 소수의 여성만이 리더십의 전면에 나설 수 있었던 것에 비해 보다 많은 여성들이 혁신적 변화의 주체로 영향력을 행사하고 여성주의 가치를 공유하며 리더로 성장할 수 있게 한다.

지금까지 새로운 변혁을 지향해 왔던 변혁적 리더십은 사회적 정의와 윤리를 실천하고 비전 달성을 위한 동기를 부여하는 등 개인 간의 영향력뿐만 아니라 사회의 구조적 변화를 실현하기 위해 권력을 동원하는 과정이었다. 특히 현재의 상황을 변화시키기 위해 변혁적 리더십은 지속적으로 다양한 리더십 이론과의 통합 과정을 거치며 리더십 전반에 새로운 가치를 부여하고 있다(표 2-2).

표 2-2 **변혁적 리더십에 기반한 다양한 리더십의 등장**

리더십 유형	리더십의 내용
셀프 리더십	스스로 자기 자신에게 영향을 미치기 위해 사용되는 사고 및 행동전략
카리스마적 리더십	권위에서 나오는 전통적인 의식을 벗어버리고 소통과 합의를 통해 비전을 공유하며 유연하지만 강력한 실행력을 지님
전환적 리더십	자기이해를 초월하여 조직의 더 큰 목표를 추구하며 비판이나 공격을 배제한 구성원의 성장을 도움
거래적 리더십	리더와 추종자 모두에게 사전에 정의된 기대와 동기부여에 기초한 가치 있는 이익을 교환함
서번트 리더십	전문적 그리고 개인적으로 성장할 수 있도록 도우며 다른 사람들의 욕구에 봉사하기 위하여 자기이익을 초월함
팔로워십	리더-추종자 상호 간에 영향을 주는 관계의 결과로 나타나는 추종자의 행동을 의미하며, 효과적인 추종자가 효과적인 리더가 될 수 있는 최고의 잠재력을 갖고 있음
윤리적 리더십	추종자들을 육성하고 임파워먼트시켜 사회적 정의를 구현함
참여적 리더십	임파워링 리더십 또는 민주적 리더십이라고 하며, 리더가 구성원에게 영향을 줄 의사결정에 참여하도록 허용함
팀 리더십	팀의 응집력, 팀의 일체감, 집단 효능감, 조직학습을 높이기 위한 다양한 방법 사용

다양성 리더십

다양한 문화에 대한 상호이해가 기본이 되는 현대 사회에서 서로 다른 가치를 담은 리더십 이론들이 등장하면서 시대가 요구하는 리더의 독특한 속성을 새로운 관점으로 해석해 내고 있다. 특히 세계화라고 불리며 다양한 가치가 공존하는 다원화된 사회에서 서로 다른 문화적 속성을 이해하고 관리하는 다양성 리더십이 새로운 대안적 리더십으로 대두되고 있다.

다양성 리더십에서 리더의 역량은 조직에서 다양한 문화적 배경을 가진 구성원들의 다양성 문제를 이해하고 이를 해결해 나가는 것이라고 할 수 있다. 이때 다양성(diversity)은 조직의 모든 계층과 집단을 포함하여 서로 다른 인종과 종교 그리고 성별 등의 다양한 구성원이 만들어내는 것이다(Lussier et al., 2016). 특히 인종과 종교 그리고 성별 등에 따라 다른 가치와 신념을 가진 사람들과의 관계에서 영향을 미칠 수 있는 리더의 속성은 문화마다 다르게 나타날 수 있다. 때문에 리더의 다양성에 대한 이해는 효과적인 리더십을 실현하기 위한 리더의 행동에 영향을 미칠 수 있으며, 리더의 행동은 자신에게 내면화된 문화의 가치와 신념이 리더십 행동으로 나타나 구성원들이 가진 문화와 직면하게 된다.

문화권에 따라 효과적인 리더십을 비교분석한 GLOBE 프로젝트[2)]는 각 나라에서 거의 동일하게 평가한 이상적인 문화적 신념은 '선견지명이 있는', '결단성이 있는', '역동적인', '믿을 수 있는', '격려하고 긍정적인' 등으로 대부분의 문화권에서 효과적인 리더의 속성으로 제시되었다. 반면 '야심이 높은', '신중한', '동정심이 있는', '지배적인' 등은 문화권에 따라 평가가 다른 리더의 속성으로 파악되었다(Yukl, 2013). 서로 다른 문화권에 속해 있더라도 기본적인 리더의 속성은 거의 동일하게 나타나고 있어 다양성에 대한 이해는 효과적인 리더십 사용에 중요한 요소라 할 수 있다. 따라서 리더와 구성원들의 서로 다른 가치와 신념이 관계를 맺을 때 다양성 리더십에 대한 필요성이 제기되며 서로 다른 문화에 대한 깊은 이해를 통해 보다 효과적인 리더십 행동이 이루어지게 된다.

일반적으로 리더와 다양한 문화적 배경을 가지고 있는 구성원들로 이루어진 조직 및 사회공동체는 이들을 효과적으로 활용하기 위해서 리더의 다양성 관리 역량이 보다 중요하다는 것을 분명히 하고 있다. 조직 및 사회공동체 운영에 있어 리더의 다양성 관리는 선발과 승진 결정에서 균등한 기회 및 불공정한 차별을 없애는 것, 조직의 다양성을 용인하고 이해하도록 장려하기 위한 조치를 취

2) GLOBE 프로젝트는 전 세계의 모든 지역을 대표하는 62개 서로 다른 문화권에서 이루어지는 리더십의 비교문화연구이다. GLOBE는 '글로벌 리더십과 조직행동 효과성(Global Leadership and Organizational Behavior Effectiveness)'을 의미한다. 이 프로젝트는 세계 각국에서 온 150명 이상의 연구자가 장기적으로 참여하여 함께 일하고 있다(Yukl, 2013).

할 것, 그리고 다양성 개선과 균등한 기회를 확보하는 책임을 공유하는 것 등이 있다(Yukl, 2013). 이와 같이 효율적인 리더는 여러 가지 다양성 관리를 통해 성과 문화에 의한 차별에 책임을 지고 개선함으로써 다양성 리더십을 실천할 수 있다. 조직과 사회공동체뿐 아니라 더 나아가 국가적 차원에서도 리더가 다양성 리더십을 통해 모든 소수집단과 인종집단에 대한 불공평한 차별을 없애는 노력을 계속하는 것은 매우 중요한 의미를 지닌다. 이와 같이 다양한 구성원들이 가진 가치와 신념을 인정하고 유지하려는 리더의 노력은 끊임없는 훈련과 연습으로 나타나며 이는 다양성 리더십 개발로 이어진다.

지금과 같이 다양한 문화가 공존하는 조직과 사회공동체에서 다양성을 관리하는 것은 리더의 중요한 책임이며 역할이라 할 수 있으며 이를 통해 문화에 따른 리더십의 차이를 이해하고 효과적으로 적용할 수 있다. 다양성 리더십은 인종과 종교 그리고 성별 등에 근거한 차별을 지양하고 균등한 기회를 확보하는 등 다양성의 가치를 인정하고 포용하는 새로운 대안적 리더십으로 받아들여지고 있다.

여성주의 리더십

21세기를 여성(female)의 시대라고 말한 미래학자의 예견이 과히 틀린 말은 아니다. 남성에 비해 늦은 출발이지만 여성의 사회 진출은 그 어느 때보다 다양한 영역으로 확대되었으며, 여성의 영향력이 높아진 만큼 사회는 보다 여성친화적인 환경으로 변모해 가고 있다. 따라서 성평등을 지향하며 성역할이 고정되어 있지 않다고 말하는 여성주의 리더십은 사회의 변화를 따르는 리더십의 자연스러운 흐름일 것이다.

조직이나 사회공동체에서 모든 구성원이 인종이나 종교적 차별 없이 균등한 기회를 제공받을 수 있는 것과 같이 성별에 의한 차별을 지양하는 사회적 인식은 리더십의 변혁을 이끌어 내기에 충분하다. Yukl(2013)에 따르면, 성평등주의(gender egalitarianism)가 높은 문화권에서는 성역할이 분명하게 구별되지 않고 직무가 성별에 의해 차별되지 않는다고 본다. 이는 여성이 중요한 리더십 직책에 선발될 동등한 기회를 가질 수 있게 되는 것으로 매우 분화된 성역할 기대가 없는 경우에 여성의 리더십이 한층 더 발휘될 수 있음을 보여준다. 그러나 이러한 성평등주의에도 불구하고 성역할에 대한 고정관념은 여전히 우리의 문화 속에 존재하고 있어 일상에서부터 성별에 의한 차별을 부르는 것 또한 분명한 사실이다. 이러한 근거는 여성이 리더로서 사회적 성장을 할 때 이를 가로막는 유리천장이나 유리벽이 존재한다는 것이 엄연한 사실로 받아들여지고 있기 때문이다.[3] 지금까지 여성이 리더로서 남성중심의 수직적 사회구조에서 성장하고 성공하는데 수많은 어려움을 겪어왔다면, 최근 다양성과 수평적 관계를 지향하는 사회로의 전환은 지지와 협력 그리고 소통과 권한위임 중심의 여성주의 리더십을 새로운 리더십으로 부각시키며 여성주의 리더의 영향력을 보다 확대시키고 있다.

새로운 리더십으로 여성주의 리더십에 대해 윤혜린 외(2007; 2009)는 리더의 성별이나 리더십의 젠더가 아닌 리더의 이념, 가치, 비전의 측면을 강조하면서 리더의 뚜렷한 여성주의적 지향점, 윤리성을 담보한 비전, 세상을 성평등적으로 변화시키고자 하는 실천능력과 용기를 핵심 콘텐츠로 보고 있다. 이는 모든 소수자에 대한 보살핌과 배려, 공존, 연대 등 여성주의 가치가 사회의 내적 발전을 견인할 수 있는 자원으로서 역할을 할 수 있음을 의미한다. 이러한 여성주의 리더십에서의 여성주의 가치는 성의 차별적 개념을 초월하여 평등에 입각한 연결,

3) 영국의 시사주간지 이코노미스트가 발표한(2019.03.08.) 2018년 여성들의 경제활동 및 기업 내 승진 등을 보여주는 '유리천장지수'(glass ceiling index)에서 한국은 OECD 29개국 중 최하위로 나타났다. (http://www.economist.com/grapic-detail/2019/03/08/the-glass-ceiling-index)

의견 일치 그리고 유연성을 더 높이는 경쟁력이 되어 리더십을 더 키울 수 있게 한다(Fisher, 1999).

여성주의 리더십의 핵심은 '변화'에 있으며, 성별을 초월한 여성주의 리더는 여성주의 가치를 실현함으로써 사회변화를 이끌어가는 혁신의 주체이다(김시진 외, 2017; 안윤정 외, 2016; 윤혜린 외, 2007: 2009; 장필화 외, 2017; 허라금, 2005). 그리고 무엇보다도 인간의 본질적 삶의 가치를 이야기하는 여성주의 리더십은 시대가 요구하는 중요한 리더십의 가치를 담고 있다는 점에서 사회의 혁신과 통합을 이끌어내는 새로운 리더십 모델이 될 수 있다. 즉, 여성주의 리더십은 성별은 물론 인종이나 종교 등 다름에 대한 모든 것에 영향력을 가진 다양성 리더십과 목표를 세우고 미래에 대한 비전을 제시하며 사회 전체의 변화를 이끌어 내는 변혁적 리더십 그리고 그 외의 리더십의 가치를 다양하게 담아내고 있는 또 다른 리더십을 모두 포함하는 혁신과 통합의 리더십 모델이 될 수 있다. 이제는 진정으로 보다 나은 모두의 평등한 미래를 위해 여성주의 가치를 실현하는 새로운 대안적 리더십으로 여성주의 리더십에 대한 이해와 실천이 더 절실히 요구된다.

여성주의 리더십 연습 1 : 나의 리더십 점검[4)]

STEP 1.

주어진 각 문항에 대해 본인이 해당하는 곳에 체크(V)하세요.

1. 매우 그렇지 않다 2. 대체로 그렇지 않다 3. 보통이다 4. 대체로 그렇다 5. 매우 그렇다

번호	내 용	1	2	3	4	5
1	나는 내가 속한 집단에서 필요로 하는 것을 잘 결정할 수 있다.					
2	나는 내 자신에 대하여 전반적으로 긍정적으로 생각한다.					
3	나는 다른 사람에게 나의 감정을 잘 표현하는 편이다.					
4	나는 어떤 일을 함에 있어서 목표설정을 잘하는 편이다.					
5	나는 다른 사람을 대할 때 항상 진실한 마음을 가진다.					
6	나는 문제해결을 위해 많은 정보를 효과적으로 사용할 줄 안다.					
7	나는 어떤 일을 행할 때 구성원에게 책임을 맡기는 편이다.					
8	나는 우선 순위를 정하여 일을 처리한다.					
9	나는 다른 사람에게 대단히 호의적인 편이다.					
10	나는 어떤 지식이든지 배울 자세가 되어 있다.					
11	나는 어떤 일을 행할 때 다른 사람의 요구를 잘 고려한다.					
12	나는 어떠한 일에도 책임 있는 태도를 가지고 있다.					
13	나는 다른 사람을 대함에 있어 친근한 성품의 소유자다.					
14	나는 내가 속한 집단성원들이 제기한 요구사항을 잘 수용한다.					
15	나는 타인의 말을 주의 깊게 듣는 편이다.					
16	나는 여러 가지 대안들 중 적절한 것을 잘 선택하는 편이다.					
17	나는 나 이외의 다른 사람들도 중요하다고 생각한다.					
18	나의 의견이 잘 받아들여지도록 집단의 분위기를 잘 조성한다.					
19	나는 어떤 일을 행함에 있어 여러 가지 대안들을 고려한다.					
20	나는 항상 다른 사람들을 존중하는 태도를 가지고 있다.					

4) 이주희 외(2009)의 리더십 계발을 참고하여 구성함.

21	나는 여러 가지 문제를 해결할 수 있는 능력을 가지고 있다.					
22	나는 내가 한 실수를 잘 수습하는 편이다.					
23	나는 매사에 재치 있게 일을 처리하는 편이다.					
24	나는 일처리 과정에서 융통성을 발휘할 수 있다.					
25	나는 다른 사람들과 잘 화합하는 편이다.					
26	나는 나의 주장이나 생각을 타인에게 명확히 설명할 수 있다.					
27	나는 감정에 치우치지 않고 합리적으로 사고하는 편이다.					
28	나는 어떠한 변화도 수용할 자세가 되어 있다.					
29	나는 다른 사람에 대한 나의 매너가 좋다고 생각한다.					
30	나는 다른 사람을 신뢰하는 편이다.					

STEP 2 : 채점 및 평가

리더십 영역	문항번호	최고점	최저점	자신의 점수
의사소통기술	3, 15	10	2	
의사결정기술	1, 4, 8, 16, 19	25	5	
인간관계기술	5, 9, 17, 20, 23, 25, 29	35	7	
학습능력기술	6, 10, 21, 27	20	4	
조직관리기술	7, 28, 30	15	3	
자기이해기술	2, 12, 13, 22, 24, 26	30	6	
그룹활동기술	11, 14, 18	15	3	
전체	30문항	150	30	

여성주의 리더십 연습 2 : 페미니스트 자가 진단 테스트[5)]

STEP 1 : 나는 페미니스트일까?

주어진 각 문항에 대해 본인이 해당하는 곳에 체크(∨)하세요.

번호	내 용	∨
1	여자라면 예뻐야 한다는 생각이 든다.	
2	매일 저녁밥을 굶고 싶은 충동을 느낀다.	
3	레즈비언이나 게이가 된다는 것은 개인의 선택의 문제일 뿐 타인이나 국가가 개입할 영역이 아니다.	
4	연상의 남자 친구를 '오빠'라고 부르는 것은 당연하다.	
5	인구 절벽의 위기가 닥친 지금 여성이라면 당연히 결혼하고 출산을 해야 한다.	
6	한국 남성이라면 당연히 군대에 가야 한다.	
7	결혼할 때는 남자가 먼저 그것도 멋지게 프러포즈를 해야 한다.	
8	노출이 심한 옷을 입거나 길에서 담배 피우는 여성을 보면 왠지 기분이 상한다.	
9	제3세계의 많은 수의 여자 아이들이 인신매매와 성폭력을 당하고 있다는 사실을 알고 있다.	
10	남녀평등이라는 말에 비해 여성해방이라는 말은 너무 과격하게 느껴진다.	

5) 김정화(2019)의 '나는 페미니스트다': 한국 페미니즘의 역사의 페미니스트 자가 진단 테스트를 참고하여 구성함.

CHAPTER 03

여성주의 리더십과 팔로워십

내 뒤에서 걷지 말라. 내가 어디로 가야 할지 모를 수도 있으므로
내 앞에서 걷지 말라. 내가 너를 따라가지 못할 수도 있으므로,
걸을 때는 나란히 걸으라.
그러면 우리가 하나가 될 수 있을지도 모르니
– 아메리칸 인디언, 유트족

03 CHAPTER

여성주의 리더십과 팔로워십

아무리 훌륭한 리더라도 혼자서는 리더가 될 수 없다. 조직이 있고 그 조직의 구성원이 있어야만 리더가 존재하는 것이다. 조직에는 리더도 있지만 구성원, 즉 팔로워가 함께 존재한다. 그 조직을 구성하는 팔로워들이 화합하고 협동하지 않는다면 그 조직은 어떻게 될까? 리더 혼자서 조직의 목표를 달성해 나갈 수 있을까? 당연히 그런 조직은 실패하게 될 것이다. 팔로워가 없는 리더가 있을 수 없듯이(Kelly, 2014) 성공하는 조직은 리더 혼자만의 힘으로 이루어질 수 없다. 탁월한 리더란 팔로워라 불리는 조직원들이 붙여준 이름이라 해도 과언이 아닐 것이다. 조직의 성공을 위하여 리더는 혼자만 해내려 하기보다 팔로워들이 맡은 바 영역에서 전문성을 발휘하게 하고 협력하게 하여야 목표를 달성하게 되는 것이다. 그렇다면 조직의 성공을 이루는 데 결정적인 것은 리더십인가 팔로워들의 역할인가?

예전에는 특별한 능력이 있는 리더의 리더십이 조직을 성공으로 안내할 것으로 생각하기도 하였다(Lussier et al., 2016). 그러나 현대에서 조직적 성공은 더 이상 리더 혼자의 것이 아니고 리더 혼자 할 수 있는 일은 극히 일부임을 강조하고 있다. 그럼에도 대부분의 조직연구에서는 좋은 리더십 또는 성공하는 리더십을 위한 연구를 주로 하고 리더를 따르는 조직원에 대한 연구는 상대적으로 빈약하다(김지윤 외, 2018; 최준원, 2017). 팔로워 없이 리더가 존재할 수 없다는 것은 너무도 당연하지만 현존하는 리더십은 너무 리더 중심적이다.

한국 사회에서 리더의 지위를 차지하는 사람은 전체 인구대비 얼마나 될까? 우선 정치권에서 리더를 살펴보면, 대통령(1명)을 비롯한 장관(15명), 차관(24명) 및 국회의원(299명), 시장(75명), 도지사(8명), 군수(86명) 정도를 들 수 있을 것이다. 교육계에서는 대학총장(174명), 초(6,229명), 중(3,119명), 고교(2,190명)의 교장을 대표적 리더로 볼 수 있을 것이다. 그 외 프로 실업팀 스포츠 감독(167명), 상장기업의 CEO와 임원을 합쳐 12,000명 정도의 리더가 있다고 본다면 넉넉히 잡아도 50,000명이 안 된다. 우리나라 인구를 5,000만 명으로 본다면 인구의 약 0.1%가 리더그룹이 되는 것이다. 여기에 포함되지 않았지만 여러 조직을 이끌어 사회의 변화에 기여하는 리더들까지 포함하여 넓게 보아도 인구의 10%가 되긴 어려울 것이다. 이것이 정확한 통계는 아니지만 참고하여 보면 인구의 90%는 리더가 아닌 팔로워가 되는 것이다(백기복, 2016).[1] 그럼에도 불구하고 조직의 성공을 위하여 리더십 연구에 집중하고 팔로워에 대한 연구는 매우 미미한 것이 현실이다.

미국의 경영학자 Kelly는 조직의 성공에 리더십이 기여하는 바는 10~20%이며 나머지 80~90%는 팔로워십이 결정한다고 했다. 이렇듯 팔로워의 의지나 능력이 리더십 성공에 결정적이다. 특히, 여성주의 리더십은 리더의 역량개발에만 관심을 두지 않는다. 여성주의 리더십은 팔로워 한 사람 한 사람의 역량개발을 중시하며 리더와 팔로워들이 협력할 수 있는 조직문화로의 혁신을 지향하기 때문에 팔로워들의 조직에 대한 영향력과 영향력을 미치는 방법에 관심을 두고 있다. 또 여성과 남성의 팔로워십 차이에 대한 연구에서 나타나듯(홍아정 외, 2017; 吉田

1) 백기복 외 (2016). pp.135-136에서 참고함.

生典, 2010), 여성은 조직에서 경험하는 환경이 남성과는 다르다. 이에 여성주의 리더십은 다른 경험의 본질을 이해하고 팔로워들과 함께 조직혁신을 도모하고자 하기에 팔로워십에 관심을 두고 있다.

1. 팔로워십(followership)이란

팔로워십이란 리더-팔로워 상호 간 영향을 주고받는 관계를 구성하는 팔로워의 행동을 의미한다. 팔로워십은 권위를 가진 리더의 명령에 무조건적으로 따르는 행위가 아니다. 팔로워십은 비판적 의식 없이 주어진 지시에 따르는 행위가 아니라 지시를 따를 것인지 통제할 것인지를 스스로의 판단으로 선택하는 것이다(Lussier et al., 2016).

Kelly는 팔로워십을 조직의 목표달성에 기여하는 팔로워들의 효과적인 자질이나 역할이라고 하였다. 조직 안에서 전체를 볼 수 있는 통찰력이 있고 협력할 수 있는 역량이 있으며 중요한 가치를 위해 자발적으로 노력하는 것이 효과적인 팔로워십이다(Kelly, 1988). Kellerman은 팔로워를 두 가지 측면에서 정의하였다. 하나는 지위에 의한 정의로 상대적으로 권력, 권한, 영향력이 상급자보다 적은 하급자를 말한다. 다른 하나는 행동에 의한 정의로 다른 사람들이 원하거나 의도하는 것에 따라주는 사람을 뜻하기도 한다(Kellerman, 2011). 팔로워십이란 리더와 팔로워 상호 간에 영향을 주고받는 결과로 나타나는 팔로워의 행동을 의미하는 것이다.

성공적인 팔로워십의 조건[2)]

신인철(2013)은 따라야 따른다고 하였다. 리더도 팔로워를 따라야 팔로워가 리더를 따를 것이고 팔로워도 리더를 따라야 조직이 성공할 수 있음을 강조하면서 성공적인 팔로워십을 위한 몇 가지의 조건을 제시하였다.

• 탐색능력

탐색능력이란 조직 내에서의 자신의 위치를 인식하고 어떤 역할을 해야 하는지를 찾아내는 것이다. 탐색능력은 성공적인 팔로워십을 발휘하는 데 매우 중요한 능력으로 세 가지의 하위능력으로 구성되는 개념이다. 그 첫째는 몰입의 능력으로 팔로워는 조직을 둘러싼 환경, 조직의 상황을 볼 때 어떤 편견 없이 볼 수 있어야 한다. 일반적으로 사람들은 조직의 상황을 볼 때 대부분 객관적으로 본다고 생각하게 되나 실제로는 개인적, 사회적 편견이 그 개인의 가치를 구성하므로 판단에 있어 특정 스펙트럼으로 작용할 수밖에 없다. 그러므로 이를 인정하고 조직의 현황을 있는 그대로 판단하기 위해서는 몰입이 중요하다. 두 번째는 동일화 능력이다. 동일화란 리더의 목표를 이해하고 가고자 하는 방향으로 함께 방향을 잡을 수 있는 능력을 말한다. 팔로워가 리더와 목표 방향을 같은 자리에서 함께 보는 마음을 가진다면 상황에 대처하는 능력이 탁월해질 것이고 일의 원활함과 성공은 당연한 것이 될 것이다. 세 번째는 자기평가능력으로 목표를 향하여 가고 있는가를 반복적으로 성찰하고 평가하여 방향을 잃지 않는 것이 중요하다.

2) 신인철 (2013). pp.202-238을 정리하여 재구성함.

- **존중가치**

팔로워 자신이 몸담은 조직을 존중하여야 한다. 스스로가 조직을 어떻게 생각하고 가치를 평가하는가는 팔로워의 태도나 행동에 변화를 가져오고 결국은 수행성과에서도 격차를 나타내게 된다. 조직에 불만을 제기하기보다 존중하게 되면 이전에 보지 못하던 것이 보이며, 느끼게 되고 이는 업적에 영향을 미치게 된다. 또 자신의 조직을 함부로 대하는 외부에 결집하여 대항하게 되며 결속력과 조직에 대한 애정은 증가하게 될 것이다.

- **자기소화능력**

조직에서 발생하는 여러 가지 현상을 본인과 조직에 이익이 있는 것만 취하고 나머지는 폐기하는 능력을 의미한다. 자기소화능력을 개발하려면 학습을 통하여 직접 경험해 보지 못한 것을 간접적인 경험으로 이해하여야 한다. 다음으로는 조직 외부의 입장에서 조직의 상황과 환경을 바라볼 수 있어야 하며 지금에 급급하기보다 장기적인 안목으로 조직을 바라볼 수 있어야 한다.

- **팔로잉 커뮤니케이션**

이는 팔로워들이 발휘하는 커뮤니케이션을 의미한다. 일반적인 커뮤니케이션과 달리 팔로잉 커뮤니케이션은 용기와 적극성, 동질감과 동참의식이 수반되는 것이다. 팔로잉 커뮤니케이션은 리더가 올바른 판단을 할 수 있도록 용기를 갖고 견제하며 적극적으로 보완하여야 한다. 즉, 리더나 조직의 판단이 조직의 이익이나 사회정의에 위배될 때 용기 있고 적극적으로 나서야 한다.

2. 팔로워십의 유형

일반적으로 성공적 리더십에 관한 유사점이나 차이에 대한 논의는 다양하게 이루어지고 쉽게 접할 수 있다. 이에 비해 팔로워십의 유사점이나 차이에 대한 관심은 별로 두드러지지 않고 있다. 같은 조직의 팔로워라도 신입과 10년 이상 재직한 팔로워의 조직에 대한 관심이나 충성도는 차이가 있을 것이다. 오래 재직한 팔로워가 지위도 더 높을 것이고 일처리에서도 신입보다 훨씬 능동적이고 많은 정보를 바탕으로 처리할 것이다. 그럼에도 팔로워십 연구에서 팔로워에 대한 다양한 관심이 매우 부족하다. 리더를 따른다는 면에서 팔로워십은 결국 다 같다고 생각하기에 구분할 필요를 인식하지 못하는 게 아닐까?

1992년 Kelly는 『팔로워십의 힘』이라는 책에서 최초[3)]로 팔로워십에 대하여 쓰면서 팔로워십에 대한 유형을 구분하였다(Kellerman, 2011). 이 장에서는 팔로워십 연구에 가장 많이 언급되는 Kelly의 팔로워십(김희봉 외, 2011; 유경숙, 2012; 최준원, 2018) 유형을 비롯하여 Chaleff의 유형 그리고 Kellerman의 팔로워십 유형을 살펴본다.

Kelly의 팔로워십 유형

Kelly(2014)는 사람들이 따르는 방법을 2개의 차원으로 구분하고 이를 기반으

3) Kelly에 앞서 팔로워십의 개척자로 불리는 Abraham Zaleznik의 연구가 있다. Zaleznik은 팔로워십이라는 용어가 아닌 부하(subordinate)라는 용어를 사용하여 유형을 구분하였다. Zaleznik은 위계에서 상하의 관계가 조직의 성과를 결정한다고 하면서 실패한 팔로워에 초점을 두고 연구하였다. 그 유형은 권위자에 도전하고 반항적이지만 뭔가를 이루고자 하는 욕구가 있어 업무 변화에 영향을 미치는 충동적 부하, 리더를 통제하고자 하는 강요적 부하, 나쁜 성과를 통하여 상사의 비판을 받음으로 복종하는 자기학대적 부하, 지시에 따를 뿐 직장의 모든 일에 무관심한 철회된 부하로 구분하였다.
출처: Kellerman (2011). pp.124-125.

로 5가지 유형의 팔로워십을 제안하였다.

팔로워십의 차원은 다음과 같다 첫째, 팔로워들이 독립적으로 비판적 사고를 하는가? 팔로워들이 스스로 생각하는가? 그리고 리더가 그들을 리더를 위하여 사고하는 사람으로 생각하는가라는 점이다. 둘째는 조직의 에너지 창출에 기여하는가? 즉, 팔로워들은 조직의 긍정적 에너지 창출에 적극적으로 기여하는가? 조직의 부정적 에너지를 만들거나 수동적으로 참여하는가라는 점이다. Kelly는 이 두 가지 차원을 바탕으로 수동형, 순응형, 소외형, 실무형, 모범형의 5가지 팔로워십 유형을 나누었다.

- **수동형 팔로워십**(passive followership)

수동형은 리더를 팔로워를 위하여 사고하고 동기부여하는 사람으로 보고 자신의 일을 리더가 생각하고 있을 것이라고 본다.

- **순응형 팔로워십**(conformist followership)

순응형은 항상 리더의 편이며 긍정적이다. 리더를 방향을 설정하고 비전을 제시하는 사람으로 보며 리더의 지시에 따라 행동한다. 순응형은 리더는 생각하고 자신은 실행하는 사람이라고 인정할 것이고 주변에서는 그들을 항상 긍정적으로 볼 수 있다.

- **소외형 팔로워십**(alienated followership)

소외형은 일에 대한 의지나 에너지는 있지만 부정적인 생각으로 일을 대하는 사람이기에 그들의 에너지는 긍정적으로 움직이지 않는다. 소외형은 일이 생기면 하지 말아야 하는 이유를 먼저 생각한다. 대안이나 해결책을 제시하지 않고 현재의 일을 냉소적으로 대처한다. 소외형은 스스로를 조직에 맞설 유일한 사람으로 인식하고 있다.

- **실무형 팔로워십**(pragmatist followership)

실무형은 자신의 생존을 위하여 일하는 유형이다. 솔선수범하여 일에 나서지 않으며 일의 진행상황을 보고 편승하지만 절대로 필요한 일에서 빠지는 우를 범하지 않는다. 이들은 변화가 일어나면 그 변화가 잠잠해지기를 기다리는 유형이다.

- **모범형 팔로워십**(exemplary followership)

모범형은 독립적으로 생각하고 활동적이며 긍정적인 에너지를 갖는다. 그러므로 어떤 일에 대하여 리더의 의사결정을 따르기 전에 자신이 먼저 평가한 후 받아들인다. 모범형은 리더의 의견에 동의하면 절대적으로 지원하고 동의하지 않는다면 적절한 대안을 찾아 일을 해결하려 한다. 모범형은 리더들의 해결사 역할을 하기도 한다.

Kelly(2014)는 5가지 팔로워십 유형 구분을 통하여 세상을 끌어안을 이상적 팔로워를 제안하고자 하였다. 또 사람들이 어떻게 따르는가의 현실을 탐색하였다. 그는 사람들이 팔로워십 유형에 고착하는가? 팔로워십 유형은 필요나 직업에 따라 변화하는가? 왜 사람들은 특정한 유형을 채택하는가? 선택한 유형을 발휘할 수 있도록 도울 방법은 있는가? 등을 설명하는 데 강한 영향력이 있는 모델(그림 3-1)을 확립하고 사용하였다.

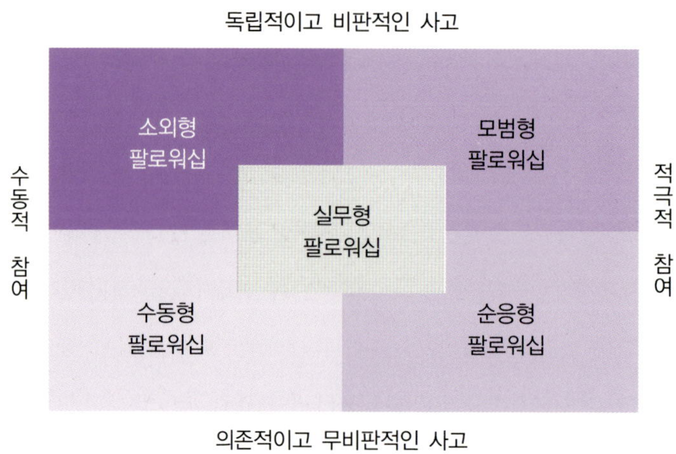

그림 3-1 **Kelly의 팔로워십 유형**

출처: Kellerman (2011).

Chaleff의 팔로워십 유형

Chaleff(2014)는 팔로워들에게는 조직의 변화에 기여할 엄청난 힘이 있지만 용기가 부족하여 리더와의 상호작용에서 대담해지지 못한다고 하였다. 그는 팔로워가 리더를 지지하는 정도와 팔로워가 리더에게 도전하는 정도를 기반으로 하여 4가지 팔로워십 유형을 나누었다. Chaleff가 분류한 팔로워십은 실천자, 동반자, 개인주의자, 자원의 4가지이다.

- **실천자형 팔로워십**(implementer followership)

실천자형은 조직의 성과를 위하여 상사가 의존하는 팔로워십으로 큰 조직에서 많이 볼 수 있다. 실천자형은 의지할 수 있는 팔로워로 지지하고 배려할 줄 안다.

- **동반자형 팔로워십**(partner followership)

리더를 전적으로 지지하지만 경우에 따라 리더에게 도전할 준비가 되어 있는 유형이다. 동반자형은 목표지향적이며 일의 완성을 위한 위험도 감수한다.

- **개인주의자형 팔로워십**(individualist followership)

리더뿐 아니라 모든 사람에게 자신의 생각과 감정을 말할 수 있는 유형이다. 리더에 대한 지지를 쉽게 표명하지 않지만 독립적이며 자신감 있고 솔직한 유형이다.

- **자원형 팔로워십**(resource followership)

적은 월급에도 정직하게 일하지만 최소의 활동만 하는 팔로워십 유형이다. 리더에게 충성하지는 않지만 쓸 만한 인물이다.

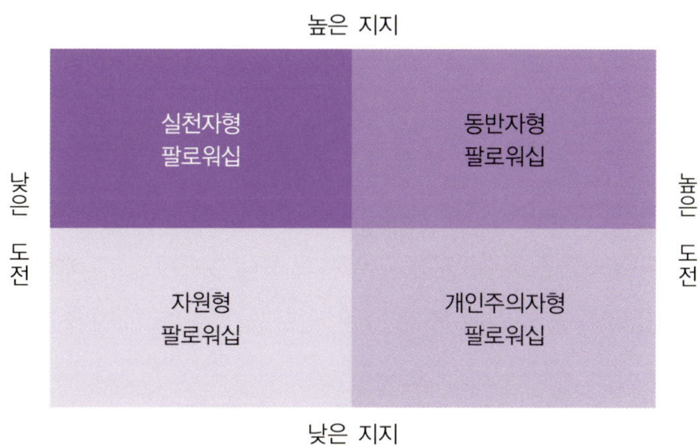

그림 3-2 Chaleff의 팔로워십 유형

출처: Chaleff (2014).

궁극적으로 Chaleff(2014)는 나쁜 상황을 변화시키기 위해 리더와의 상호작용에서 대담하게 도전할 수 있는 팔로워십을 함양하는 데 관심을 두고 있어 팔로워십 유형과 더불어 용기 있는 팔로워의 모형을 제시하고 있다.

ⓐ 리더를 지지하고 성공에 기여하기 위해 가능한 모든 것을 하는 용기

ⓑ 리더의 지시를 수용하든 그렇지 않든 공동의 목표를 위협하는 경우에 바람직한 방법으로 도전하는 용기

ⓒ 집단행동이나 정책이 공동의 목표를 위협하는 경우 도전하는 용기

ⓓ 조직의 성과 향상을 위한 어떤 변화에도 참여하는 용기

ⓔ 비윤리적인 일에의 참여를 거절할 수 있는 도덕적 용기

Chaleff는 리더와 팔로워는 공동의 목적을 받아들이기에 팔로워는 리더를 섬기기보다 동등하고 건강한 심리적 관계를 가져야 한다고 보았다. 리더든 팔로워든 모두가 자신의 강점과 책임을 가지고 수행한다면 충분히 훌륭하다는 것이다.

Kellerman의 팔로워십 유형

Kellerman(2011)은 자신의 리더십 연구와 마찬가지로 팔로워가 처한 상황과 무관하게 팔로워십의 유사점에 관심을 가져왔다. 물론 옛날의 팔로워십과 21세기의 팔로워십은 차이가 있을 것이며 리더의 특성에 따른 팔로워십 상황도 다를 것이다. 국가나 조직의 규모에 따른 상황도 다를 것이다. 이렇듯 상황이 중요하지 않아서가 아니라 팔로워십을 고려한다는 것은 한편으로는 지배를 생각하고 한편으로는 복종을 생각하는 것이다. Kellerman은 사람들의 행동을 변화시키고 리더를 대면할 때 좀 더 대담해지며 리더들이 부하와 자신의 관계를 고민하게 하려 하였다. 이를 위하여 리더와의 연계 정도를 바탕으로 팔로워십을 분류하였다. 즉, 아무런 느낌도 없고 행동하지도 않는 사람으로부터 매우 열정적이며 깊이 관여하는 5가지 유형을 제시하였다. 이 유형에는 팔로워가 리더보다 권한, 권

력, 영향력이 상대적으로 적다는 것이 전제되어 있다.

- **무관심형 팔로워십**(isolate followership)

무관심형은 관계가 분리된 상태이다. 그들은 리더에 대해 관심이 없으며 아무런 반응을 하지 않는다.

- **방관자형 팔로워십**(bystander followership)

방관자형은 의견과 태도를 가지고 있지만 행동은 하지 않기로 결정한 유형이다. 이것은 중립선언으로 현상유지를 위하여 누구든, 무엇이든 암묵적으로 지지하는 것이다.

- **참여자형 팔로워십**(participant followership)

리더와 집단 및 조직을 선호하며 어떻게든 연결되어 있으며 자신의 생각을 행동으로 옮길 만큼 관심을 갖고 있다. 즉, 시간과 개인적 노력을 투자하여 변화에 기여하고자 하는 이들이다.

- **운동가형 팔로워십**(activist followership)

운동가형은 의욕적이며 적극적으로 참여한다. 그들은 사람과 과정에 투자를 많이 하기 때문에 리더를 대신하여 열심히 일하기도 하지만 리더를 약화시키기 위한 행동도 한다.

- **완고주의자형 팔로워십**(diehard followership)

어떤 목적을 위하여 죽을 각오를 하는 유형이다. 이들의 목적은 사람이 될 수도 있고 이상이 될 수도 있다. 완고주의자형은 리더에게 헌신하거나 반대로 리더가 가진 영향력을 잃게 하는 데도 헌신하는 사람들이기에 매우 소모적일 수 있다.

앞서 팔로워십의 대표적 유형인 Kelly의 팔로워십 유형, Chaleff의 유형 그리고 Kellerman의 유형을 살펴보았다. 어떤 형태든 유형을 만든다는 것은 그 자체로 논쟁거리가 될 수 있다. 이런 부담에도 불구하고 유형을 나눈다는 것은 팔로워십 사이의 중요한 다른 특징을 구분하여 팔로워십에 대한 새로운 이해를 위한 틀을 마련하게 한다. 또 다른 이유는 이런 팔로워십 유형을 바탕으로 리더와 팔로워는 과거의 패턴을 벗어나 새로운 방식으로 큰 변화를 줄 수 있기에 중요하다. 팔로워는 항상 따르는 것이 아니라 저항하기도 하고 변화에 앞장서기도 한다.

3. 성공적인 팔로워가 되는 방법

팔로워 없이는 리더가 존재할 수 없기에 리더와 팔로워는 동전의 양면과 같다. 조직의 목표달성을 위해서는 효과적인 리더십과 효과적인 팔로워십이 필요하다. 효과적인 팔로워는 제시한 비전을 충족시키는 수준을 넘어 비전 창출의 동반자이다. Chaleff(2014)는 용기 있는 행동을 할 수 있는 팔로워가 효과적이라고 하였다. Chaleff는 효과적인 팔로워는 책임을 수용하는 용기, 봉사하는 용기, 질문하는 용기가 있으며, 변화의 일부가 되는 용기 그리고 필요할 때 도덕적인 견해를 보이는 용기가 있는 사람이라고 하였다(Lussier et al., 2016). 吉田生典(2010)는 성공적인 팔로워십은 4가지의 보수에 의해서 움직인다고 보았다. 금전보수와 3가지의 심리적 보수인 명예보수, 성장보수, 대인관계보수가 그것이다. Lussier는 효과적인 팔로워는 자신에게 수준 있는 성과를 만들 수 있는 능력이 있음을 믿는 자기효능감(self-efficacy)이 높다고 하였다. 팔로워가 자신의 역할을 인식하는 것은 행위의 방향을 결정하는 것이다. 그러므로 성공적인 팔로워가 되는 것은 조직의 목표달성에 매우 중요한 것이다. 팔로워십에 초점을 둔 연구들은 성공적인 팔로워십에 관련된 특정한 행동이 있음을 발견하였고 이를 바탕으로 Lussier는 성공적인 팔로워십을 위한 가이드라인을 제시하고 있다(Lussier et al., 2016).

◆ 리더를 지지하라

조직의 변화를 추구하다 어려움에 직면한 리더를 지지하고 격려하여야 한다.

◆ 주도권을 잡아라

성공적인 팔로워십은 결정할 수는 없지만 주도할 수는 있음을 아는 것이다. 효과적인 팔로워는 조직의 목표달성에 긍정적인 영향을 줄 기회를 찾으며 방해하는 문제가 생기면 문제해결을 주도하여야 한다.

◆ 리더를 상담하고 코치하라

리더가 경험이 부족할 때 리더를 상담하고 코치하여야 하며 리더의 좋은 경청자가 되어야 한다. 또 도움이 필요함에도 요구하지 못하는 리더에게 적절한 시기에 먼저 도움을 주어야 한다.

◆ 문제를 제기하고 관심을 보여라

리더의 계획에 잠재적인 문제가 있을 때, 팔로워는 신중하게 문제를 지적하여야 한다. 이때 문제를 제기하는 방법이 매우 중요하다. 우선, 조직의 목표달성에 기여하고자 함을 진심으로 전하고 문제를 구체적으로 지적하며 개인을 비판하여서는 안 된다.

◆ 리더에게 솔직한 피드백을 구하라

부정적 피드백을 피하고 강점에만 초점을 두는 리더에게는 부정, 긍정적 피드백을 모두 수용하는 모습을 보여야 한다. 즉, 성공적인 팔로워십은 리더가 강점, 약점을 모두 평가할 수 있도록 해야 한다.

◆ 자신의 역할과 기대를 명확히 하라

역할에 모호함이 있다면 리더와 함께 명확히 해야 한다. 리더가 직무기대, 권한과 책임의 영역, 성과목표, 일정 등을 명확히 전달하지 못한다면 명확한 설명을 요구해야 한다.

◆ 감사를 표하라

리더가 팔로워를 돕기 위하여 특별한 노력을 했다면 감사를 표해야 한다. 리더의 행위가 조직의 성과를 위한 것이었다 해도 감사와 존경을 표함으로써 더욱 긍정적인 관계로 발전할 수 있다.

◆ 리더에게 정보를 주라

리더가 올바른 의사결정을 할 수 있도록 적절한 정보를 주어야 한다. 또 조직의 업무 과정을 완벽하게 파악할 수 있도록 도와야 한다.

◆ 리더의 부당한 영향력에 도전하라

리더가 법적 또는 윤리적으로 부당하게 영향력을 미치려 할 때 권력의 차이가 크다 할지라도 동조하여서는 안 된다. 성공적인 팔로워십은 의지가 강하면서도 부드럽고 세련된 방식으로 리더에게 도전하는 것이다. 리더에게 윤리적 책임감을 상기시키고, 권리를 강조하며, 부적절한 동조의 나쁜 결과를 지적하여 저항하여야 한다.

4. 젠더와 팔로워십

효과적인 리더십 기술은 공식적인 교육 프로그램을 통하여 습득되기보다 일상의 경험을 통하여 학습되며, 특히 여성들의 리더십 형성 과정에는 성차에 따른 사회적 관념이나 개인성향과 가치관 등이 영향을 미치는 것으로 나타났다. 김시진 외(2017)는 행동-관찰-성찰-재성찰의 프로세스를 통하여 여성의 리더십 형성 과정을 연구하였다. 이 방법이 여성만을 위한 방법은 아니나 여성의 환경과 상황은 남성과는 다르기 때문에 여성만의 특징이 존재한다고 보았다. 특히, 여성의 팔로워십은 남성과 다소 차이가 존재하는 것으로 나타났다. 남성의 팔로워십은 모범형 팔로워십으로 미래의 리더가 되기 위한 수단으로 활용되는 경향이 있다. 반면 여성의 팔로워십은 리더에 대한 보필, 리더와 조직의 성공을 위한 헌신에 초점을 둔 순응형 팔로워십을 지향하는 것으로 나타났다. 모범형 팔로워는 자신의 독립적 판단을 우선으로 하며 자신의 역량을 키우고 조직 내 해결사로서 영향력을 확대하는 유형이다. 반면 순응형은 리더편으로 긍정적이며 리더의 발전에 밑거름이 되는 유형이다. 한국 사회에서 여성이 리더로 성장할 수 있었던 이유는 남성과 달리 보살피고 포용하며, 팔로워를 배려하였기에 가능하였을 것이다(홍아정 외, 2017). 이렇듯 한국 사회에서 여성의 팔로워십은 그들의 개인적 요인과 사회적 요인으로 인하여 남성들과는 차별화되어 나타났다. 이는 서구에서도 다르지 않은 듯하다. 여성은 유리천장이라는 말에서 드러나듯이 여성이라는 편견을 극복해야 하는, 남성이 갖지 않는 과제를 더 안고 있다.

제조업을 살린 여성 팔로워십 사례가 있다. 그 회사는 일반적으로 남성적 이미지가 강한 유압실린더를 만드는 회사였다. 사장은 어렵고 힘든 일을 피하는 풍조 때문에 젊은 남성 인력의 채용이 어려워지자 여성을 채용하고자 하였다. 이런 사장의 도전은 회사의 임원과 숙련기술자들의 반대에 부딪혔다. 남녀고용기회균등법이 시행되고 있었으나 여성이 하기에는 일이 너무 힘들기에 절대로 할 수 없다는 생각이 팽배해 있었다. 이런 반대에도 불구하고 사장은 근처 여자고등학교를 졸업하고 현장일을 지망하는 여성 직원 2명을 고용하였다. 젊은 여성 직원이 들어오면서 회사 분위기는 좋아졌으나 실력 차이가 분명하였다. 사장은 숙련기술자들이 젊은 여성 직원을 잘 지도해 주기를 원했으나 숙련기술자들은 젊은 여성에 대한 불신으로 협력하지 않았다. 이런 상황에서 여성 직원들은 스스로 학습하기 시작하였고 조금이나마 경험을 쌓은 선배가 후배를 지도하면서 기술을 연마하였다. 이것은 젊은 여성 직원의 자발적 행동이었다. 처음에는 매우 부족한 기술이었지만 상호학습 과정에서 기술이 많이 향상되었을 뿐 아니라 기술자들도 그녀들을 지도하게 되는 등 변화가 일어났다(吉田生典, 2010). 이 사례에서도 볼 수 있듯이 여성이 할 수 없는 게 아니라 여성이기에 할 수 없다는 편견이 여성을 가로막고 있는 것이다. 여성과 남성은 팔로워십에서 차이가 있는 것이 아니라 그들이 성장하며 살아오는 환경이 달라 다른 팔로워십을 나타낼 뿐이다.

이러한 깊이 뿌리박힌 여성에 대한 편견을 없애려 하는 것이 여성주의 리더십이다. 여성주의 리더십이 여성은 할 수 없다고 생각하는, 여성이어서 안 된다고 생각하는 사회구조를 혁신하여야 하는 이유가 여기에 있다. 남성의 시각으로 보고 남성적 가치로 판단하여 여성을 배제하는 사회가 바뀐다면 여성도 한 인간으로서 조직의 목표만 생각하는 팔로워십을 발휘하게 될 것이다.

여성주의 리더십 연습 : 팔로워십 효과성 진단[4)]

STEP 1.

다음의 각 10가지의 질문은 공헌력과 비판력(평소 윗사람과 관계를 유지하는 법, 스스로가 공헌력과 비판력을 발휘하는 정도)에 대한 것이다.

질문을 읽고 매우 그렇다고 판단되면 5점에 표시하고 어느 정도 그렇다 4점, 보통이다 3점, 별로 그렇지 않다 2점, 전혀 그렇지 않을 경우 1점칸에 표시한다.

점수 부여 시 주의점은 '바람직한 이상적인 모습'이 아니라 '있는 그대로의 자신'을 기준으로 하여야 한다. 또 너무 깊이 생각하지 말고 즉각적으로 답하고 경험이 없는 상황일 때는 "만약 내가 그런 상황에 처한다면 어떻게 생각하고 대처할 것인가"를 가정하여 답을 찾는다.

공헌력

내용	1	2	3	4	5
1. 주어진 역할이나 리더의 지시에 따르는 것은 당연하다.					
2. 리더나 다른 사람의 공로가 되리라는 것을 알면서도 자신이 조직에 공헌할 수 있는 일이라면 온힘을 다해 열중한다.					
3. 보통 자신의 업무 이외의 일이라 해도 리더의 요청이 있으면 할 수 있는 한 받아들인다.					
4. 다른 사람이 싫어하는 일이라고 해도 리더의 지시라면 받아들여야 한다.					
5. 리더와 의견이 다를 때는 최종적으로 자신을 낮추고 상대를 따른다.					
6. 조직이 요구하는 인재상이나 리더가 기대하는 행동이 무엇인지 생각한다.					
7. 조직 전체에서 결정한 방침은 항상 적극적으로 받아들이고 행동한다.					
8. 조직에서 의견대립 등 갈등상황이 발생하면 조직의 화합을 위해 자신이 나서서 중재하기 위해 노력한다.					
9. 리더에게 문제가 있어도 더 좋은 관계형성을 위해서 노력한다.					
10. 세세한 부분까지 세심하게 일을 처리하여 리더나 동료를 기쁘게 하는 것이 이상적이라 생각한다.					
공헌력 합계	(				)점

4) 吉田生典(2010). 조직을 성공으로 이끄는 리더십 & 팔로워십의 부록 「부하의 힘」 체크리스트를 대학생에 맞게 수정하여 사용하였다.

비판력

내용	1	2	3	4	5
1. 리더에게 지시를 받으면 언제나 그 지시가 적절한지 따져본다.					
2. 리더가 판단을 망설일 때는 다른 각도에서 의견을 제시하고 조언하는 편이다.					
3. 리더에게 자신의 업무 방침과 방식 등에 대해 수정하라는 요구를 받으면 상사의 의견에 귀를 기울이는 동시에 자신의 의견을 전하며 최선의 방법 선택을 모색한다.					
4. 조직 전체의 상태나 리더, 동료의 움직임을 두루 살피고, 마음에 걸리는 점이 있으면 의견을 이야기하려 한다.					
5. 일의 진행방식에 대해서 개선안을 내고, 조직을 더욱 좋은 방향으로 이끌기 위한 제안을 적극적으로 한다.					
6. 리더에게 조언과 지시를 받으면 들은 내용을 바탕으로 한 번 더 자기 나름대로 생각한 후 결정을 내린다.					
7. 상사가 무모하거나 잘못된 방향으로 일을 진행하는 것처럼 생각되면 솔직히 자기 생각을 전하고 궤도 수정을 꾀한다.					
8. 조직 자체가 궁지에 몰린 상태라면 조직이나 리더에게 의존하지 않고 스스로 돌파구를 열기 위해 노력한다.					
9. 자신의 신념과 가치관에 따라 일하고 있는지 항상 생각한다.					
10. 자신에 대한 내부 평가가 나빠질 수 있어도, 옳다고 판단한 일은 관철시키고 싶다.					
비판력 합계	( )점				

STEP 2.

그림 안의 수치를 기준으로 자신의 공헌력 및 비판력을 채점한 결과가 어디에 해당하는지 표시한다.

예: 공헌력 22점, 비판력 10점인 경우-----●
공헌력 16점, 비판력 37점인 경우-----■
공헌력 38점, 비판력 27점인 경우-----★
공헌력 28점, 비판력 30점인 경우-----▲

STEP 3. 유형에 대한 설명

- 종속자형: 예스맨형으로 리더의 지시를 절대적으로 따르는 유형. 종속자형은 상사의 지시가 없으면 움직이지 않는다. 리더의 지시나 조직의 결정과 전략이 정확할 때는 효과를 나타낸다.
- 파괴자형: 리더나 조직에 의문을 가지면서 자신의 주장만을 강하게 하는 유형. 타협하거나 납득할 줄 모르는 유형
- 도피자형: 팔로워로서의 역할도 하지 않고 주장도 하지 않는 유형, 게으름을 피우려는 의식과 행동이 두드러짐. 파괴자보다 조직의 더 큰 골칫거리 유형
- 협력자형: 조직의 발전을 위하여 상황에 따라 적극적으로 참여하는 유형
- 실천자형: 네모상자의 한 가운데. 특별히 문제도 없지만 머물러 있어서는 안 되는 영역. 공헌력이든 비판력이든 어느 쪽으로도 발휘할 결정적 행동을 못하는 유형

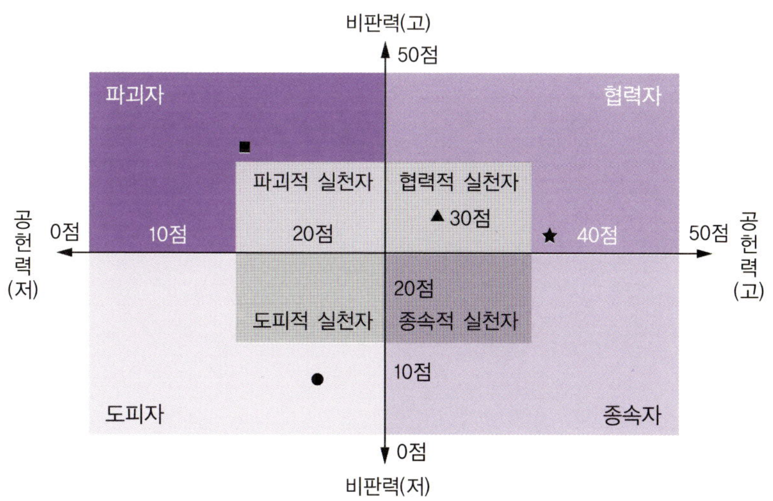

CHAPTER 04

다양성과 리더십

인간의 일상적인 삶의 특징은 바로 다원성이다. 이 다원성은 개인의 철학적 사고나 종교적 믿음 안에서도 나타나며 경기장에서의 미친듯한 열광과 같은 존재론적 행동에서도 나타난다. 그리고 다원성은 어떤 사회계층에게도 예외가 없는 다양한 방식으로 표출된다.
– Maffesoli, M.

04 CHAPTER

다양성과 리더십

세계화의 커다란 흐름 속에서 제4차 산업혁명을 맞이하고 있는 오늘날의 사회는 과거와는 다른 새로운 리더를 요구하고 있다. 고정된, 불변의 리더십이 아니라 다양성을 인정하고 받아들이는 유연한 리더십, 문화적 장벽을 초월한 의사소통능력을 갖춘 리더를 말이다. 또한 문화적 차이가 리더의 성과에 미치는 영향을 이해하고 다문화에 대한 지식과 그 문화의 특징에 대응하는 역량 또한 갖추어야 한다. Adler와 Bartholomew에 따르면 글로벌 리더는 다음의 다섯 가지 다문화적인 역량을 개발할 필요가 있다고 한다. 그 첫째로, 전 세계에 걸친 경영환경, 정치환경 및 문화적 환경을 이해해야 할 필요성이 있다는 것, 둘째로 다문화적 시각, 문화적 취향, 문화적 추세 등을 학습해야 한다는 것이다. 셋째로는 타문화권 출신의 사람들과 함께 같은 공간을 동시적으로 일할 수 있는 능력의 필요성, 넷째로 리더가 타문화권에서 의사소통 및 현지 생활에 적응해야 할 필요성이 있다는 것이다. 마지막 다섯째로는 타문화적인 배경의 사람들과 문화적 우월성을 넘어 문화적 평등의 입장에서 서로 어울려서 친화적 관계를 형성해가는 능력의 필요성 등이다(Northouse, 2010: 461). 이 장에서는 이러한 새로운 시대의 리더 역량을 기르기 위한 첫걸음으로 다양한 문화차원의 이해와 조직 내에서 다양성을 관리하기 위한 기술들에 대해 알아보도록 할 것이다.

1. 다양성의 이해

일반적으로 다양성(diversity)이란 흔히 차이(difference), 다름(variety), 혹은 다양한 상태(the state of being divese) 등을 의미한다. 다양성이란 용어는 다윈이 '종의 기원'에서 생물 종의 다양성을 언급한 이후, 인간집단 연구에 적용되면서 문화다양성의 개념으로 발전하였다(이승계, 2010). 다양성은 주로 성별, 연령, 인종, 근속기간, 교육적 배경, 기능적 배경 등으로 이해되지만 더 광범위한 의미를 지닐 수 있다. 즉 연령, 신체적 특성, 성별, 인종, 민족, 출생지 등 속인적 속성과 개인이 가지는 교육, 근속기간, 사회경제적 지위 등 경험과 배경, 지식과 능력, 기술, 관점, 가치관, 스타일 및 선호, 신념으로부터 발생되는 차이까지 모두를 포함하는 개념으로 볼 수 있다(나명익, 2017).

다양성 개념과 함께 언급되는 문화다양성(cultural diversity) 또한 상이한 정의가 존재한다. 가장 보편적으로 인정되는 정의는 유네스코 총회에서 채택된 "집단이나 사회의 문화가 표현되는 다양한 방식"이다(유네스코한국위원회, 2012). 또한 문화다양성의 개념을 하나의 가치, 접근으로 보기도 하는데, 이에 따르면 문화다양성은 특정한 집단에 대한 주변화와 위계화로 특징지워지는 범주적 사고로부터의 결별을 의미하며 민족성, 계급, 젠더, 종교, 장애 등에 기초한 구조적 차별과 사회경제적 구분 짓기를 줄이려는 접근이다(Arnesen, et al., 2008: 6-7).

이렇듯 다양성은 문화적 다원주의의 시대적 맥락에서 새롭게 지향해야 할 또 하나의 가치로 여겨져 왔다. 그러나 조직이나 일터에서 다양성에 대해 관심을 가지기 시작한 것은 그리 오래된 일이 아니다.

조직 내에서의 다양성 논의를 발전시킨 Cox에 의하면 다양성은 "같은 사회체계 안에서 서로 다른 정체성을 가진 사람들이 혼합된 상태"이다. 그에 따르면 조직 내 다양한 노동력을 구성하는 집단들은 고유의 독특한 문화적 차이를 기반으로 한다. Cox는 이러한 서로 다른 사회문화적 배경을 가진 조직의 구성원들이 각각의 잠재능력을 충분히 발휘하여 조직에 기여할 수 있는 다문화적 조직을 구축하는 노력이 필요하다고 하였다. Cox가 논의한 다문화조직은 단일조직이나 복합조직과는 달리 구조적인 통합과 비공식 조직의 통합이 충족되고 편견과 차별이 존재하지 않으며 다수집단과 소수집단 간의 격차가 없고 집단 간의 갈등의 정도도 낮은 조직이다(Cox, 1991).

그렇다면 한국 사회 조직 내의 다양성 풍토는 어떠할까? 우리 사회의 다양성의 특징은 다음 다섯 가지로 정리해 볼 수 있겠다. 첫째, 유교주의 사상이 아직 한국 사회문화에 많은 영향을 미치는 만큼 성별은 중요한 특징 중 하나이다. 노동시장에서의 여성에 대한 고정관념과 유리천장, 고용의 차별적 구조 등 성별 다양성에 대한 문제이다. 둘째, 한국 사회의 다양성 특징과 관련하여 사회진출 시 지연과 학연이 여전히 영향력을 미친다. 셋째, 이주노동자를 사회의 한 구성원으로 받아들이지 못하고 있다. 넷째, 한국의 유교적 전통은 연장자, 노인, 권위자에 대한 존경을 강조하고 있다. 이러한 유교적 전통은 장점도 있지만 경쟁적인 조직에서 효율적인 운영과 성과에 폐해를 입힐 수 있다(민경원 외, 2015). 이처럼 한국 사회는 다양성과 관련된 많은 이슈들을 가진 만큼 새로운 여성주의 리더들이 다양성에 대한 이해와 문화적 역량을 익히는 것은 매우 중요한 과제이다.

2. 문화의 차원과 리더십

문화만큼 논쟁의 여지가 많은 개념도 드물 것이다. 문화의 개념은 사람에 따라 다른 의미를 지니기도 하며 학문영역과 학자에 따라 상이한 정의를 내리기도 한다. '문화'라는 단어를 들으면 어떤 이들은 오페라 〈투란도트〉 공연이나 국립미술관의 백남준 전시회를 떠올린다. 반면 문화학자들처럼 인간이 천성적으로 타고나지 않은 살아가면서 획득한 모든 특성들을 문화로 간주하는 사람들도 있다. 또한 매스미디어에 등장하는 대중문화에 한정해서 이야기하기도 하고 일상생활의 상징적, 표현적 차원 전체를 가리킬 뿐만 아니라 사회와 동의어로 쓰이기도 한다.

프랑스의 사회학자이자 인류학자인 Bourdieu는 사회생활의 표현으로서의 문화의 의미를 말했다. 그는 인간이 착각하고 있는 주관적 가치들이 계급이나 계층 따위의 객관적 요인들과 밀접히 연관되어 있으며 동시에 서로를 규정한다고 했다. 인간은 어려서부터 환경에서 획득한 분별공식을 통해 무엇이 문화적으로 옳고 그른지 구별하는 법을 배운다. 이 분별공식은 주관적 표준이나 가치라기보다 사람들의 사회생활 속에 확고히 자리 잡은 것이라 할 수 있다. 이를 Bourdieu는 '아비투스(habitus)'[1]라고 하였다(Breidenbech 외, 2003: 25).

따라서 문화는 사회·조직구성원 간 공유된 신념, 가치, 규범의 체계라고 볼 수 있다. 여기에서 우리는 문화의 개념 정의의 가장 핵심요인은 조직 내 공유되고 있는 종교, 가치관, 태도 등을 포함한 가치체계라는 것을 알 수 있을 것이다. 또한 이는 구성원 개개인의 직무수행 태도와 행동 및 성취를 위한 직업관을 포

1) 특정한 환경에 의해 형성된 성향이나 사고, 인지, 판단과 행동 체계를 의미하는 것으로, 계급 구성원들의 문화적 상징이나 행동 특성을 나타내는 개념이다. 아비투스는 개인이 차지하는 사회적 지위와 개인이 속한 사회구조에 의해 산출되고 내면화된다.

함한다(강미영, 2018; 김문준 외, 2017)는 것을 알 수 있다.

서로 상이한 문화적 특성을 비교분석하여 리더십과의 관계를 연구한 Hofstede는 문화란 집단 및 사람 간 상호 공유를 전제로 집단현상과 집단 및 사람 간 심리적 경계로 정신적 프로그래밍 또는 소프트웨어(Hofstede, 1993)라고 하였다. 그는 국가 간의 문화 차이가 어떻게 조직문화 차이로 나타나는지에 주목하고 문화적 변수와 측정도구들을 사용하여 문화연구의 중요한 틀을 제시하였다. Hofstede의 5가지 문화 차원은 권력격차, 불확실성 회피성향, 남성성, 개인주의/집단주의, 장기지향이다(Hofstede, 1980).

Hofstede의 연구에 기반을 두고 발전시킨 GLOBE(Global Leadership and Organizational Behavior Effectiveness) 모델은 문화와 리더십에 관련한 가장 중요한 연구라 할 수 있다. 리더십에 대한 관심이 지속적으로 늘어나면서 많은 학자들이 리더십과 조직효과성에 초점을 두고 연구해왔다. 글로벌화가 확장되면서 다양한 문화를 가진 근로자들이 함께 일하게 되고 이때 문화의 차이를 인식하면서 효율적으로 리더십을 발휘해야 할 필요성이 대두되게 된 것이다. 이런 배경하에 GLOBE 연구는 64개 문화권의 170여 명의 연구자들이 실증적 연구를 통해 새로운 문화차원을 제시하였다.

GLOBE 모델에 따르면 사회문화 가치와 관행은 조직문화와 실천에 영향을 미친다. 사회문화의 핵심적인 문화가치, 신념, 가정 그리고 암묵적인 동기는 이런 문화의 구성원들이 유지하고 공유하는 조직이론이 된다. GLOBE 연구는 조직행동과 리더의 속성 및 행위를 예측할 수 있는 문화의 속성을 밝히려 했으며 그 9가지 차원을 정리해 보면 다음과 같다(Kim 외, 1999).

◆ 불확실성 회피성(Uncertainty Avoidance)

미래의 사건들에 대한 예측 불가능성을 경감하기 위한 사회적 규범, 의식, 관료적 관행과 관련하여 집단 공동체가 노력하는 정도를 말한다. 불확실성 회피가 약한 사회는 미래사회에 대한 위협요인을 잘 느끼지 않으면서 신축적이며 원활한 성향을 보인다. 불확실성 회피가 강한 문화권의 사회에서는 변화와 혁신보다는 안정성과 제도에 대한 의존성이 높다.

◆ 권력중심성(Power Distance)

조직구성원들이 조직 내에 존재하고 있는 부와 권력의 불평등에 대하여 어떠한 태도를 취하는지를 나타내는 차원이다. 권력격차에 대한 사회구성원의 태도를 통하여 구성원들의 권위주의적 성향과 집권화에 대한 선호 정도를 비교할 수 있다. 권력중심성이 큰 사회는 모든 구성원들이 동등하게 대우받지 못한다는 전제하에 구성원들은 각자 자신의 위치와 역할을 인정하고 받아들이는 수직적 사회를 의미한다(Hofstede & Hofstede, 2005). 그러나 권력중심성이 적은 사회는 구성원 개개인의 권리, 위치, 역할, 기회가 평등하다는 기본전제가 되어 상호존중과 배려의 수평적 사회라 할 수 있다.

◆ 사회 · 제도적 집단주의(Collectivism)

개인들이 조직이나 사회 내에서 집단을 구성하려는 정도를 말한다. 집단주의는 개인주의와 대립되는 것으로 집단과 공동체 의식을 강조하여 개인 자신을 '우리'라는 집단과 사회의 일부라고 생각한다. 집단주의문화에서의 개인은 집단에 속하는 매개체로서 체면과 조화를 중시하고 대립과 갈등을 회피하고 충성하려는 경향이 있다. 사회 측면에 대해 측정하며, 낮은 점수는 개인주의를 중요시하는 것을 의미하고 높은 점수는 법적수단, 사회적 연구나 제도적 실천을 통해 강조된 집단주의를 의미한다.

◆ 소속집단주의(In-group Collectivism)

집단 내의 집단주의이며 개인이 그들의 조직과 가정에 대한 자랑, 충성도 그리고 점착력을 표현하는 정도를 말한다. 소속집단주의는 집단(가족이나 조직) 내의 집단주의, 즉 가정이나 조직에 대한 자랑과 충성도를 측정한다.

◆ 성평등주의(Gender Egalitarianism)

사회가 성별 역할 차이를 최소화시키는 정도를 말한다. 성평등 문화 차원의 점수가 높을수록 여성을 중요시하는 것을 의미하고 낮을수록 남성을 더 강조하는 것을 의미한다.

◆ 자기주장성(Assertiveness)

사회의 개인들이 사회적 관계에서 단호하고(assertive), 지배적이고(dominant), 적극적인(aggressive) 정도를 말한다. 단호함 문화차원의 점수가 높을수록 사회에서 자신감, 세력 등을 강조하는 것을 의미한다.

◆ 미래지향성(Future Orientation)

조직이나 사회가 미래에 대한 계획, 투자와 만족감 지연(delaying gratification)과 같은 미래지향적 행위들을 격려하거나 보상하는 정도를 말한다. 미래지향 성향이 강한 문화에서 사람들이 미래에 대해 준비되어 있고 개인이 심리적인 건강을 유지하며 사회에 잘 적응한다. 또한 조직에서 비교적 장기적인 전략과 유연한 조직구조를 가지고 있다. 반면에 미래지향 성향이 약한 문화에서 미래에 대한 준비보다 현재를 즐기는 것을 더 강조하며 개인이 심리적으로 건강하지 않고 사회나 조직에 잘 적응하지 못한다.

◆ 업적지향성(Performance Orientation)

조직이나 사회가 성과의 향상이나 우수함에 대하여 집단구성원들을 격려하거나 보상하는 정도를 말한다. 업적지향 성향이 강한 문화에서 사람보다 결과를 중요시하며 성과를 보상한다. 또한 열심히 노력하면 누구나 성공할 수 있다고 생각하며 학교와 교육은 성공에 필수적이라고 믿는다. 업적지향 성향이 약한 문화에서는 충성과 소속감을 강조하며 환경을 지배하는 것보다 환경과 조화를 유지하는 것을 소중하게 생각한다.

◆ 인간지향성(Human Orientation)

조직이나 사회가 개인들에게 공정성, 이타적 행위, 우호적 행위, 자비, 봉사, 친절에 대해 격려하거나 보상하는 정도를 말한다. 인간지향 성향이 강한 문화에서 가족, 친구, 집단과 모르는 사람들이 중요하다고 생각하며 육체적인 고통과 심리적인 문제가 적으며 사람, 넉넉함, 이타주의를 소중하게 여긴다. 또한 사회구성원이 인종차별에 대해 민감하고 타인에 대한 사회적 지지를 제공한다. 반면 인간지향 성향이 약한 문화에서는 개인의 관심사가 중요하고 즐거움, 편안함, 자기만족 등을 소중하게 생각한다.

〈표 4-1〉은 GLOBE의 9개 문화차원에 따라 전 세계를 10개 문화권으로 분류한 것이다. 앵글로(Anglo), 독일권(Germanic Europe), 라틴유럽(Latin Europe), 아프리카(Sub-Saharan Africa), 동유럽(Eastern Europe), 중동(Middle East), 유교권(Confucian Asia), 동남아시아(Southern Asia), 라틴아메리카(Latin America), 노르딕(Nordic Europe)으로 분류하였고 이중 한국과 중국은 유교문화권으로 분류되었다.

표 4-1 GLOBE 문화차원 분류

문화차원	높은 점수의 문화권	낮은 점수의 문화권
자기주장성	Eastern Europe Germanic Europe	Nordic Europe
미래지향성	Germanic Europe Nordic Europe	Eastern Europe Latin America Middle East
성평등주의	Eastern Europe Nordic Europe	Middle East
인간지향성	Southern Asia Sub-Saharan Africa	Germanic Europe Latin Europe
소속집단주의	Confucian Asia Eastern Europe Latin America Middle East Southern Asia	Anglo Germanic Europe Nordic Europe
사회 · 제도적 집단주의	Nordic Europe Confucian Asia	Germanic Europe Latin America Latin Europe
업적지향성	Anglo Confucian Asia Germanic Europe	Eastern Europe Latin America
권력중심성	No clusters	Nordic Europe
불확실성 회피성	Germanic Europe Nordic Europe	Eastern Europe Latin America Middle East

출처: Northouse (2010). p.473에서 재구성

3. 다양성 관리

다양성은 많은 형태를 취할 수 있다. 인종, 민족, 연령, 성, 교육, 사회경제적 수준, 성적 지향성이 포함된다. 미국이나 유럽 등지 못지않게 한국도 최근 일터나 조직에서의 다양성이 늘고 있다. 다양성은 집단이나 조직을 위한 잠재적인 이익과 비용을 제공하는데 조직의 창의성을 높이고 인재가 늘어나는 반면에 더 많은 갈등과 낮은 만족감, 이직 등의 부정적인 결과를 가져올 수도 있다(Yukl, 2005). 이러한 다양성을 관리하는 것은 새로운 시대 리더의 중요한 덕목이 된다. 즉, 조직의 다양성을 증진시키는 것과 강한 조직문화를 만드는 것 사이에서의 적절한 균형을 찾는 것이다. 조직의 다양성 관리를 위해 리더들은 다양성의 인정과 관용을 추구하는 방법과 다양성에 대한 차별과 편견에 이의를 제기하는 두 가지 방법을 활용할 수 있다. 그에 따른 구체적인 관리지침은 다음과 같다.

다양성 관리 지침

- 다양성을 인정하는 당신의 행동에 본보기를 설정하라.
- 개인차에 대한 존중을 북돋워라.
- 다른 가치, 신념, 전통에 대한 이해를 증진시켜라.
- 팀이나 조직을 위한 다양성의 이익을 설명하라.
- 다양성에 대해 관용적인 사람들을 지원하고 독려하라.
- 사람들을 기술하기 위해 고정관념을 사용하는 것을 단념시켜라.
- 여성이나 소수민족에 대한 편향된 믿음과 역할 기대를 확인하라.
- 편견을 가진 발언을 하는 사람들에게 도전하라.
- 편견에 기초한 불공정한 처우에 대항하여 항의하는 발언을 하라.
- 여성이나 소수민족을 괴롭히는 것을 막는 징계처분을 하라.

출처: Yukl (2005). p.637.

이러한 지침들은 리더의 가치관 확립에 바탕을 두지만 다양성 훈련 프로그램에 의해 실천적으로 적용될 수 있다. 훈련 프로그램의 내용은 다양성 문제에 대한 바른 이해와 자기 내의 고정관념과 편협에 대한 인식을 점검하는 것으로 구성할 수 있다. 그러나 실제 현장에서 다양성 훈련이 자기인식과 상호이해를 증가시키는 데 중점을 두기보다 차별에 대한 비난에 치우칠 수 있음을 경계해야 한다. 따라서 리더들은 다양성에 대한 인정이 모든 조직구성원을 위한 것임을 일관되게 강조할 필요가 있다.

조직 내 다양한 구성원의 재능을 전부 이용하기 위해서는 자격을 갖춘 사람들이 중요한 지위에 선발될 수 있도록 하는 것이 중요하다. 이러한 동등한 기회를 제공하기 위해서는 첫째, 역차별을 하지 않고 차별 철폐 조치를 장려하는 채용관행, 둘째, 편협한 개념보다는 관련 스킬에 기초한 선발 기준, 셋째, 여성과 소수민족에게 적절한 충고와 격려 및 지원을 제공하는 멘토십 프로그램, 넷째, 관련된 기술을 학습하고 가치 있는 것을 경험하게 하기 위한 모든 조직원들에게 적절한 기회를 제공하는 관리 개발 프로그램 제공하는 것이다(Cox, 1991). 이러한 매커니즘은 리더뿐 아니라 조직의 중간관리자나 하위 수준 리더들의 지원과 책임도 따라야 한다(Yukl, 2005: 637-639).

다양성의 포용은 비단 윤리와 도덕적인 차원의 수용에 대해서 내세우지 않더라도 조직과 기업에 많은 장점을 제공한다. 첫째로, 다양성을 포용함으로써 마케팅에 이점이 있다. 다양하게 구성된 조직원들은 다양한 고객들의 요구를 충족시키는 방법을 더 많이 이해할 수 있다. 고객과 유사한 문화적 속성을 지닌 조직원은 고객과의 더 나은 관계를 오래 지속시킬 수 있기 때문에 다양하게 구성된 조직원들이 다양한 시장상황에 적절한 서비스를 하기 유리하다. 둘째, 기업은 다양성을 포용함으로써 더 넓은 풀에서 인재를 충원하고 다양한 노동력이 지닌 이점을 극대화시킬 수 있다. 조직이 다양성에 가치를 두고 있다는 외부의 인정을 받게 되면 여성을 비롯한 문화적으로 다양한 다른 집단의 우수한 인재를 확보할 수 있다. 셋째, 비용 면에서 실질적인 이익을 얻게 된다. 조직원들이 모든 구성원들을 소중하게 여기고 있다는 느낌을 갖게 되면 다양한 집단들의 직무만족도가 증가된다. 이에 따라 이직과 결근이 줄어들며 관련 비용이 줄어들 것이다. 다양성을 단지 관리하는 차원에서 벗어나 진정으로 가치를 부여하도록 노력하는 조직은 조직원들의 몰입과 성과에 긍정적인 영향을 가져오게 할 수 있다.

넷째, 문제해결과 의사결정에 창의성을 발휘할 수 있는 기반을 제공한다. 창의적인 문제해결은 동질집단에서보다 다양한 집단에서 이루어질 가능성이 더 높다. 다양한 집단에서는 사람들이 문제에 대해 각기 다른 관점, 지식, 정보, 전문성 및 기술을 가지고 있기 때문에 더 나은 방안을 제시하거나 혁신을 유발하게 된다. 다섯째로, 다양하게 구성된 팀은 그렇지 않은 팀보다 성과가 뛰어난 것으로 밝혀지고 있다. 다양한 아이디어가 투입되고 서로간의 학습이 촉진되며 창의성이 발휘되기 때문에 문화적 다양성이 팀 성과에 보다 긍정적이다. 이러한 이점들이 있다고 해서 단지 규범을 만들고 지시에 따르게만 한다면 본질적인 변화는 이끌어내지 못한다. 그보다는 최고경영진의 지원과 몰입, 임파워먼트를 통해 참여의 범위를 확대하고 지속적으로 강화하려는 노력이 우선시되어야 한다 (Lussier, 2016: 454-455).

4. 조직 내 성별 다양성 높이기

다양성의 포용이 주는 많은 이점에도 불구하고 우리 사회는 문화적 차이를 넘어서는 견고한 유리천장이 여전히 존재한다. 조직 내의 성별 다양성의 문제는 사회에서 오랫동안 질서와 체계로 굳어진 권력관계이며, 소외에 대한 문제이다.

다양성 문제의 해결을 위해서는 먼저 조직 안에서 당연하게 정립된 관계 또는 지배적인 생각에 의문을 던지는 비판적인 시각이 필요하다. 조직 내 다양성 관리에 앞서 성별 다양성 문제가 내포하고 있는 사회적 의미를 이해한다면 보다 본질에 근접한 성별 다양성 관리가 이루어질 수 있을 것이다.

조직의 다양성을 높이기 위해 현재 우리가 하고 있는 방식은 기본적으로 여성에게 문제가 있다는 가정이 먼저이다. 여성은 결핍된 존재이거나 수동적인 주체로 인식하여 도와주자는 방식이다. 최근 정부와 기업에서 추진하고 있는 여성의 일-가정 양립지원 정책이나 제도 등이 조직 내 성별 다양성을 높이기 위한 하나의 방법이 될 수는 있다. 그러나 이러한 정책들은 대부분 여성들을 대상으로 하고 있다. 실제 기업 내의 정책방침과 연계된 근본적인 구조변화가 뒷받침되지 않는다면 기존 질서에 익숙한 구성원들의 저항에 부딪히거나 목적한 효과를 거두지 못하는 경향이 있다(김양희, 2017). 문제의 중심을 조직의 내부로 옮겨와야 한다. 그렇다면 조직 내에서 다양성을 증진시키고 특히 젠더 통합의 관점에서 다양성을 확보하기 위한 방법은 무엇일까?

김양희(2014)가 제안한 기업의 성별 다양성 증진을 위한 종합적 프레임워크에서 우리는 그 대안을 찾아볼 수 있다. 이 모델은 크게 두 축으로 이루어지는 데 한 축은 성별 다양성을 통합하는 데 장애요인을 제거하는 노력이고, 다른 한 축은 성별 다양성을 통합함으로써 조직의 혁신과 발전에 기회를 제공하는 요인을 찾아 극대화하는 것이다(김양희, 2017).

먼저 장애요인으로는 성차별적·전근대적인 제도와 성에 대한 편견과 고정관념의 두 가지이다. 이를 제거하기 위해 채용, 업무부서 배치, 교육훈련, 근무평가 및 보상, 승진 등 인사 관련 제도의 내용이나 운용에 문제가 없는지 살펴보아야 한다. 또한 출산휴가, 육아휴직제도를 사용하는 데에 따른 불이익은 없는지도 점검해 보아야 한다. 그리고 중요한 것은 부서장의 핵심 성과지표에 성별 다양성을 반영시켜 중간관리자의 저항을 적절히 관리하는 것이 중요하다. 이는 성에 대한 고정관념과 편견을 제거하는 데에도 적용할 수 있는데 임원, 부서장 등의 승진 교육에 젠더 감수성 훈련의 결과를 반영하는 것이다. 특히 이 훈련에서는 젠더 이중언어(gender-bilingual)[2]를 사용할 수 있도록 훈련시키는 것이 중요하다.

다음으로 기회요인을 촉진하는 방법으로는 여성인재 육성과 여성·가족친화 문화를 조성하는 것이다. 여성 핵심 인재를 관리하고 여성 리더십 교육과 멘토링 프로그램을 도입하며 여성 관리자의 네트워크를 구축하는 것이다. 또한 남녀 모두의 워라밸 밸런스를 지원하는 것과 출산 및 육아지원, 가족친화기업 인증 등의 제도를 도입하는 것이다. 이러한 다양성 증진을 위한 프레임 워크를 정리해 보면 [그림 4-1]과 같다.

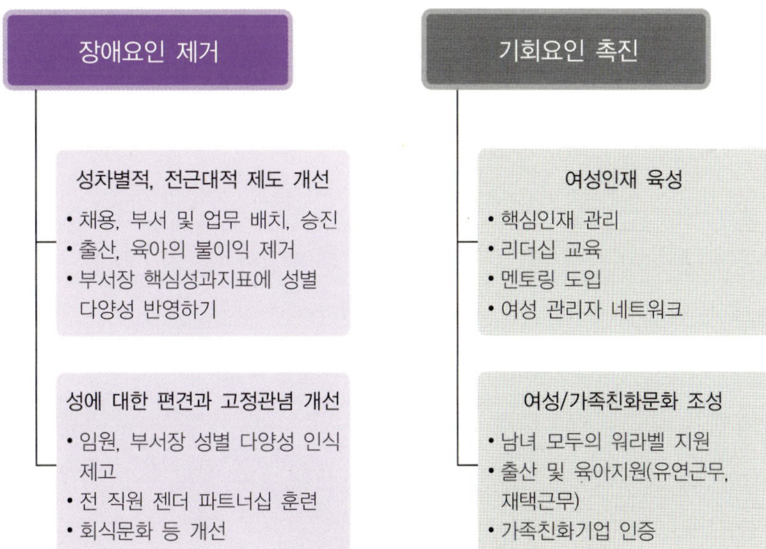

그림 4-1 성별 다양성 증진을 위한 프레임 워크

출처: 김양희 (2014). p.16.

2) 젠더 이중언어란 여성과 남성의 행동을 이해하고 소통할 수 있는 역량을 말한다(김양희, 2017).

조직 내의 성별 다양성을 높이기 위해서는 여성만이 아니라 남성과 여성 모두가 변화의 주체여야 한다. 여성과 남성의 경험과 관점을 통합하여 조직구조와 문화를 근본적으로 변화시키는 것이다. 대안적 리더십, 상호의존과 협력, 민주적이고 수평적인 의사결정, 합의, 개개인의 참여와 임파워먼트 등 여성주의적 가치를 실천하고, 권력에 대한 분담과 공유가 강조되어야 한다. 이 같은 가치들을 수용하되 유연하게 대처하고 여성과 남성의 강점을 모두 살리는 것이어야 한다. 여성이 더 오래 조직에 남도록 장벽을 제거하고 성평등과 성별 다양성을 증진하며 젠더 파트너십을 구축하는 것, 그렇게 함으로써 조직은 이질적 구성원을 포용하며 최상의 인적자원을 보유하고 창의력을 활용할 수 있게 될 것이다. 이는 여성뿐만 아니라 조직의 지속 가능한 성장에 도움이 되는 길이다.

여성주의 리더십 연습 1 : 문화의 개념 알아보기

STEP 1. 다음 여러 학자들이 말하고 있는 다양한 문화의 개념을 살펴보자.

- Eliot : 문화는 텍스트와 공동체의 가치(사람들의 독특한 활동과 이해관계)를 포함하는 삶의 모든 방식
- Weber : 문화는 사회적 행위와 사회변동의 토대를 구성하는 의미의 영역
- Giddens : 문화란 사회와 조직 속에서 다양한 구성원이 살아가면서 형성된 삶의 방식으로 집단의 구성원이 이루고 있는 가치, 규범, 물질적 재화로 구성
- Adler : 문화란 집단사회의 가치관, 지식과 이념 등을 포함하는 총체적인 개념으로 그 사회의 가치와 행동 및 태도 등과 상호 융합관계를 형성하여 반응하는 복합적인 것
- Deutsch : 사회적 집단의 정체성을 규정하는 개념화된 패턴
- Hofstede : 문화란 다른 집단의 구성원과 구별되는 '집합적인 프로그래밍'

STEP 2. 위 학자들이 말하는 문화의 공통적인 특징은 무엇인가?

STEP 3. 그렇다면 문화의 반대말은 무엇일까?

STEP 4. 여러분이 생각하는 문화의 정의는 무엇인가?

여성주의 리더십 연습 2 : 문화차원 측정

STEP 1. 다음은 아홉 가지의 문화차원을 측정하기 위한 설문지이다. 18개 문항의 7점 척도 상에 그 문항에 대한 자신의 반응을 가장 잘 나타내고 있다고 생각되는 점수 위에 ✔표시를 한다.

불확실성 회피성

1. 우리 사회에서는 새로운 것을 위한 실험이나 개선의 노력에 방해가 되더라도 질서지킴이나 일관성이 강조된다.

전혀 그렇지 않다						매우 그렇다
1	2	3	4	5	6	7

2. 우리 사회에서는 사회생활에서 요구되는 내용이 상세하게 설명되어 있어서 시민들이 각자 자신들이 해야 할 일이 무엇인가를 알고 있다.

전혀 그렇지 않다						매우 그렇다
1	2	3	4	5	6	7

권력중심성

1. 우리 사회에서 구성원들이 리더의 지도에 대해 순응하는 정도는 다음(1~7) 중 어느 것인가?

이의가 있을 때 리더에게 의문을 제기한다.						이의 없이 리더의 말에 순응한다
1	2	3	4	5	6	7

2. 우리 사회는 권력이 :

사회 각 계층에 공유되고 있다						상위계층에 집중되어 있다
1	2	3	4	5	6	7

사회 · 제도적 집단주의

1. 우리 사회에서는 개인의 목표가 피해를 입게 되어도 리더는 집단의 충성을 고무한다.

전혀 그렇지 않다						매우 그렇다
1	2	3	4	5	6	7

2. 우리 사회의 경제시스템은 어느 쪽의 이익이 최대화되도록 되어 있는가?

개인의 이익						집단의 이익
1	2	3	4	5	6	7

소속집단주의

1. 우리 사회에서 자녀들은 부모의 개인적 성취(업적)를 자랑한다.

전혀 그렇지 않다						매우 그렇다
1	2	3	4	5	6	7

2. 우리 사회에서 부모들은 자녀들의 개인적 성취(업적)를 자랑한다.

전혀 그렇지 않다						매우 그렇다
1	2	3	4	5	6	7

성평등주의

1. 우리 사회에서는 여자보다 남자가 고등교육을 받는 것을 장려한다.

전혀 그렇지 않다						매우 그렇다
1	2	3	4	5	6	7

2. 우리 사회에서는 누가 더 고위직에서 일하도록 되어 있는가?

남자						여자
1	2	3	4	5	6	7

자기주장성

1. 우리 사회에서 일반적으로 사람들은 :

자기주장이 강하지 않다						자기주장이 강하다
1	2	3	4	5	6	7

2. 우리 사회에서 일반적으로 사람들은 :

부드럽다						강인하다
1	2	3	4	5	6	7

미래지향성

1. 우리 사회에서 일반적으로 안정된 규범은?

현상을 유지하는 것이다						미래를 대비해 준비하는 것이다
1	2	3	4	5	6	7

2. 우리 사회에서 사람들이 더 강조하는 것은 :

현재의 문제를 해결하는 것						미래를 위해 계획하는 것
1	2	3	4	5	6	7

업적지향성

1. 우리 사회에서는 학생들이 성적 향상을 위해 계속해서 노력하도록 고무한다.

전혀 그렇지 않다						매우 그렇다
1	2	3	4	5	6	7

2. 우리 사회에서는 사람들이 자신들의 훌륭한 업적에 대해 보상을 받는다.

전혀 그렇지 않다						매우 그렇다
1	2	3	4	5	6	7

인간지향성

1. 우리 사회에서 사람들은 :

다른 사람에 대한 관심이 전혀 없다						다른 사람에 대한 관심이 많다
1	2	3	4	5	6	7

2. 우리 사회에서 사람들은 :

다른 사람에 대하여 전혀 민감하지 않다						다른 사람에 대하여 매우 민감하다
1	2	3	4	5	6	7

STEP 2.

채점: 1. 각 차원에 해당하는 2문항의 점수를 합한다.
　　2. 합산된 점수를 2로 나눈다.

예: '권력중심성' 차원의 첫 번째 문항에 3, 두 번째 문항에 4로 응답했다면
3+4=7, 7÷2=3.5 즉, 당신의 권력집중성 평균점수는 3.5점이다.
전체 영역에서 나온 당신의 점수를 다음 각 문화권 평균점수 칸에 적어 넣어 비교해 보라.

〈참고〉 문화차원과 각 문화권의 평균점수

GLOBE 문화차원	영어사용 문화권	중남미 문화권	중동 문화권	남아시아 문화권	서남유럽 문화권	GLOBE 전체	당신의 점수
불확실성 회피성	4.42	3.62	3.91	4.10	4.18	4.16	
권력집중성	na	na	na	na	na	5.17	
사회제도적 집단주의	4.46	3.86	4.28	4.35	4.01	4.25	
소속집단주의	4.30	5.52	5.58	5.87	4.80	5.13	
양성평등성	3.40	3.41	2.95	3.28	3.36	3.37	
자기주장성	4.14	4.15	4.14	3.86	3.99	4.14	
미래지향성	4.08	3.54	3.58	3.98	3.68	3.85	
업적지향성	4.37	3.85	3.90	4.33	3.94	4.10	
인간지향성	4.20	4.03	4.36	4.71	3.71	4.09	

출처: GLOBE (2004). 연구의 설문지를 단축한 Northouse P. G. (2010).

여성주의 리더십 연습 3 : 조직 다양성 진단

STEP 1. 다음의 요인들은 다양성 추구를 지원하는 조직의 정책과 관행들이다.

a. 최고 경영층의 지원과 몰입
b. 장애물 제거
c. 조직의 정책 및 관행
d. 경각심 제고
e. 다양성을 성공의 측정 기준으로 포함시킴
f. 훈련과 교육

STEP 2. 다음 표에 제시된 내용과 관련 있는 요인을 STEP 1에서 찾아 표시해 보자.

• 뉴스레터, 포스터, 달력 등의 형태로 표현하거나 다양성 이슈에 관하여 조직원의 태도와 의견을 정기적으로 조사하는 것	
• 채용, 승진, 훈련, 보상, 퇴직, 해고 등이 결정에 소수집단에 불리함을 주지 않는 것	
• 비우호적인 업무환경을 유발시킬 수 있는 행동이나 관행을 금지하는 조치	
• 조직의 성공을 위해서는 다양성이 중시되는 것이라는 견해를 전사적으로 받아들이는 마음가짐	
• 모든 형태의 다양성 추진방안에 기본이 되는 것	
• 다양성 지표를 리더십 성과 평가에 사용함	

출처: Lussier 외 (2016). p.460.

CHAPTER 05

글로벌 여성주의 리더의 역량

우리는 우리의 전통을 언제나 다시 수정하고
제한해야 하며, 변화시켜야 한다.
그리고 최상의 길은 해석의 길이다.
– Mall, R.

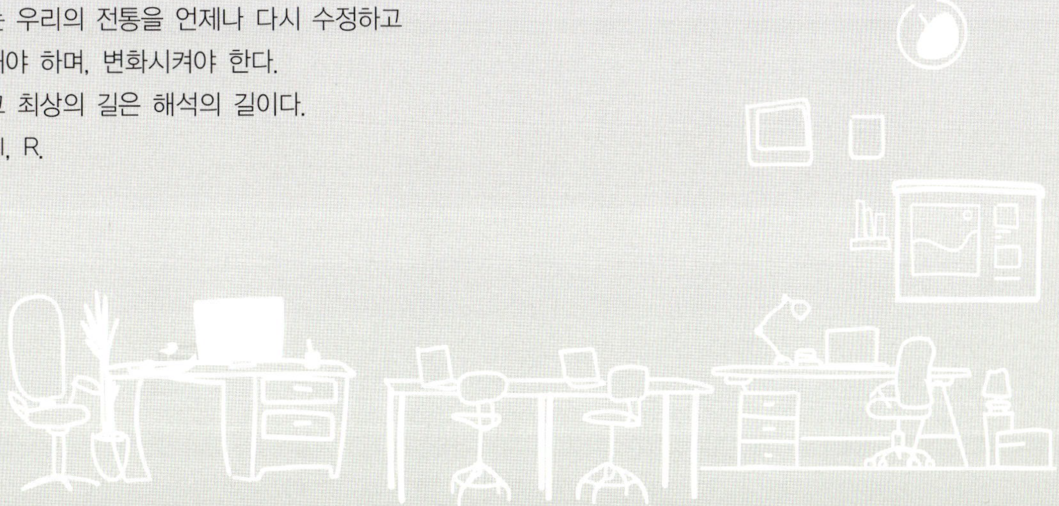

05 CHAPTER

글로벌 여성주의 리더의 역량

글로벌화로 인해 우리의 삶은 급격히 달라지고 있다. 국경을 초월한 인적, 물적 자본의 이동이 더욱 증가하고 정보통신기술의 발달로 엄청난 지식과 정보의 교류와 활용이 가능해졌다. 글로벌화는 사회 내의 변화를 촉진시킬 뿐 아니라 우리와는 다른 언어적, 인종적, 종교적, 계층적, 민족적 배경 등 사회 내 문화적 다양성 증가에 적응할 것을 요구하고 있다. 이러한 맥락에서 앞선 4장에서는 새롭게 대두되고 있는 다양성 리더십에 대한 이해와 더불어 조직 내에서의 다양성 관리, 성별 다양성을 높이는 방안까지 검토해 보았다. 이제 글로벌 세계의 여성 리더가 되기 위한 역량에 대해 구체적으로 접근해 볼 필요가 있다. 더욱 다양해지고 더 긴밀히 연결되고 있는 사회에 성공적으로 대처하기 위한 핵심역량에서 시작하여 다문화역량과 상호문화역량까지 여성주의 리더가 갖추어야 할 역량에 대해 살펴보도록 하자.

1. 다문화역량

역량과 핵심역량

역량(competency)이란 특정 상황에서 적절한 말이나 행동을 할 수 있는 충분한 기술(sufficient skill), 능력(ability)과 지식을 갖거나 훈련을 하는 것을 말한다(UNESCO, 2013). 역량은 인지적(지식), 기능적(지식의 적용), 개인적(행동) 그리고 윤리적(행동 원칙이 되는) 요소들이 모두 포함되며 태도, 지식, 이해와 기술, 행동의 복합체라 할 수 있다. McClelland(1973)는 역량을 개인의 성과를 측정하거나 설명할 수 있는 다양한 심리·행동 특성으로 보았으며, Boyatzis(1982)는 역할을 수행함에 있어 성공적인 결과를 가져오는 내적 특성이라고 하였다. Sparrow(1996)는 역량을 성공적인 업무 수행을 위해 필요한 지식, 기술, 태도의 세 가지 하위 차원으로 구분하였다. 따라서 역량은 지식과 기술을 익히고 습득하는 것을 넘어서는 개념으로 기존의 지식을 종합하고 분석하는 능력을 통해 새로운 지식과 정보를 창출해 내는 것을 의미한다(김영학·최성보, 2015).

역량은 조직 내 고성과자의 특성에 주목하여 직업기초역량과 관련시켜 주로 연구되어 왔다. 그러나 역량은 이제 일상생활에서도 필수적인 것이 되었다. 급변하는 기술에 숙달해야 함은 물론이며 방대한 양의 지식을 소화해야만 한다. 또한 전 지구적인 문제들, 즉 경제성장과 지속 가능성의 조화, 번영과 사회적 형평성 간의 조화 등과도 마주하고 있기 때문이다. 이에 OECD는 일상생활에서 필요한 핵심역량을 찾기 위한 DeSeCo(Definitionand Selection of Key Competencies) 프로젝트를 추친하게 된다.

DeSeCo 프로젝트에서 정의된 핵심역량(Key Competencies)은 개인과 사회를 위해 가치 있는 결과물을 만들 수 있는 역량이며 보다 다양해진 사회환경에서 갖추어야 하는 요소이기도 하다. 또한 전문가뿐 아니라 개인에게도 의미가 있는 전생애에 걸친 역량이라 할 수 있다(위미나, 2007). DeSeCo는 각 나라의 문화적 가치, 다양성을 인정하면서 동시에 전 세계의 경제와 문화가 가지고 있는 보편적 문제와 공통가치를 파악하여 최종 핵심역량을 선정하였다(민주화운동기념사업회, 2008: 13). DeSeCo 핵심역량의 세 가지 범주는 [그림 5-1]과 같다.

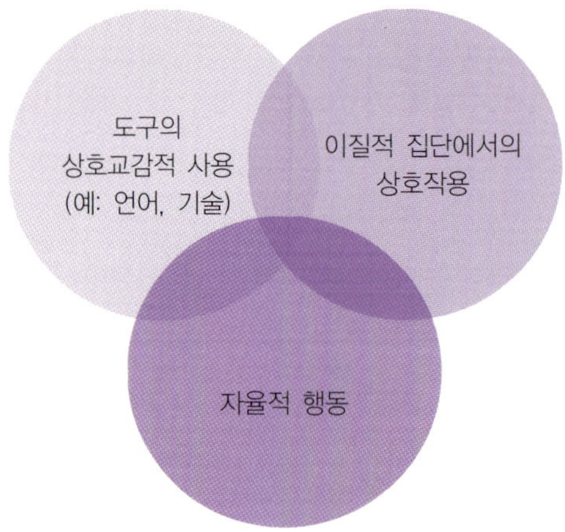

그림 5-1 핵심역량의 범주

첫째, '자율적 행동 역량'은 다양한 사회적 환경과 자율성 속에서 자신의 인생을 잘 영위하고, 자신의 삶을 책임질 수 있는 능력이다. 둘째, '도구의 상호교감적 사용 역량'은 정보기술 같은 물리적 환경뿐만 아니라 언어 사용 같은 사회문화적 환경 속에서 상호작용을 하기 위해 다양한 도구를 사용할 수 있는 능력을 말한다. 셋째, '이질적 집단에서의 상호작용 역량'은 세계화되고 있는 현대를 살아가면서 다양한 배경을 가진 타인과 협력하고, 이질적인 집단의 사람들과도 상호작용을 잘 할 수 있는 능력이다. DeSeCo 프로젝트의 역량 논의는 직무분야에 국한되었던 핵심역량을 생애핵심역량으로 확대했다는 점에서 의미가 있다. 이러한 핵심역량은 개인의 수준을 평가하는 준거가 될 수 있으며 글로벌 시대를 앞서가는 여성주의 리더가 가져야 할 필수적인 요소이기도 하다. 핵심역량의 논의를 확대하여 오늘날의 화두가 되고 있는 문화적 역량과 다문화역량에 대해서도 살펴보도록 하자.

문화역량과 다문화역량

문화역량(Cultural Competencies)은 문화적 차이에 대한 이성적이고 정서적으로 이해하고 공감하는 능력을 말한다(이병준 · 석영미, 2016). 다문화사회로 가속화되는 상황에서 타문화에 대한 문화적 차이에 대해 유연하게 받아들이는 문화적 감수성과 타문화에 대한 관용적 자세는 리더의 중요한 자질이자 직업능력의 요소라 할 수 있다.

Timmerberg에 따르면 문화역량은 성(젠더), 문화, 세대, 종교적 다양성 속에서 필요한 사회적 역량으로 문화적으로 이질적인 다양한 사람들과 더불어 살아가야 하는 역량이다(이병준 · 위미나, 2010). 여기서 다문화역량(multicultural competencies)은 문화역량의 하위역량으로 인식되며 편견 없는 포용성, 관용, 열린 마음, 간문화적(intercultural) 능력들의 요소가 강조된다. 문화역량과 그에 따른 하위역량은 〈표 5-1〉과 같다. 문화가 다른 사람들을 비롯하여 성, 나이, 인종, 계급 차이가 존재하는 현장에서 다양성으로 인해 야기되는 문제점을 최소화시키고 시야, 의사소통, 경험과 사고 그리고 어울리며 살아가는 능력을 확대시킬 수 있는 다문화역량의 개발은 다문화사회로의 이행에 있어서 매우 중요하다(구정화 외, 2009).

표 5-1 문화역량과 하위역량

문화역량 (Cultural Competencies)	관용	• 자신의 문화적 배경과 다른 문화, 그들의 규범과 가치, 라이프 스타일 등을 이해하고 받아들이는 능력, 타인을 동등하게 바라보고 평등한 기준으로 대우할 수 있는 능력
	개방성	• 다른 문화에 대해 개방된 태도를 가지고 이를 수용하고 이해하려는 태도, 편견 없이 문화의 다양성을 받아들이는 능력
	다문화역량	• 공존의 중요성을 아는 태도로 다름을 인정하고 수용하는 능력
	정보해석/번역 기술능력	• 자신과 인접한 또는 더 먼 사회적 환경 속에서 사건과 상황을 전체적으로 이해할 수 있는 능력, 이를 통해 결론을 이끌어 낼 수 있는 능력
	문화적 정체성	• 문화적 정체성을 자신의 문화와 다른 문화의 규범, 가치를 성찰하고 자기 자신의 가치를 규정하는 능력
	문화적 삶에의 참여능력	• 수용자로서 혹은 창조자로서 문화적 삶에 참여할 수 있는 능력, 자신의 문화에 대한 주체성 및 주체적 문화 소비

출처: 이병준 외 (2010). pp.29-31에서 재구성.

미국의 경우 다문화역량을 일반적으로 문화역량과 같은 개념으로 사용하고 있으며 독일 등에서는 문화역량의 하위개념으로 다문화역량을 이해하고 있다. 여기에서 다문화역량은 문화적 차이에 대해 이성적이고 정서적으로 이해와 공감하는 능력을 일컫는다. 자문화에 대한 정체성과 타문화에 대한 문화적 차이에 대해 유연하게 받아드리는 문화적 감수성과 타문화에 대한 관용적 자세는 중요한 시민적 자질이며 직업능력의 요소이다(장미혜, 2008: 43). 이러한 다문화역량은 직업기초역량과 더불어 생애핵심역량으로도 보아야 한다(이병준 외, 2010: 5).

McPhatter는 다문화역량을 고양된 의식, 근거에 기반한 지식, 경험적 기술 전문성의 3가지 요소로 구분하였다. 첫 번째 고양된 의식은 자신의 문화만 추구하는 것이 올바르지 않다는 의식이면서 자신의 문화에 대한 재인식 과정을 의미한다. 두 번째 근거에 기반한 지식은 모든 지식은 특정한 문화에 의해 형성되므로 한계와 약점을 동시에 지니고 있다는 점을 말하고 있다. 세 번째 경험적 기술 전문성과 관련해서 다문화역량이란 지속적이고 체계적인 기술 습득을 통해 갖추게 된다는 것이다. 결론적으로 다문화역량은 다른 문화의 사람들에 대해 비공격적인 자세로 이해하며 신뢰를 쌓고 공감을 형성하는 능력 등 문제에 대한 다양한 기술 개입을 하는 능력과 간문화적 의사소통능력을 의미한다. 이들 세 요소 간 우열은 없으며 세 요소 간의 상호통합적인 측면이 중요하다(민무숙 외, 2009: 39-40).

2. 상호문화역량

상호문화주의의 이해

다원화된 사회를 관통하는 또 하나의 키워드는 '상호문화(interculture)'이다. '상호(inter)'라는 라틴어 inter는 '사이에'를 뜻하며 사회 구성원들이 함께 살아가는 역동성과 연관된다. 반면 다문화에서 '다(multi)'에 해당하는 라틴어 multus는 '다수의, 수많은'의 의미를 지니며 다양한 문화의 사람들이 함께하는 생활세계를 나타낸다. 다문화가 하나의 사회 내에서 다양한 문화들이 공존하고 있는 현상으로서의 사회적 구조를 서술하는 것이라면, 상호문화는 다문화적인 사회에서 문화적 배경이 다른 사람들이 함께 살아가는 과정에서의 역동적인 상호작용에 의해 생겨나는 것을 의미한다(정기섭, 2011: 138). 즉, '다(multi-)'는 다양한 문화집단들의 공존을 강조하고, '상호(inter-)'는 다른 문화를 가진 개인들 간의 상호작용을 강조하는 것이다(최승은, 2015).

상호문화주의(interculturelism)를 이해하기 위해서는 상호문화주의의 철학적 근간이 되는 '상호주관성'과 '상호문화성'에 대해 이해해야 한다. 먼저, 상호주관성(intersubjectivity)은 특정 개인만이 어떠한 사물, 사건, 성질 등을 인식할 수 있는 것인 반면 객관성은 누구라도 그것을 알 수 있는 것을 의미한다. 여기서 개인들이 그것에 대해 합의하고 현존하는 것으로 인식한다면 그것은 상호주관적이라 부를 수 있다. 이러한 상호주관성은 현상학에 바탕을 두고 있는데 이는 타자를 자신과 동질적인 존재로 바라보는 것이다. 그래야만 자신이 현상에 대해 바라보는 것이 올바르고 보편적이라고 주장할 수 있다. 자신과 타자를 동일한 판단을 내릴 수 있는 주체로 본다는 것은 타자를 온전한 주체로 인정한다는 것을 의미한다(주광순, 2016).

다음으로 상호문화성(interculturality)은 문화들 간의 모든 상호작용을 의미한다. 그렇기 때문에 상호문화성은 다문화사회인 현재 세계 곳곳에서 나타나며 점차 중요해지고 있다. 상호문화성은 상호문화철학에 의해서 정교해졌는데 특히 상호문화성은 Mall에 의하면 문화들 간의 '겹침'으로 설명된다. 그는 모든 문화는 혼재되어 있기 때문에 필연적으로 '겹침'의 부분이 존재하고 있으며, 이 부분으로 인해 문화들 간의 소통이 가능하다고 하였다. 상호문화성은 이러한 '겹침'을 확대해 나가는 과정이라 할 수 있다.[1] 다시 Mall에 기대어 본다면 '생성된 장소에 묶여 있음-생성된 장소를 벗어남'의 관점으로 설명할 수 있다. 즉, 생성된 장소에 묶여 있음이 없이는 이해할 수 없으며-우리가 우리의 전통, 문화의 바깥에서 살 수 없으며-, 그렇다고 단지 생성된 장소에 묶여 있기만 한다면-우리의 전통, 문화만을 고수한다면- 그것을 이해하지 못한다. 다시 말해서 상호문화에서는 개개인이 하나의 온전한 주체로 이해되며, 주체 간의 공정한 상호작용은 매우 중요하게 여겨진다는 것이다(이병준, 2016: 9-10).

1) 책을 좋아하지만 e북을 싫어하는 사람, e북을 좋아하지만 책을 싫어하는 사람은 좋아함이라는 겹침의 부분을 시작으로 상호이해가 가능할 수 있다. 이러한 겹침을 찾는 노력을 계속하면서 서서히 겹침의 부분을 넓혀 나갈 수 있다.

상호문화주의와 다문화주의

상호문화는 변화하는 역동적인 시공간 속에 존재하는 모든 사회구성원들의 문화, 양식, 인종에 관계없이 평등한 조건에서 살아나가기를 지향한다. 특히, 전지구화의 가속화로 직업적 이주뿐만 아니라 일상적 이주가 보편화되고 있는 상황에서 상호문화역량은 다문화역량과는 차이가 있는 개념으로 이해된다. 우선, 다문화와 상호문화는 모두 사회의 문화적 다원성을 인정하고 긍정적으로 바라본다는 점에서 동일하지만, 다문화주의는 다문화사회에서의 차이와 인정, 관용을 중시한 반면, 상호문화주의는 더 나아가 대화와 소통을 강조한다는 점에서 차이가 있다(주광순, 2016).

표 5-2 다문화주의와 상호문화주의

구분	다문화주의	상호문화주의
개념	차이를 열린 마음으로 인정하고 포용할 수 있는 것	문화적 다양성과 결부해 사회적, 교육적 문제를 이해하는 데 도움을 주는 것
목적	다문화사회로 진행됨에 따라 발생될 문화적 문제를 해소하기 위한 선제적 운동 또는 정책	소규모 인간적 공동체와 세계화 양립을 위한 정치적 철학과 사회적 연대
문제	첫째, 개인보다 집단이 중시됨 둘째, 차이를 바탕으로 사회적, 지리적 공간이 구분되기 때문에 경계를 통한 배제, 거부의 태도 조장 가능성 셋째, 고정된 이미지로 규정된 집단은 변화에 어려움을 겪음	정의의 모호함. 상호문화역량 실행방법상의 문제

출처: 이병준 (2016). p.7에서 재구성.

즉, 상호문화는 다양성과 다원성을 인정하는 것만으로는 불충분하다고 생각한다. 상호문화는 더 나아가서 다양성들이 서로 교차, 조우, 동행함으로써 서로 영향을 주고받으며 계속 걸어감을 강조한다(Fornet-Batancourt, 2010). 이와 유사한 맥락으로 유네스코에서는 소극적인 공존을 넘어서 다양한 문화집단들 간의 이해, 존중, 대화를 통해 다문화사회에서 함께 살아가게 할 발전적이고 지속적인 방법을 강조한다(UNESCO, 2006). 또 다른 측면에서 다문화에 붙는 접두사 'multi'와 상호문화에 붙는 'inter'를 비교해 볼 필요가 있다. 접두사 'multi'는 다른 나라에서 온 이주자들의 영향으로 발생하는 사회적 상황이나 사회적 변화의 진행 과정을 서술한다면 접두사 'inter'는 교육적, 사회적 목표 설정이나 구상과 연계된 행동을 강조한다는 점에서 차이가 존재한다(장한업, 2010).

다문화는 다양한 배경의 문화를 인정하지만, 상호문화는 더 나아가 문화 간의 소통을 강조하고 있다. 따라서 다문화역량은 주류집단과 이주민집단 간의 상호이해를 중시하는 반면 상호문화역량은 두 집단 서로 간의 인간으로서의 이해와 이를 위한 상호의사소통을 강조한다. 다문화역량은 정책적 차원에서 이주민집단에 관한 지원을 위해서 휴먼서비스 직업분야에서 강조하고 있다면 상호문화역량은 직업영역을 포함한 전 생애의 시공간 맥락에서 상호문화역량을 강조한다(이병준, 2016).

상호문화역량

상호문화성과 타자지향성은 상호문화역량(intercultural compentencies)의 철학적 토대로 연결된다. 상호문화역량은 상호문화성에 대한 실천이고, 이러한 실천은 타자지향성이라는 윤리성을 내포한다. 타자는 그 자체로 목적 및 주체로 인정받아야 하며, 낯선 목적을 위한 수단이 되어서는 안 된다. 즉, 나와 타자와의 주체적이고 상호적인 관계가 중요하며, 상호문화역량은 타자와의 만남에서의 윤리적 실천이 요구된다(최승은, 2015).

상호문화역량은 문화 사이의 공통점과 차이점을 찾아내는 능력, 다른 문화의 관점에서 자신의 사고와 행위를 성찰하는 능력, 문화 사이에서 의사소통하는 능력, 타문화를 비판적으로 이해하고 인정하는 능력, 타문화 출신과 협력하여 사회공동체를 이루는 능력 등을 포함한다(이종하, 2006). 또한 상호문화역량은 세계를 조망하는 것과 학습자와 일상생활에서 구체적인 상호작용 및 행위공간과 관련된 거시구조적 관점과 연관되어 있다. 상호문화 안에 존재하는 인간관계에 함몰되어 인간을 둘러싸고 있는 사회적 구조를 간과하면 안 되기 때문이다(최승은, 2015).

상호문화역량의 구성요소

초기의 상호문화역량 연구는 이민으로 인한 외국인과의 의사소통과 교육에 관심을 가졌다. 외국인 또는 그 자녀들에게 보충교육을 진행하여 그들의 언어적 역량을 높이는 데 주력했으며 외국인들이 자신의 국가에 자연스레 흡수될 수 있도록 유도하는 데 그 목적이 있었다. 그러나 언어교육만으로는 문화적 다양성의 문제를 해결하기에는 한계가 존재했다. 따라서 상호문화역량을 향상하기 위한 학습방식의 근본적인 변화가 요구되었으며 언어 이외의 문화적 의사소통이 필요해진 것이다. 이러한 맥락에서 상호주관성이 기반이 되는 상호문화적 의사소통이 강조되기 시작했다. 최근의 상호문화역량 연구는 각 영역에 적합한 역량의 도출에 관심을 기울이기 시작하고 있다. 먼저 상호문화역량의 구성요소를 지식(knowledge: K), 스킬(skill: S), 태도(attitude: A) 또는 인식(awareness: A)으로 이해하는 KSA로 분류하는 연구들이 있다. 학자들에 따른 KSA 분류와 구성요소는 〈표 5-3〉과 같다.

표 5-3 **KSA 분류에 따른 상호문화역량의 개념과 구성요소**

Wiseman (2001)	• 다른 문화의 사람들과 효과적이며 적절하게 상호작용할 수 있는 역량 • 지식, 스킬, 동기
Chen & Starosta (1999)	• 문화적으로 다양한 환경 내에서 다른 사람들의 문화적 정체성을 효과적으로 이야기할 수 있는 의사소통 행동 • 정서적 과정으로서 상호문화적 민감성 • 인지적 과정으로서 상호문화적 인식 • 행동적 과정으로서 상호문화적 노련함
Byram (1997)	• 사회적 맥락과 비언어적 차원의 의사소통을 반드시 이해해야 하는 것 • 지식, 스킬, 태도
Pedersen (1994)	• 발달단계에 기반하여 계속해서 학습해야 하는 과정 • 인식의 단계, 지식의 단계, 스킬의 단계
Deardorff (2006)	• 지식 : 문화적 자기인식, 특정 문화 지식, 사회 언어적 인식, 세계적 이슈와 추세 이해 • 스킬 : 듣기, 관찰하기, 인내를 가지고 평가하기, 다른 사람의 관점으로부터 세계 보기 • 태도 : 존중, 개방성, 호기심, 발견
Council of Europe (2012)	• 태도 : 존경, 개방성, 호기심, 성찰, 협력 등 • 지식 : 차이, 편견, 문화의 영향력, 신념, 가치, 사회적 지식 등 • 스킬 : 다원주의 수용, 다른 문화의 관점 발견, 다른 사람의 생각 이해, 인지적 유연성, 비판적 성찰, 언어적 기술 등

출처: 이병준 (2016). pp.16-18에서 재구성.

KSA에 국한되지 않고 INCA(Intercultural Competence Assessment)는 직업세계에 초점을 맞추어 상호문화역량을 연구하였다. '상호문화역량평가(Intercultural Competence Assesment: INCA)' 프로젝트를 통하여 2004년 오스트리아를 비롯하여, 체코, 독일, 영국 학자들이 공동으로 상호문화역량의 평가기준을 마련하였다. INCA 상호문화역량의 중요 평가기준은 〈표 5-4〉와 같다(최승은, 2015).

표 5-4 INCA model

구분	모티베이션	기술/지식	행동
모호함에 대한 관용	모호함을 받아들이고 함께하고자 하는 준비	모호함에 따른 긴장을 조정하는 능력	모호한 상황에 대한 관리
행동의 유연성	행동의 영역에 대한 적용과 확대를 위한 준비	지식에 대한 폭넓은 레퍼토리 갖기	특수한 상황에서의 행동 적응
의사소통적 인식	현재의 소통적 관습을 수정하고자 하는 의지	다양한 소통적 관습, 외국어 능력의 단계, 상호문화적 소통에서의 영향력을 인지하는 능력	상호문화적 의사소통을 위한 적절한 소통적 관습의 조절과 다양한 외국어 능력을 통한 대처
지식의 발견	다른 문화와 사람들과의 상호작용을 위한 호기심	상호문화적 만남에서의 민족지학적 발견에 관한 기술	문화 지식의 발견을 위한 정보 탐색
다름에 대한 존중	다양성과 행동, 가치, 신념체계의 일관성을 존중하려는 의지	구조에 관한 비판적 지식	상호문화적 만남에서 경험하는 다양한 행동, 가치, 관습 체계에 대한 동등한 대응
공감	다른 관점을 받아들이려는 의지	자기중심에서 벗어나는 역할수행의 기술과 다양한 관점에 대한 인식	서로 간의 문화적 관점과 관련하여 명확하게 표현

출처: Prechtl & Lund (2007). p.472.

INCA는 상호문화역량의 구성요소를 모호함의 관용(Tolerance for ambiguity), 행동의 유연성(Behavioural flexibility), 의사소통적인 인식(Communicative awareness), 지식의 발견(Knowledge discovery), 존중(Respect for otherness), 공감(Empathy)으로 정의하였다.

첫 번째 모호함의 관용은 명확하지 않거나 모호함이 큰 경우에도 이를 받아들이는 능력이며, 두 번째 행동의 유연성은 자신이 생각과 다른 요구와 상황에도 자신의 행동을 적용시키는 능력이다. 세 번째 의사소통적 인식은 언어적 관습, 자신과 다른 이야기, 상호문화적 의사소통을 위한 적절한 협상 규칙 등이 다름을 인식하는 능력이며, 네 번째 지식의 발견은 문화 또는 문화적 실천의 새로운 지식을 습득하는 능력이다. 다섯 번째 존중은 호기심과 개방성을 바탕으로 자신의 문화에 대한 신념을 기꺼이 판단을 중지하는 것이며, 여섯 번째 공감은 다른 사람의 생각, 동기, 생각이나 느낌을 스스로 투영하는 능력이다(INCA, 2004).

최근 국내에서도 상호문화역량의 구성요소에 대한 연구가 이루어지고 있다. 한국적 상황을 반영하여 전문가 FGI와 문헌연구를 통하여 도출된 상호문화역량은 성찰, 의사소통, 갈등관리, 유연성, 민감성, 문화적 지식, 공감, 존중의 7개 영역이며, 성찰은 모든 역량의 기반이 되는 중심적인 역량군으로 나타났다. 각 역량의 세부적인 내용은 〈표 5-5〉와 같으며 각 영역별 26개 하위 구성요소를 통하여 상호문화역량을 측정할 수 있다.

표 5-5 상호문화역량의 구성요소

구분	내용
성찰	거리 두기, 판단 보류
의사소통	언어능력, 언어인식, 상황파악, 감정인식
갈등관리	상호작용을 위한 학습, 규칙인식, 대인감지
유연성	개방성, 탈중심성
민감성	호기심
문화적 지식	타문화에 대한 지식, 자기문화에 대한 지식
공감	이해능력
존중	존엄성, 신뢰

출처: 이병준 (2016). p.31.

다양한 문화를 가진 개인 간의 만남이 증가함에 따라 타인에 대한 단편적인 지식보다는 타인과 원만한 관계를 형성할 수 있는 능력이 점점 중요해지고 있다. 이제는 타자에 대해서 '말하는' 것이 아니라 타자와 함께 '행동할' 줄 알아야 한다(Abdallah-Pretceille, 2004). 여성주의 리더 또한 글로벌화가 가지는 다양성과 이질성의 접촉과 변화를 이해하고 보다 상호문화적인 관점으로 행동할 줄 알아야 할 것이다. 여성주의 리더십이 어느 한 개인의 권력의 양태가 아니라 여성주의 실천의 일환으로 공동체의 변화를 지향하는 것(장필화 외, 2017: 260)이라면 타자와의 상호적인 의사소통을 강조하는 상호문화역량의 개발은 그 중요한 전략이 될 것이다.

여성주의 리더십 연습 1 : 상호문화역량의 측정

STEP 1. 다음은 한국형 상호문화역량 측정도구이다. 26개 문항 중 자신에게 해당하는 문항은 몇 개인가?

연번	구성요소	문 항
1	존중	모든 인간은 문화, 민족, 인종에 상관없이 존엄하다.
2		나는 나와 다른 가치관이나 태도를 가진 사람을 이해할 수 있다.
3		나는 다른 문화를 긍정적으로 받아들인다.
4		각 문화마다 고유한 가치가 있다고 생각한다.
5		서로 문화가 다르더라도 동등한 가치가 있다고 생각한다.
6		인간의 정체성은 문화에 따라 다양하며, 변할 수 있다.
7	의사소통	나는 다른 사람의 언어능력을 이해하고 소통할 수 있다.
8		나는 다른 나라의 언어를 듣고 말할 수 있다.
9		나는 다른 나라의 언어를 잘 몰라도 제스처, 동작이나 표정으로 어느 정도 의사소통할 수 있다.
10		나는 다른 나라의 언어를 배우려고 노력한다.
11		나는 의사소통할 때 다른 사람의 감정을 쉽게 알아차린다.
12		나는 의사소통할 때 다른 사람이 처한 상황을 인식한다.
13		나는 다른 사람과 이야기할 때 적극적으로 경청한다.
14	갈등관리	같은 문화권의 사람이라도 가치관이나 행동이 다를 수 있다고 생각한다.
15		나는 다른 사람이 나와 다른 관점을 가질 수 있다고 생각한다.
16		문제를 해결하는 방법은 여러 가지가 있다고 생각한다.
17		나는 문화적으로 갈등상황이 발생했을 때 해결하기 위해 노력한다.
18		나는 갈등을 해결하기 위해 다른 사람과 토론하고 협상할 수 있다.
19		나는 갈등이 발생한 원인에 대해 이해할 수 있다.
20		나는 의사소통할 때 발생하는 오해를 풀기 위해 상대방의 문화를 고려한다.
21	성찰	내가 확신한 것에 대해 다시 한 번 생각해 본다.
22		내가 가진 선입견을 내려놓고 타인과 상황을 이해하려고 노력한다.
23		나는 문화에 대한 고정관념을 알아차릴 수 있다.
24		나는 문화가 가진 권력을 인지할 수 있다.
25		나는 다른 문화와 나의 문화 모두에 대해 비판적으로 사고할 수 있다.
26		나는 다른 문화에 대한 차별적 여론/미디어에 대해 비판적으로 판단할 수 있다.

출처: 이병준 (2016), pp.49-50.

STEP 2. 체크된 문항이 많을수록 상호문화역량이 높다고 할 수 있다. 해당되지 않는 문항은 개발될 수 있도록 노력해야 한다.

CHAPTER 06

기울어진 세상 위의 여성

양성평등기본법 법률 제14444호

제1조 (목적) 이 법은 「대한민국헌법」의 양성평등 이념을 실현하기 위한 국가와 지방자치단체의 책무 등에 관한 기본적인 사항을 규정함으로써 정치 · 경제 · 사회 · 문화의 모든 영역에서 양성평등을 실현하는 것을 목적으로 한다.

제2조 (기본이념) 이 법은 개인의 존엄과 인권의 존중을 바탕으로 성차별적 의식과 관행을 해소하고, 여성과 남성이 동등한 참여와 대우를 받고 모든 영역에서 평등한 책임과 권리를 공유함으로써 실질적 양성평등 사회를 이루는 것을 기본이념으로 한다.

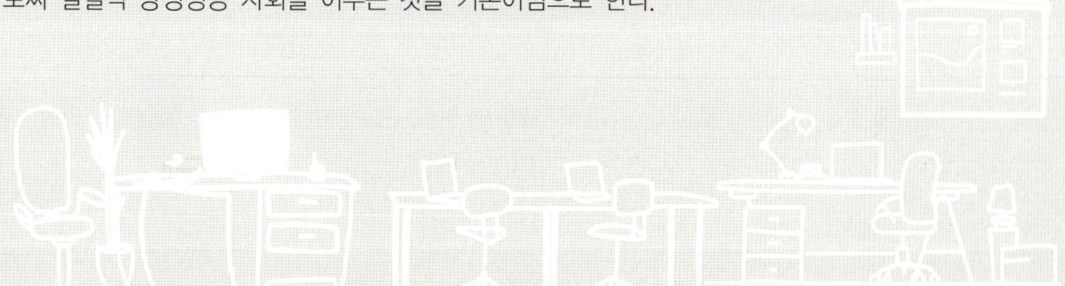

06 CHAPTER

기울어진 세상 위의 여성

성평등은 성별에 따른 차별과 편견, 비하 및 폭력 없이 인권을 동등하게 보장받으며, 모든 영역에서 동등하게 참여하고 대우받는 것을 의미한다(양성평등기본법 제3조 1항). 즉, 성평등은 모든 사람들의 평등한 참여와 행복을 위한 기본적 가치라고 할 수 있다.

그러나 누군가 당신에게 "우리 사회는 성평등한가요?"라고 묻는다면 당신은 선뜻 대답하기 어려울 것이다. "여전히 여성들이 차별받고 있죠.", "과거와 비교한다면 여성들이 살기 좋아졌지.", "살면서 여자라는 이유로 차별받진 않았어요. 그렇다면 평등한 것 아닌가요?", "요즘은 오히려 남자들이 살기 힘든 세상입니다." 등 자신의 주관적 경험에 기반하여 우리 사회의 성평등의 수준을 가늠할 것이다. 이런 경우 각 분야에 걸친 객관적 성평등 수준을 파악하지 못하고 평가하는 경우가 많다.

여성주의 리더십은 성평등의 실현을 추구하고 있다. 성평등 실현은 현재의 불평등을 개선해 나갈 때 가능하다. 이를 위해서는 지금의 상황을 정확하게 파악하는 것에서 시작하여야 한다. 성평등지수는 지표를 통해 성평등 수준을 파악할 수 있는 통계로, 사회 각 분야에서 여성과 남성의 평등한 정도를 계량적으로 측정하여 보여준다.

이 장에서는 국제성평등지수와 국가성평등지수, 지역성평등지수를 살펴봄으로써 우리 사회의 각 분야별 성평등 수준을 파악해 보고자 한다.[1)]

1. 글로벌 시대, 국제성평등지수

글로벌 시대, 각 국가별 성평등 수준은 어떠한가? 한국의 성평등 수준은 다른 국가와 비교하여 어느 정도의 수준일까? 건강, 정치, 경제, 교육 중 성평등 수준이 높은 분야와 반대로 성평등 수준이 낮은 분야는 어떤 것인가? 이를 파악하기 위한 기준이 되는 것이 국제성평등지수이다. 국제성평등지수는 세계 여러 나라의 성평등 수준을 파악하기 위하여 개발된 지수로 각국의 분야별 지표를 측정하여 점수로 환산한 것이다.

국제성평등지수를 처음 소개한 것은 유엔개발계획(United Nations Development Programme: UNDP)으로, 1995년 성개발지수(Gender-related Development Index: GDI)와 여성권한척도(Gender Empowerment Measure: GEM)를 발표하였다. 성개발지수(GDI)는 남녀평등 정도를 측정하기 위하여 개발되었으며, 여성권한척도(GEM)는 여성의 정치·경제활동과 정책결정 과정에 '참여'하는 정도를 점수로 환산하여 개발되었다. 2010년 이후 유엔개발계획(UNDP)에서는 여성권한척도(GEM)와 성개발지수(GDI)를 대체한 성불평등지수(Gender Inequality Index: GII)를 발표하였으며,

1) 여성가족부에서 발간한 주재선 외(2018). 2018년 한국의 성평등 보고서, 주재선 외(2018). 2018년 지역별 성평등 수준 분석 연구의 통계자료에 근거함.

2014년부터는 성개발지수(GDI)를 새롭게 개선하여 발표하고 있다. 세계경제포럼(World Economic Forum: WEF)에서는 2006년부터 성격차지수(Gender Gap Index: GGI)를 발표하고 있는데, 경제, 정치, 교육, 건강에 대한 성 격차를 통해 성평등 정도를 측정하고 있다.

성불평등지수(GII), 성개발지수(GDI), 성격차지수(GGI)는 각 국가의 성평등 수준을 알 수 있는 대표적인 자료로 손꼽히고 있으나 국제 비교 순위에서 큰 차이를 보여 혼란을 주기도 한다. 2017년 성불평등지수(GII)에서 한국은 189개국 중 10위로 성평등 수준이 높은 것으로 나타난 반면 성개발지수(GDI)와 성격차지수(GGI)에서는 각각 108위, 118위로 성평등 수준이 낮게 나타난 것이다. 한국은 성평등지수(GII) 순위대로 상위권에 속한 성평등한 국가일까? 아니면 성격차지수(GGI)와 같이 하위권의 불평등한 국가인가?

이렇게 성평등지수에 따라 큰 차이를 보이는 것은 지수의 산정방법과 지표의 구성이 다르기 때문이다. 그러므로 국제성평등지수에 대한 이해를 위해서는 단순히 순위로 나타난 결과만을 볼 것이 아니라 각 성평등지수의 산정방법과 구성지표에 대해 알아야 한다. 특히, 구성지표는 성평등지수별로 차이가 많으므로 자세히 살펴보아야 한다.

성불평등지수(Gender Inequality Index: GII)[2)]

GII는 유엔개발계획(UNDP)이 2010년부터 발표하고 있는 국제성평등지수로 생식건강, 여성권한, 노동참여의 3가지 영역에서 성불평등으로 인해 나타나는 인간개발의 손실을 측정한다. 구성지표를 살펴보면 생식건강 영역에는 모성 사망비와 청소년 출산율, 여성권한 영역에는 여성 국회의원 비율과 중등 이상 교

2) UNDP(2018). Human Development Report 2017에 근거하여 작성함.

육인구 비율, 노동참여의 영역에서는 경제활동참가율이 있다. GII 지수는 이들 지표를 바탕으로 수준과 격차를 고려하여 산정하고 있으며 그 범위는 0~1이고 점수가 0이면 완전 평등, 1이면 완전 불평등한 상태를 나타낸다(표 6-1).

표 6-1 한국의 GII 수준 추이

연도	순위/대상	점수	생식건강		여성권한			노동참여	
			모성 사망비	청소년 출산율	국회 여성 의원	중등교육 이상 받은 인구(%)		경제활동참가율(%)	
						여성	남성	여성	남성
2017	10/189	0.063	11	1.6	17.0	89.9	95.6	52.2	73.2
2015	10/188	0.067	11	1.6	16.3	88.8	94.6	50.0	71.8
2014	23/155	0.125	27	2.2	16.8	77.0	89.1	50.1	72.1
2013	17/152	0.101	16	2.2	15.7	77.0	89.1	49.9	72.0
2012	27/148	0.153	16	5.8	15.7	79.4	91.7	49.2	71.4
2011	11/146	0.111	18	2.3	14.7	79.4	91.7	50.1	72.0

주: 1) 모성 사망비: 여성의 임신, 분만 및 관련 합병증으로 인하여 출생 10만 명당 사망하는 여성의 수
2) 청소년 출산율: 15-19세 여성인구 1,000명당 출산 수
3) 중등교육 이상 받은 인구비율: 25세 이상 인구 중에서 중등교육 이상의 교육을 받은 인구 비율
4) 경제활동참가율: 15세 이상 인구(혹은 15~64세) 중 경제활동인구 비율

2017년 기준으로 한국의 GII 구성지표(표 6-1)를 살펴보면 생식건강 분야의 모성 사망비는 11명, 청소년 출산율은 1.6명이다. 이것은 다른 국가와 비교하여 매우 낮은 수치로 한국의 GII 순위를 높이는 주요 원인으로 작용하였다. 그러나 모성 사망비나 청소년 출산율은 여성특화지표로 성별 비교가 어렵기 때문에 성평등 수준을 평가하는 지표로는 한계가 있다. 여성권한 영역에서는 여성 국회의원 비율이 17.0%로 남성과 큰 차이를 보이는 반면, 중등 이상 교육인구 비율은 여성이 89.8%, 남성은 95.6%로 차이가 비교적 적게 나타났다. 노동참여 영역의 경제활동참가율은 여성 52.2%, 남성 73.2%로 21.0%p의 차이를 보였다.

OECD 회원국의 2017년 GII 순위를 살펴보면, 스위스가 0.039점으로 1위였으며, 덴마크가 0.040점으로 2위, 스웨덴과 네덜란드가 0.044점으로 공동 3위를 차지하였다. 미국과 캐나다, 영국은 1인당 국민소득 수준에 비해 낮은 순위를 보여주었다(표 6-2). 한국은 GII 점수는 0.063점으로 전체 189개국 중 10위로 독일, 프랑스, 캐나다보다 성평등 수준이 높은 것으로 나타났다. 아시아 국가 중에는 한국에 이어 싱가포르가 12위, 일본이 22위로 나타났다.

표 6-2 OECD 회원국의 GII 현황(2017)

국가명	순위	점수	생식건강		여성권한			노동참여	
			모성 사망비	청소년 출산율	국회 여성 의원	중등교육 이상 받은 인구(%)		경제활동참가율(%)	
						여성	남성	여성	남성
대한민국	10	0.063	11	1.6	17.0	89.9	95.6	52.2	73.2
스위스	1	0.039	5	3.0	29.3	96.4	97.2	62.9	74.1
덴마크	2	0.040	6	4.1	37.4	90.1	91.3	59.2	67.2
스웨덴	3	0.044	4	5.2	43.6	88.4	88.7	60.8	67.4
네덜란드	3	0.044	7	4.0	35.6	86.4	90.4	58.0	69.2
노르웨이	5	0.048	5	5.6	41.4	96.3	95.1	60.8	67.6
벨기에	5	0.048	7	4.9	41.4	82.2	86.7	47.8	58.7
슬로베니아	7	0.054	9	4.2	28.7	97.4	98.9	51.7	60.9
핀란드	8	0.058	3	6.8	42.0	100.0	100.0	54.8	61.9
아이슬란드	9	0.062	3	6.8	38.1	100.0	100.0	72.8	81.8
룩셈부르크	11	0.066	10	5.2	28.3	100.0	100.0	52.3	63.5
오스트리아	13	0.071	4	6.9	33.6	100.0	100.0	55.0	66.0
독일	14	0.072	6	6.5	31.5	96.2	96.8	55.0	66.2
스페인	15	0.080	5	8.6	38.6	72.2	77.6	52.2	63.8
프랑스	16	0.083	8	8.6	35.4	80.6	85.6	50.6	60.1
이탈리아	18	0.087	4	6.1	30.1	75.6	83.0	39.5	58.3
포르투갈	19	0.088	10	9.4	34.8	52.1	53.4	53.3	63.8

캐나다	20	0.092	7	9.4	30.1	100.0	100.0	60.7	69.8
이스라엘	21	0.098	5	9.2	27.5	87.8	90.5	59.3	69.2
일본	22	0.103	5	4.1	13.7	94.8	91.9	50.5	70.6
호주	23	0.109	6	12.9	32.7	90.0	89.9	59.2	70.5
아일랜드	23	0.109	8	9.7	24.3	90.2	86.3	53.0	67.3
영국	25	0.116	9	12.5	28.5	82.4	85.2	56.8	68.1
그리스	26	0.120	3	7.2	18.3	65.4	73.2	45.5	60.6
에스토니아	27	0.122	9	12.6	26.7	100.0	100.0	56.4	70.3
체코	29	0.124	4	10.0	21.1	99.8	99.8	52.0	68.3
폴란드	32	0.132	3	12.7	25.5	81.1	86.9	48.8	65.1
뉴질랜드	34	0.136	11	20.0	38.3	99.0	98.8	63.9	74.9
중국	36	0.152	27	6.4	24.2	74.0	82.0	61.5	76.1
슬로바키아	39	0.180	6	22.0	20.0	99.1	100.0	52.5	67.7
미국	41	0.189	14	18.8	19.7	95.5	95.2	55.7	68.3
헝가리	54	0.259	17	19.7	10.1	95.7	98.0	47.9	64.2
터키	69	0.317	16	25.8	14.6	44.9	66.0	32.4	71.9
칠레	72	0.319	22	45.6	15.8	79.0	80.9	50.6	74.4
멕시코	76	0.343	38	60.3	41.4	57.8	61.0	44.1	79.0

GII는 모성사망비, 청소년 출산율과 같이 성별 비교가 어려운 여성특화지표가 포함된 점과 소득지표가 없어 경제적 수준을 비교할 수 없는 점이 한계로 지적되고 있다. 특히 청소년 출산율의 경우는 수치가 낮을수록 성평등 수준이 높다고 단정하기 어렵다. 스위스, 스웨덴, 핀란드, 아이슬란드 등 GII 순위가 한국보다 높은 국가의 청소년 출산율이 3.0~6.8 범위인 점을 감안하면 청소년 출산율이 매우 낮다는 것은 오히려 청소년의 성에 대한 사회적 통제와 연결될 수도 있다. 소득지표는 국제사회에서 성격차를 평가하는 주요한 지표일 뿐만 아니라 경제활동 참여가 실질적 소득보장으로 이어지는 정도를 알 수 있는 지표이다. 그럼에도 불구하고 성평등지수의 구성지표에 소득지표가 없다는 것은 GII가 노동참여로 인한 경제적 성평등 수준을 평가하기에는 한계가 있음을 보여주는 것이다.

성개발지수(Gender-related Development Index: GDI)[3)]

GDI는 1995년 유엔개발계획(UNDP)에서 처음 발표하였다. 이후 2009년까지는 매년 발표하였으나 2010년 이후 중단되었다가 2014년에 산정방식을 수정하여 다시 발표하였다. 1995년 발표한 GDI는 출생 시 기대여명, 성인 문해율(15세 이상 인구), 초・중・고 취학률, 1인당 추정소득(GDP)을 구성지표로 하고 있으며, 지표별 성불평등에 대해 페널티를 부여하는 방식으로 국가별 수준을 반영하여 측정하였다. 2014년 새롭게 개선된 GDI는 출생 시 기대여명, 평균 교육년수(25세 이상 인구), 기대 교육년수, 1인당 추정소득(GNI)을 구성지표로 하고 있다. 이를 기준으로 산정되는 인간개발지수(HDI)를 성별로 구분하여 남녀의 성취수준을 성비로 측정하고 있으며, 성차별에 따라 5개의 그룹[4)]으로 구분하였다. 개선된 GDI는 기존 GDI와 달리 국가별 수준은 반영하지 않고 성별 격차만 반영하고 있다. 0은 완전 불평등, 1은 완전 평등인 상태를 나타내며 1을 초과하는 경우 초과범위에 따라 그룹 산정 시 반영한다.

2017년 한국의 GDI 국제순위는 189개국 중 108위(3그룹)로, 같은 유엔개발계획(UNDP)에서 발표한 GII(10위)와는 큰 차이를 보이고 있다. 지표별로 살펴보면, 먼저 출생 시 기대여명은 여성이 85.3세로 남성 79.2세에 비해 높게 나타난 반면, 평균 교육년수와 기대 교육년수는 남성보다 여성이 낮게 나타났다(표 6-3). 특히, 1인당 추정소득(GNI)은 여성이 남성의 절반 수준에도 미치지 못하여 한국 GDI 순위 하락의 주요 원인으로 작용하였다. 2014년 개정된 GDI는 국가별 수준을 반영하지 않기 때문에 이전의 GDI와 달리 해당 국가의 경제적 수준과 비례하지 않는다. 이전의 GDI는 추정소득이 높을수록 GDI 점수가 높게 나와 해당 국

3) UNDP(2018). Human Development Report에 근거하여 작성함.

4) 1그룹: 0.975~1.025, 2그룹: 0.950~0.975, 3그룹: 0.925~0.950, 4그룹: 0.900~0.925, 5그룹: 0.900 미만

가의 GDP와 높은 상관관계를 보인 반면, 개선된 GDI는 남녀의 차이만 반영하기 때문에 GDP와의 상관관계는 낮게 나타난다(주재선, 2018).

표 6-3 한국의 GDI의 수준

연도	순위/대상	GDI	인간개발지수 (HDI)		출생 시 기대여명(년)		평균 교육년수(년)		기대 교육년수(년)		추정소득 (2011 PPP $)	
			여성	남성	여성	남성	여성	남성	여성	남성	여성	남성
2017	3그룹 (108/189)	0.932	0.866	0.929	85.3	79.2	15.9	17.1	11.4	12.9	22,572	49,297
2015	3그룹 (104/188)	0.929	0.863	0.929	85.2	78.8	11.5	12.9	15.8	17.3	21,308	47,934
2014	3그룹 (104/161)	0.930	0.861	0.929	85.0	78.5	11.2	12.7	16.0	17.7	21,896	46,018
2013	85/148	0.940	0.860	0.915	84.8	78.1	11.1	12.5	16.1	17.8	21,795	38,990

주: 1) 출생 시 기대여명: 0세의 평균 기대수명
2) 평균 교육년수: 25세 이상 인구의 평균 교육년수
3) 기대 교육년수: 학령기 아동이 기대하는 평균 기대 교육년수
4) 1인당 GNI: 1인당 국민소득을 미국 달러 기준의 구매력평가 환율로 변경한 소득

2017년 기준 OECD 국가의 GDI 현황을 보면 HDI는 대부분 높게 분포한 반면, GDI 그룹은 1그룹에서 4그룹까지 넓게 퍼져 있음을 확인할 수 있다(표 6-4). 그룹별로 보면 핀란드 외 16개 국가가 1그룹이며, GDI 점수가 1 이상인 에스토니아, 폴란드, 슬로베니아를[5] 비롯한 16개 국가가 2그룹으로 나타났다. 3그룹인 한국은 OECD 35개국 중 34위로 최하위권에 속하였다.

5) 1그룹 범주인 0.975~1.000과 1.000~1.025의 범주를 벗어나 2그룹임. 즉, 여성의 HDI가 남성에 비해 높은 경우에도 격차에 따라 그룹화하고 있다.

표 6-4 OECD 회원국의 GDI 현황(2017)

국가명	그룹	GDI	인간개발지수 (HDI)		출생 시 기대여명 (년)		평균 교육년수 (년)		기대 교육년수 (년)		추정소득 (2011 PPP $)	
		성비	여성	남성	여성	남성	여성	남성	여성	남성	여성	남성
대한민국	3	0.932	0.866	0.929	85.3	79.2	15.9	17.1	11.4	12.9	22,572	49,297
에스토니아	2	1.019	0.876	0.860	82.0	73.0	16.9	15.3	13.0	12.2	21,896	37,437
폴란드	2	1.006	0.866	0.861	81.6	73.9	17.3	15.6	12.3	12.3	20,367	32,343
슬로베니아	2	1.003	0.898	0.895	83.9	78.3	18.0	16.5	12.2	12.3	26,898	34,341
핀란드	1	1.000	0.917	0.917	84.3	78.7	18.4	16.9	12.6	12.3	34,504	47,691
스웨덴	1	0.992	0.927	0.934	84.3	80.9	18.4	16.9	12.5	12.3	41,743	53,777
미국	1	0.992	0.919	0.926	81.8	77.3	17.2	15.7	13.4	13.3	43,899	66,208
노르웨이	1	0.991	0.945	0.953	84.2	80.5	18.6	17.2	12.6	12.5	60,153	75,731
슬로바키아	1	0.991	0.850	0.858	80.4	73.4	15.5	14.4	12.3	12.6	22,600	36,726
스위스	1	0.987	0.937	0.949	85.3	81.5	16.1	16.3	13.9	12.9	47,938	67,490
프랑스	1	0.987	0.894	0.906	85.6	79.8	16.8	16.0	11.3	11.8	32,518	46,218
캐나다	1	0.986	0.916	0.930	84.4	80.7	16.9	16.0	13.3	12.9	34,928	52,070
체코	1	0.986	0.881	0.894	81.7	76.0	17.6	16.1	12.6	13.1	23,224	38,206
헝가리	1	0.985	0.830	0.843	79.4	72.5	15.4	14.8	11.7	12.1	19,931	31,413
포르투갈	1	0.983	0.839	0.853	84.2	78.4	16.2	16.4	9.2	9.2	23,095	32,013
덴마크	1	0.980	0.919	0.938	82.8	79.0	19.8	18.4	12.7	12.4	40,293	55,624
아일랜드	1	0.979	0.926	0.946	83.6	79.7	19.7	19.5	12.7	12.1	42,771	64,916
스페인	1	0.979	0.879	0.898	86.0	80.5	18.2	17.5	8.7	10.0	26,954	41,850
호주	1	0.975	0.926	0.950	85.0	81.2	23.3	22.5	12.9	12.8	35,323	51,857
일본	1	0.975	0.894	0.917	87.1	80.7	15.2	15.3	12.9	12.5	27,209	51,326
이스라엘	1	0.975	0.890	0.913	84.3	80.9	16.5	15.3	13.0	13.0	24,620	40,910
벨기에	2	0.971	0.901	0.928	83.6	78.9	20.8	18.8	11.6	11.9	33,260	51,302
오스트리아	2	0.971	0.893	0.920	84.1	79.4	16.4	15.8	11.8	12.6	35,626	55,591
룩셈부르크	2	0.969	0.888	0.916	84.1	79.8	14.1	13.9	11.7	12.4	51,154	78,737
독일	2	0.967	0.919	0.951	83.5	78.9	16.9	17.0	13.6	14.5	37,689	54,843
이탈리아	2	0.967	0.863	0.893	85.3	80.9	16.6	15.9	10.0	10.4	25,767	45,326
아이슬란드	2	0.966	0.920	0.952	84.4	81.5	20.5	18.2	12.3	12.7	38,004	53,562

네덜란드	2	0.966	0.913	0.944	83.7	80.3	18.3	17.8	11.9	12.5	38,767	57,123
뉴질랜드	2	0.966	0.900	0.932	83.7	80.4	19.7	18.0	12.7	12.5	25,872	42,339
그리스	2	0.964	0.853	0.885	83.9	78.9	17.0	17.5	10.5	11.0	19,658	29,796
칠레	2	0.961	0.823	0.856	82.1	77.2	16.7	16.2	10.2	10.5	15,137	28,809
영국	2	0.960	0.903	0.941	83.4	79.9	17.9	17.0	12.8	13.5	28,043	50,485
중국	2	0.955	0.735	0.769	78.0	74.9	14.0	13.6	7.6	8.3	12,053	18,295
멕시코	2	0.954	0.752	0.789	79.7	74.9	14.4	13.8	8.4	8.8	11,065	22,873
터키	4	0.922	0.755	0.819	79.2	72.8	14.7	15.7	7.1	8.8	15,576	34,313

성격차지수(Gender Gap Index: GGI)[6)]

세계경제포럼(World Economic Forum: WEF)에서 발표하는 GGI는 국가별 '수준(level)'이 아니라 성별 '격차(gap)'를 측정한다. 즉, 한 국가의 실제 수준에서 활용 가능한 자원과 기회의 수준이 아니라, 자원과 기회에 대해 접근하는 성별 격차를 측정하는 것이다. 점수의 범위는 0~1이며, 0은 완전 불평등, 1은 완전 평등한 상태를 나타낸다.

GGI는 건강, 교육, 정치, 경제 등 4개 분야의 지표에 대한 성 격차를 측정한다. 구성지표는 건강 기대수명, 출생성비, 문해율, 초등 취학률, 중등 취학률, 대학교 취학률, 의회 여성 비율, 내각 여성 비율, 여성 국가원수 재직연수, 경제활동참가율, 유사노동 임금성비, 추정소득, 입법자·고위 임원·관리자 비율, 전문직·기술직종 근로자 비율 등 14가지이다.

2017년 한국의 GGI 점수는 0.650점으로 순위는 144개국 중 118위로 낮게 나타났다. 4가지 분야 중 점수가 가장 높은 분야는 건강과 생존으로 0.973점이었으며, 다음으로는 교육적 성취가 0.960점으로 높게 나타났다. 반면 경제참여 및

6) WEF(2017). The Global Gender Gep Report 2017에 근거하여 작성함.

기회는 0.533점으로 낮았으며, 정치적 권한 분야는 0.134점으로 성별 격차가 가장 큰 분야로 나타났다(표 6-5).

지표별로 살펴보면, 건강 기대수명은 1.060점으로 여성이 남성보다 높았으나, 그 외 모든 지표에서 여성이 남성보다 낮게 나타났다. 그 중에서 초등교육 취학률(0.995점), 중등교육 취학률(0.992점), 출생성비(0.935점), 전문직, 기술직종 근로자 비율(0.928점)의 점수는 높은 편이었으나 유사노동 임금성비는 0.510점, 추정소득은 0.447점으로 남성의 절반 수준에 머물렀다. 점수가 가장 낮게 나타난 지표는 내각 여성 비율로 0.100이었으며, 지난 50년간 여성 국가원수 재직연수는 0.104점, 입법자·고위임원·관리자 비율은 0.117점, 의회 여성 비율은 0.205점으로 산출되어 정치적·경제적 권한에서 성별 격차가 심각함을 알 수 있다.

표 6-5 한국의 GGI 수준 추이

지표(F/M)	2014년		2015년		2016년		2017년	
	순위	점수	순위	점수	순위	점수	순위	점수
경제참여와 기회 분야 전체	124	0.512	125	0.557	123	0.537	121	0.533
경제활동참가율	86	0.72	90	0.73	91	0.731	91	0.732
유사노동 임금성비	125	0.51	116	0.55	125	0.524	121	0.510
추정소득(US $)	109	0.48	101	0.56	120	0.450	121	0.447
입법·고위직 및 관리직 비율	113	0.12	113	0.12	114	0.117	117	0.117
전문·기술직 비율	98	0.69	86	0.83	78	0.928	76	0.928
교육적 성취 분야 전체	103	0.965	102	0.965	102	0.964	105	0.960
문해율	1	1.00	1	1.00	66	0.993	–	–
초등 취학률(net)	83	0.99	83	0.99	79	0.994	84	0.995
중등 취학률(net)	85	0.99	89	0.99	99	0.991	101	0.992
대학교 취학률(gross)	114	0.75	116	0.75	112	0.754	112	0.765
건강과 생존 분야 전체	74	0.973	79	0.973	76	0.973	84	0.973
출생성비	122	0.93	128	0.93	125	0.935	132	0.935

건강 기대수명	1	1.06	1	1.06	1	1.060	1	1.060
정치적 권한 분야 전체	93	0.112	101	0.107	92	0.120	90	0.134
국회의원 비율	91	0.19	94	0.20	90	0.205	97	0.205
장관 비율	94	0.13	130	0.060	128	0.063	115	0.100
지난 50년 동안 국가 수장의 재직기간	39	0.05	31	0.07	29	0.094	28	0.104

OECD 회원국의 GGI 국가별 순위를 보면 1위가 아이슬란드, 2위가 노르웨이, 3위가 핀란드, 4위가 스웨덴, 5위가 슬로베니아로 상위권을 차지하고 있다. 최하위인 34위는 터키였으며 한국은 144개국 중 118위로, OECD 회원국 34개국 중에서는 33위를 차지하였다(표 6-6). 특히, 한국은 정치적 권한 분야 점수가 0.134점으로 나타났는데, 1위인 아이슬란드와 비교하면 무려 0.616점이나 낮아 정치적 권한 분야의 성평등 수준이 매우 낮음을 알 수 있다.

표 6-6 OECD 회원국의 GGI 현황(2017)

국가명	순위	점수	경제참여와 기회		교육적 성취		건강과 생존		정치적 권한	
			순위	점수	순위	점수	순위	점수	순위	점수
대한민국	118	0.65	121	0.533	105	0.96	84	0.973	90	0.134
아이슬란드	1	0.878	14	0.798	57	0.995	114	0.969	1	0.75
노르웨이	2	0.83	8	0.816	38	0.999	80	0.973	4	0.53
핀란드	3	0.823	16	0.793	1	1	46	0.978	5	0.519
스웨덴	5	0.816	12	0.809	37	0.999	112	0.969	8	0.486
슬로베니아	7	0.805	13	0.801	1	1	1	0.98	11	0.44
아일랜드	8	0.704	50	0.71	1	1	96	0.971	6	0.493
뉴질랜드	9	0.791	23	0.768	43	0.998	115	0.969	12	0.43
프랑스	11	0.778	64	0.683	1	1	54	0.977	9	0.453
독일	12	0.778	43	0.72	98	0.97	70	0.975	10	0.447
덴마크	14	0.776	36	0.728	1	1	95	0.971	16	0.406

영국	15	0.77	53	0.705	36	0.999	100	0.971	17	0.404
캐나다	16	0.769	29	0.744	1	1	105	0.97	20	0.361
스위스	21	0.755	31	0.743	63	0.993	90	0.972	28	0.314
스페인	24	0.746	81	0.657	45	0.998	81	0.973	22	0.354
벨기에	31	0.739	46	0.716	1	1	63	0.976	37	0.264
네덜란드	32	0.737	82	0.657	1	1	108	0.97	25	0.323
포르투갈	33	0.734	35	0.73	70	0.992	55	0.977	43	0.24
호주	35	0.731	42	0.724	1	1	104	0.97	48	0.232
에스토니아	37	0.731	38	0.726	1	1	36	0.979	52	0.218
폴란드	39	0.728	55	0.702	1	1	1	0.98	49	0.23
이스라엘	44	0.721	65	0.681	1	1	98	0.971	47	0.232
미국	49	0.718	19	0.776	1	1	82	0.973	96	0.124
오스트리아	57	0.709	80	0.66	84	0.988	72	0.975	54	0.216
룩셈부르크	59	0.706	76	0.667	1	1	86	0.973	66	0.184
칠레	63	0.704	117	0.573	39	0.999	47	0.978	36	0.266
슬로바키아	74	0.694	79	0.662	1	1	1	0.98	89	0.135
그리스	78	0.692	73	0.67	76	0.991	89	0.973	88	0.136
멕시코	81	0.692	124	0.518	53	0.996	58	0.977	34	0.276
이탈리아	82	0.692	118	0.571	60	0.995	123	0.967	46	0.234
체코	88	0.688	92	0.643	1	1	1	0.98	91	0.13
헝가리	103	0.67	68	0.675	68	0.992	36	0.979	138	0.035
일본	114	0.657	114	0.58	74	0.991	1	0.98	123	0.078
터키	131	0.625	128	0.471	101	0.965	59	0.977	118	0.088

GII, GDI, GGI의 분야별 지표 비교

지금까지 살펴본 GII, GDI, GGI의 분야별 지표를 정리하면 〈표 6-7〉과 같다. 건강 분야에서 GII는 모성 사망비와 청소년 출산율, GDI는 출생 시 기대여명,

GGI는 건강 기대수명, 출생성비를 지표로 하고 있다. GII는 여성특화지표인 모성 사망비와 청소년 출산율을 지표로 사용함으로써 성별 비교가 어려운 반면 GGI는 건강 기대수명과 함께 출생성비를 사용함으로써 성별 비교는 물론 각 국가의 남아선호 정도까지 비교할 수 있다. 한국이 GII에서 높은 순위(10위)를 차지할 수 있었던 중요한 요인 중 하나는 건강 분야의 청소년 출산율이 다른 나라에 비해 매우 낮았기(OECD 최저) 때문이다.

교육 분야에서 GII는 중등교육 이상 받은 인구를 지표로 하고 있어 교육수준이 높은 국가의 경우 성별 차이가 드러나지 않는 반면, GDI는 25세 이상 인구의 평균 교육년수와 취학 아동의 기대 교육년수를 지표로 하여 세부적인 성별 차이를 알 수 있다. GGI 또한 취학률을 초등, 중등, 대학으로 세분화하고 있다.

정치 분야를 살펴보면, GII는 여성 국회의원 비율을 지표로 하고 있으며, GGI는 의회 여성비율과 함께 내각 여성비율, 여성 국가원수 재직연수를 지표로 성별 격차를 측정하고 있다. 반면 GDI에서는 관련 세부지표가 없어 정치 분야의 성별 비교가 어렵다. GII와 GGI 결과를 보면 한국은 정치 분야 지표의 점수가 특히 낮게 나타났다.

끝으로 경제 분야를 살펴보면, GII는 경제활동참가율, GDI는 추정소득을 지표로 하고 있다. 반면, GGI는 경제활동참가율, 유사노동 임금성비, 추정소득, 입법자・고위임원・관리자 비율, 전문직・기술직종 근로자 비율 등 5가지 지표를 통하여 경제 참여와 기회는 물론, 소득과 대표성에서의 성별 격차까지도 파악할 수 있다. GGI의 경제 분야 순위에서 한국은 121위로 나타났는데 4개 분야 중에서 국제 순위가 가장 낮았다.

표 6-7 **국제성평등지수(GII, GDI, GGI) 구성지표 및 출처**

국제성평등지수	분야	구성지표	출처 (https://gsis.re.kr)
GII	건강	모성 사망비	UN Maternal Mortality Estimation Group
		청소년 출산율	유엔경제사회분과(UNDESA)
	교육	중등 이상 교육받은 인구 비율	UNESCO 교육통계
	정치	여성 국회의원 비율	국제의원연맹 Database(IPU) [www.ipu.org]
	경제	경제활동참가율	국제노동기구(ILO)
GDI	건강	출생 시 기대여명	유엔경제사회분과(UNDESA)
	교육	평균 교육년수 (25세 이상 인구):	Barro & Lee, UNESCO와 Barro & Lee의 방법론으로 갱신한 HDRO
		기대 교육년수(학령기 학생)	UNESCO 교육통계
	정치	-	-
	경제	1인당 GNI (PPP$)	세계노동기구(ILO), 유엔경제사회분과(UNDESA), 세계은행으로부터 계산된 HDRO
GGI	건강	출생성비	The CIA World Factbook
		기대수명	WHO Global Health Observatory Data Repository
	교육	문해율	UNESCO Institute for Statistics
		초등학교 취학률	UNESCO Institute for Statistics
		중등학교 취학률	UNESCO Institute for Statistics
		대학 진학률	UNESCO Institute for Statistics
	정치	국회의원	UN WOMEN Women in Politics
		내각 여성 비율	UN WOMEN Women in Politics
		여성 국가원수 재직연수 (최근 50년간)	World Economic Forum calculations
	경제	경제활동 참여율	ILO, ILOStat, Total employment by occupation
		유사노동 임금성비	World Economic Forum, Executive Opinion Survey
		소득	United Nations Development Programme (UNDP)'s Human Development Report
		입법자, 고위 임원, 관리직	ILO, ILOStat, Total employment by occupation
		전문직, 기술직종 근로자	ILO, ILOStat, Total employment by occupation

2. 국가성평등지수, 분야별 조각 맞추기

국가성평등지수(Korea Equality Gender Index: KEG)는 2009년에 국가의 성평등 수준을 계량적으로 측정하기 위하여 개발된 지수이다. 성평등한 사회참여의 정도, 성평등 의식・문화 및 여성의 인권・복지 등 3개 영역의 8분야 23개 지표로 구성되어 있다. 국가성평등지수의 값은 0.0(완전 불평등)에서 100.0(완전 평등)의 범주를 갖고 있다. 연도별 국가성평등지수는 2012년 68.7, 2013년 68.9, 2014년 69.1, 2015년 69.9, 2016년 70.7, 2017년 71.5로 매년 조금씩 상승하고 있다.

2017년 기준으로 영역별 성평등 수준을 살펴보면, 성평등 의식・문화 영역이 78.7로 가장 높고, 그 다음으로는 여성의 인권・복지 영역이 74.1이었으며, 성평등한 사회참여 영역은 65.2로 가장 낮은 수준으로 나타났다. 분야별로 살펴보면,

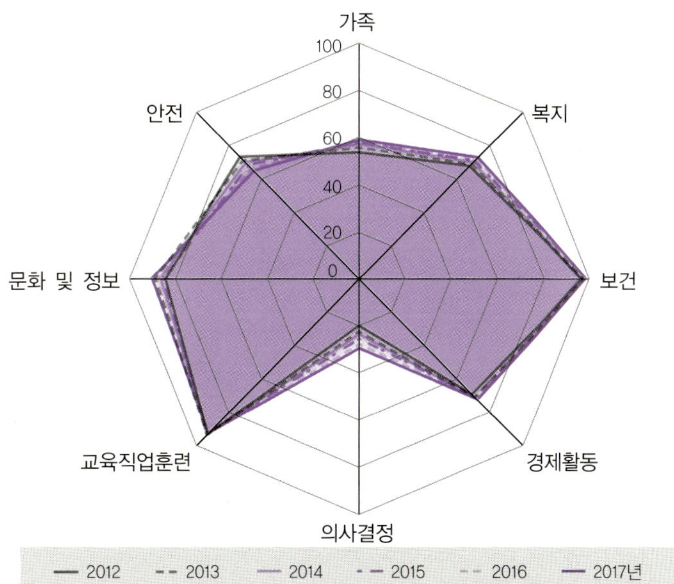

그림 6-1 **분야별 성평등 수준(완전 성평등=100.0)**

보건 분야가 97.3으로 가장 높은 성평등 수준을 보였고, 다음으로는 교육·직업훈련 분야 93.1, 문화·정보 분야 89.3, 경제활동 분야 73.2, 복지 분야 72.8, 안전 분야 66.0, 가족 분야 58.9의 순으로 나타났다. 의사결정 분야는 29.3으로 앞서 7개의 분야보다 현저히 낮은 성평등 수준을 보여주었다(그림 6-1).

성평등한 사회참여 영역

성평등한 사회참여 영역의 분야는 경제활동 분야, 의사결정 분야, 교육·직업훈련 분야로 구성되어 있으며, 세 분야의 평균은 65.2점으로 전체 영역 중 가장 낮은 성평등 수준을 보여주었다. 교육·직업훈련 분야는 93.1점으로 전체 8개 분야 중 두 번째로 높은 점수였으나, 경제활동 분야는 73.2점, 의사결정 분야는 29.3점으로 나타나 분야별 점수차가 가장 큰 영역이었다.

경제활동 분야

경제활동 분야의 성평등 수준은 2012년 69.8에서 매년 꾸준히 상승하여 2017년 73.2를 기록하였다. 세부지표별로 살펴보면, 2017년 경제활동참가율 성비 지표값은 74.4였으며 경제활동참가율은 여성 59.0%, 남성 79.3%로 나타났다(표 6-8). 성별 임금격차(임금성비) 지표값은 2012년 64.4에서 2017년 64.7로 소폭 개선되었지만 여전히 OECD 회원국 중 성별 임금격차가 가장 큰 것으로 나타났다.[7] 2017년 월평균급여 총액은 여성 1,946천 원, 남성 3,010천 원으로 여성은 남성의 65% 수준이었다. 2017년 여성 상용근로자는 5,196천 명이었으며, 남성

7) "한국 성별 임금격차 OECD 최고… 줄여야 경제성장" : 경제협력개발기구(OECD) 회원국의 남녀 간 평균임금격차를 조사한 결과 한국이 37%로 가장 컸다고 밝혔다. 이는 OECD 회원국 평균인 16%의 2배가 넘는 것이다. 남성과 여성이 가장 동등한 임금을 받는 나라로 꼽힌 룩셈부르크의 성별 임금격차는 4%에 불과했다. 출처: 한국일보 (2018.03.05)

상용근로자는 8,232천 명으로 지표값은 80.5로 산출되었다.

표 6-8 경제활동 분야 지표 구성값 변화

분야	지표	여성		남성	
		2012년	2017년	2012년	2017년
경제활동	경제활동참가율	55.6%	59.0%	77.8%	79.3%
	성별 월평균급여 총액	1,654천 원	1,946천 원	2,569천 원	3,010천 원
	성별 상용근로자	4,022천 명	5,196천 명	7,227천 명	8,232천 명

출처: 주재선 외 (2018). 2018년 한국의 성평등 보고서.

의사결정 분야

의사결정 분야의 성평등지수는 2012년 20.1에서 지속적으로 개선되어 2017년 기준 29.3으로 상승하였으나 절대적으로 취약한 수준에 머물러 있다.

20대 국회의 여성 국회의원 비율은 17.0%(51명)로 역대 여성 국회의원 비율 중 가장 높다. 그럼에도 불구하고 OECD 평균인 23.4%에는 미치지 못하고 있다(시사오늘, 2009.11.07). 공직부문 의사결정직의 여성 대표성을 알 수 있는 4급 이상 공무원 중 여성 비율은 14.8%였다. 4급 이상 여성 공무원 비율이 점진적으로 증가하고 있으나 성평등 수준은 상당히 낮은 상태이다. 전체 관리자(관리직) 중 여성 비율을 살펴보면, 2009년 8.7%에서 조금씩 상승하였으나 2017년 12.5% 수준에 머물렀다. 반면, 정부위원회 위촉직 위원 중 여성 위원 비율은 2012년 25.7%에서 2017년 38.3%로 12.6%p 상승하였다.

표 6-9 **의사결정분야 지표 구성값 변화**

분야	지표	여성		남성	
		2012년	2017년	2012년	2017년
의사결정	국회의원 비율	47명 (19대)	51명 (20대)	253명 (19대)	249명 (20대)
	4급 이상 공무원 비율	783명	1,380명	7,660명	7,975명
	관리직 비율	52천 명	39천 명	417천 명	274천 명
	정부위원회 비율	25.7%	38.3%	74.3%	61.7%

출처: 주재선 외 (2018). 2018년 한국의 성평등 보고서.

교육 · 직업훈련 분야

교육 · 직업훈련 분야는 2017년 기준 8개 분야 중에서 성평등 수준이 두 번째로 높게 나타났다. 2012년 이후 꾸준히 상승하여 2016년 93.6을 기록하였으나 2017년 93.1로 0.5%p 하락하였다.

2015년 평균 교육년수는 여성 11.4년, 남성 12.8년으로 1.4년의 차이를 보였다(표 6-10). 2017년 고등교육기관 진학률은 여성이 72.7%, 남성이 65.3%로 여성의 진학률이 7.4%p 더 높게 나타났다. 재직자 직업훈련 참여 근로자 비율은 여성 53.2%, 남성 59.3%였으며, 연도에 상관없이 직업교육훈련 경험비율은 여성이 남성보다 낮았다.

표 6-10 **교육 · 직업훈련 분야 지표 구성값 변화**

분야	지표	여성		남성	
		2012년	2017년	2012년	2017년
교육 직업 훈련	평균 교육년수	10.9년 (2010년)	11.4년 (2015년)	12.4년 (2010년)	12.8년 (2015년)
	고등교육기관 진학률	74.3%	72.7%	68.6%	65.3%
	재직자직업훈련 참여 근로자 비율	34.0%	53.2%	39.8%	59.3%

출처: 주재선 외 (2018). 2018년 한국의 성평등 보고서.

여성의 인권·복지 영역

여성의 인권·복지 영역은 복지 분야, 보건 분야, 안전 분야로 구성되어 있으며 세 분야의 평균은 74.1점이다. 보건 분야는 97.3점으로 8개 분야 중 가장 높은 점수를 받은 반면 복지 분야와 안전 분야의 점수는 낮게 나타났다. 특히, 안전 분야는 2012년 72.3점에서 2017년 66.0점으로 오히려 하락하였다. 국가성평등지수 전체 분야 중 점수가 하락한 것은 안전 분야가 유일하며 이는 앞으로 안전 분야에 대한 정책적 지원이 확대되어야 함을 시사한다.

복지 분야

복지 분야는 성평등 수준이 낮은 분야 중 하나로 지수값은 2012년 69.8에서 2017년 72.8로 소폭 개선되었다.

2017년 기준 여성 가구주 빈곤율은 22.3%, 남성 가구주 빈곤률은 10.1%로 여성 가구주의 빈곤율이 남성 가구주 빈곤율보다 2배 이상 높게 나타났다(표 6-11). 공적연금[8]의 여성 가입자 비율을 살펴보면, 2011년에 처음으로 40%대에 진입한 이후 2017년 54.3%로 꾸준히 상승하였으나 남성 가입자 비율 64.5%에는 미치지 못하였다. 2017년 여성 장애인 고용률은 22.4%로 10명 중 2명이 일하고 있는 수준이며 남성 장애인 고용률 46.8%의 절반 수준에 그치고 있다. 지표값으로도 2012년 47.5에서 2017년 47.9로 크게 개선되지는 않은 상황임을 알 수 있다.

8) 국민연금, 공무원연금, 사학연금

표 6-11 **복지 분야 지표 구성값 변화**

분야	지표	여성		남성	
		2012년	2017년	2012년	2017년
복지	가구주 빈곤율	17.6%	22.3%	7.5%	10.1%
	공적연금 가입자 비율	43.5%	54.3%	59.7%	64.5%
	장애인 고용률	21.8%	22.4%	45.9%	46.8%

출처: 주재선 외 (2018). 2018년 한국의 성평등 보고서.

보건 분야

보건 분야의 성평등 수준은 97.3으로 8개 분야 중에서 가장 높게 나타났다. 건강관련 삶의 질(EQ-5D)은 2012년 여성 0.934, 남성 0.963에서 2017년에는 여성이 0.935, 남성이 0.962로 거의 변화가 없으며, 여성이 남성보다 낮은 수준이었다(표 6-12). 건강검진 수검률은 2012년 여성 71.3%, 남성 74.2%에서 2017년 여성 77.2%, 남성 79.7%로 남성의 수검률이 여성보다 높게 나타났다. 이에 따라 지표값은 96.1에서 2017년 96.9로 소폭 상승하였다. 스트레스 인지율은 여성이 남성보다 높게 나타났는데 여성은 2012년 30.3%에서 2017년 27.1%로 낮아진 반면, 남성은 2012년 23.5%에서 2017년 25.4%로 높아졌다. 지표값은 2012년 91.1에서 2017년 97.7로 개선되었다.

표 6-12 **보건분야 지표 구성값 변화**

분야	지표	여성		남성	
		2012년	2017년	2012년	2017년
보건	건강관련 삶의 질(EQ-5D)	0.934	0.935	0.963	0.962
	건강검진 수검률	71.3%	77.2%	74.2%	79.7%
	스트레스 인지율	30.3%	27.1%	23.5%	25.4%

출처: 주재선 외 (2018). 2018년 한국의 성평등 보고서.

안전 분야

안전 분야 지수값은 2012년 72.3에서 계속 하락하여 2014년 64.3까지 내려갔다가 이후 개선되어 2016년 67.0으로 올라갔으나, 2017년 다시 하락하여 66.0을 기록하였다.

강력범죄 피해자 중 여성피해자 비율은 2012년 85.6%에서 2016년 89.2%로 증가하여 여성들의 안전이 심각하게 위협받고 있는 현실을 보여주고 있다. 사회 전반적인 안전의식에 있어 안전하다고 인식하는 비율이 2018년 기준 남성(24.5%)보다 여성(16.6%)이 낮았으며, 지표값은 2012년 70.4에서 2017년 67.3으로 낮아졌다(표 6-13).

표 6-13 보건분야 지표 구성값 변화

분야	지표	여성		남성	
		2012년	2016년	2012년	2016년
안전	사회안전에 대한 전반적 안전의식	11.4%	16.6% (2018년)	16.2%	24.5% (2018년)
	강력범죄(흉악범) 피해자 비율	22,381명	27,542명	3,754명	3,326명

출처: 주재선 외 (2018). 2018년 한국의 성평등 보고서.

성평등 의식·문화 영역

성평등 의식·문화 영역은 가족 분야와 문화·정보 분야로 구성되어 있으며 두 분야의 평균은 78.7점으로 3개 영역 중 점수가 가장 높다. 문화·정보 분야는 89.3점으로 비교적 높았으나 가족 분야는 58.9점으로 낮게 나타나 가사노동이나 육아에 남성의 참여가 여전히 저조함을 보여주었다.

가족 분야

가족 분야의 성평등지수값은 2012년 54.4에서 2017년 58.9로 상승하였으나 다른 분야에 비해 낮은 수준을 보이고 있다.

남녀 가사노동의 변화 추이를 보면 남성 취업자의 경우 2004년 30분에서 2014년 41분으로 늘어났으며, 여성 취업자의 경우는 2004년 2시간 36분에서 2014년 2시간 30분으로 감소하였다(표 6-14). 이에 따라 가사노동의 성비는 2012년 24.6에서 2017년 27.6으로 다소 개선되었다. 그러나 절대적 시간의 남녀 차이는 여전히 큰 상황이라고 할 수 있다. 2017년 가족관계 만족도에서 '만족한다'고 대답한 비율을 보면, 여성은 54.4%로 나타났으며, 남성은 59.0%로 나타나 남성이 여성보다 가족관계에 더 만족하는 것으로 나타났다. 순생순위별 출생성비를 보면 첫째아 출생성비는 1995년 105.7, 2017년 106.5로 큰 변화가 없었으나 셋째아 이상 출생성비는 1995년 180.1에서 2017년 106.4로 크게 낮아져 남아선호사상에도 변화가 있음을 알 수 있다. 육아휴직자 성비의 지표값 변화를 보면 2012년 2.9에서 2017년 15.4로 상승하였다. 이는 육아휴직자 중 남성 비율의 증가에 기인한 것인데 2012년 전체 육아휴직자의 2.8%에 불과하였던 남성 비율이 2017년 13.4%로 늘어났기 때문이다.

표 6-14 가족 분야 지표 구성값 변화

분야	지표	여성		남성	
		2012년	2017년	2012년	2017년
가족	가사노동시간(취업자)	2시간34분 (2009년)	2시간30분 (2014년)	36분 (2009년)	41분 (2014년)
	셋째아 이상 출생성비	109.2	106.4	109.2	106.4
	가족관계 만족도	54.2%	54.4 (2018년)	58.2%	59.0% (2018년)
	육아휴직자 성별 비율	97.2% (56,735명)	86.6% (78,080명)	2.8% (1,402명)	13.4% (12,043명)

출처: 주재선 외 (2018). 2018년 한국의 성평등 보고서.

문화 · 정보 분야

문화 · 정보 분야 성평등지수값은 2012년 84.9에서 2017년 89.3으로 조금 상승했다.

지표 중 먼저 여가시간을 살펴보면, 2014년 기준 여성이 남성보다 36분 적은 것으로 나타났다. 남성 취업자 평균 여가시간은 2009년 4시간 06분, 2014년 3시간 51분이었으며, 여성 취업자는 2009년 3시간 16분에서 2014년 3시간 15분으로 나타나 남녀 모두 여가시간이 감소하였다(표 6-15). 다음 지표인 여가만족도에서 만족하고 있는 비율이 여성은 2011년 18.0%에서 2017년 26.9%로 상승하였으며, 남성도 2011년 20.7%에서 2017년 27.6%로 상승하였다. 성별로 비교하면 여성이 남성보다 여가시간이 적었으며 만족도도 낮게 나타났다. 정보화 격차 지표를 살펴보면, 일반 국민의 정보화 수준을 100으로 했을 때, 여성의 정보화 수준은 2012년 94.0%, 2017년 95.0%였으며, 남성의 정보화 수준은 2012년 106.0%, 2017년 105.1%로 나타났다. 정보화 수준의 남녀 격차는 2017년 기준으로 남성이 여성보다 10.1%p 높게 나타났다.

표 6-15 문화 · 정보 분야 지표 구성값 변화

분야	지표	여성		남성	
		2012년	2017년	2012년	2017년
문화 정보	여가시간(취업자)	3시간 16분 (2009년)	3시간 15분 (2014년)	4시간 06분 (2009년)	3시간 51분 (2014년)
	여가만족도	18.0% (2011년)	26.9%	20.7% (2011년)	27.6%
	성별 정보화 수준	94.0	95.0	106.0	105.1

출처: 주재선 외 (2018). 2018년 한국의 성평등 보고서.

3. 지역성평등지수, 지역별 성평등 수준

지역성평등지수(Regional Equality Gender Index: REGI)는 시·도의 성평등 수준을 측정하기 위해 2011년 개발된 지수이다. 국가성평등지표를 기초로 지역의 특성을 반영한 성평등지표를 통해 계산하는 지수화된 값으로 전국 17개 시·도의 성평등지수를 비교해 볼 수 있다. 3개의 정책영역(성평등한 사회참여, 여성의 인권·복지, 성평등 의식·문화), 8개 분야(경제활동, 의사결정, 교육·직업훈련, 복지, 보건, 안전, 가족, 문화·정보), 23개 지표로 구성하고 있다.

전국 17개 시·도의 성평등 수준은 상위, 중상위, 중하위, 하위의 4가지로 분류하고 있다. 2017년 기준 성평등 수준 상위지역(Level-1)은 광주광역시, 대구광역시, 대전광역시, 제주특별자치도로 나타났다. 중상위지역(Level-2)은 부산광역시, 서울특별시, 인천광역시, 전라북도였으며 중하위지역(Level-3)은 강원도, 경상남도, 울산광역시, 충청북도가 해당되었다. 성평등 수준 향상을 위하여 적극적인 노력이 요구되는 하위지역(Level-4)은 경기도, 경상북도, 전라남도, 충청남도로 나타났다.

2017년 분야별 지역성평등 수준을 살펴보면 〈표 6-16〉과 같다. 경제활동 분야의 전국 평균은 72.0이며, 제주특별자치도가 77.6으로 16개 시·도 중 성평등 수준이 가장 높고 대구광역시, 충청북도, 대전광역시와 강원도, 서울특별시 등이 다음 순위로 높게 나타났다. 의사결정 분야의 성평등지수값은 전국 평균 31.2로 다른 분야와 비교하면 매우 낮은 수준을 보여준다. 시·도별로 비교해 보면 광주광역시(41.9)가 가장 높고 서울특별시(41.2), 제주특별자치도(40.5), 울산광역시(39.4)가 다음으로 높은 수준을 보였다. 반면, 의사결정 분야의 성평등 수준이 가장 낮은 지역은 경상북도(23.5)로 전국 평균 수준보다 7.7p 낮았다. 교육·직업훈련 분야의 경우는 전국 평균은 94.8이며 전라남도를 제외하면 지역별 차이가 크지 않았다. 서울특별시가 96.1로 가장 높았고, 전라남도가 90.6으로 가장 낮게 나타났다. 복지 분야는 2012년과 대비해 지역의 성평등 수준이 가장 많이 상승한 분야이다. 강원도가 94.9로 가장 높았으며 가장 낮은 지역은 경상북도로 83.0으로 나타났다. 보건 분야는 지역 평균 95.0 이상의 높은 성평등 수준을 보여 주었다. 대전광역시가 98.8로 가장 높았고, 울산광역시가 95.2로 가장 낮았다.

표 6-16 2017년 지역성평등지수

구분	영역	성평등한 사회참여			인권·복지			성평등 의식·문화	
	행정 구역	경제 활동	의사 결정	교육·직업 훈련	복지	보건	안전	가족	문화 정보
성평등 상위지역 Level-1	광주	71.6	41.9	94.9	90.8	98.0	67.1	57.4	91.7
	대구	75.4	33.1	95.1	88.9	98.0	78.2	59.0	91.5
	대전	73.9	37.9	94.9	91.3	98.8	67.3	58.5	94.1
	제주	77.6	40.5	93.5	93.4	97.4	68.4	57.9	87.2
성평등 중상위 지역 Level-2	부산	71.2	31.7	94.9	90.2	97.7	75.6	58.3	91.4
	서울	73.8	41.2	96.1	90.8	98.2	60.5	57.3	90.5
	인천	72.4	34.7	95.5	87.6	97.7	68.4	56.1	92.0
	전북	72.1	29.2	92.6	90.7	97.5	85.4	58.1	84.9
성평등 중하위 지역 Level-3	강원	73.9	27.9	92.3	94.9	97.6	71.5	58.9	83.6
	경남	68.4	29.3	93.6	86.5	96.4	72.6	70.9	90.3
	울산	64.6	39.4	95.9	85.4	95.2	73.0	61.4	92.8
	충북	74.8	29.9	93.3	89.0	96.8	69.3	58.7	90.1
성평등 하위지역 Level-4	경기	72.1	30.6	95.5	87.5	98.0	69.9	57.2	92.2
	경북	69.5	23.5	91.9	83.0	97.1	75.0	59.2	87.7
	전남	70.4	24.1	90.6	88.1	97.5	81.4	61.1	80.6
	충남	70.5	27.4	92.8	85.0	96.6	69.1	58.5	88.0

주: 각 등급 안의 시·도 순서는 가나다 순서임
출처: 주재선 외 (2018). 2018년 지역별 성평등 수준 분석 연구.

안전 분야는 다른 분야에 비해 시·도별 차이가 크고 증감 변화가 크게 나타나는 분야다. 가장 높은 성평등 수준을 보인 지역은 전라북도로 85.4였으며, 그 다음은 전라남도(81.4), 대구광역시(78.2), 부산광역시(75.6), 경상북도(75.0) 순으로 나타났다. 안전 분야 점수가 가장 낮은 지역은 서울특별시(60.5)였다. 가족 분야는 경상남도가 70.9로 가장 높은 반면 인천광역시는 56.1점으로 가장 낮았다. 문화·정보 분야의 경우는 순위가 가장 높은 지역과 가장 낮은 지역의 차이가 13.5p로 비교적 크게 나타났다. 가장 높은 수준을 보인 곳은 대전광역시로 94.1이였으며, 전라남도가 80.6으로 가장 낮게 나타났다.

8개 분야 중 지역별 차이가 가장 큰 분야는 안전 분야로 최고점인 전라북도(85.4)와 최저점인 서울특별시(60.5)의 차이는 24.9p였다. 다음으로 차이가 큰 분야는 의사결정 분야로 최고점과 최저점의 차이는 18.4p였으며 가족 분야는 14.8p의 차이를 보였다. 지역별 차이가 크게 나타난 안전 분야, 의사결정 분야, 가족 분야는 국가성평등지수에서도 점수가 낮은 분야였다. 국가 및 지역의 성평등 수준을 높이기 위해서는 지역별 차이가 큰 분야부터 우선 개선해 나가야 할 것이다.

여성주의 리더십 연습 : 성평등 정책으로 한 걸음

국가성평등지수를 구성하는 8개 분야(보건, 교육 · 직업훈련, 문화 · 정보, 경제활동, 복지, 안전, 가족, 의사결정) 중 성평등 수준이 낮은 3개 분야의 세부지표를 하나씩 선택하여 (예)와 같이 개선안을 적어 보세요.

번호	분야	세부지표	현황	개선안
(예)	경제활동	성별 월평균급여 총액	2017년 기준 여성 1,946천 원 남성 3,010천 원	성평등임금정책 : 동일임금인증제, 성별평균임금공개 등 * 성평등임금: 노동의 대가인 임금에서 성별에 따른 차별이 발생하지 않는 공정한 임금
1				
2				
3				

CHAPTER 07

불편한 진실, 여성 대표성

가정 안에서 여성이 평등을 누려야 한다. 또한 그동안 힘이 센 남성이 독점해온 모든 역할과 직업에 여성도 참여해야 한다. 인류의 반을 차지하는 여성이 수입을 많이 올릴 수 있는 직업과 사회적으로 중요한 일에 아예 발도 못 붙이게 하는 것은 정의에 어긋난다.
– Mill, J. S.

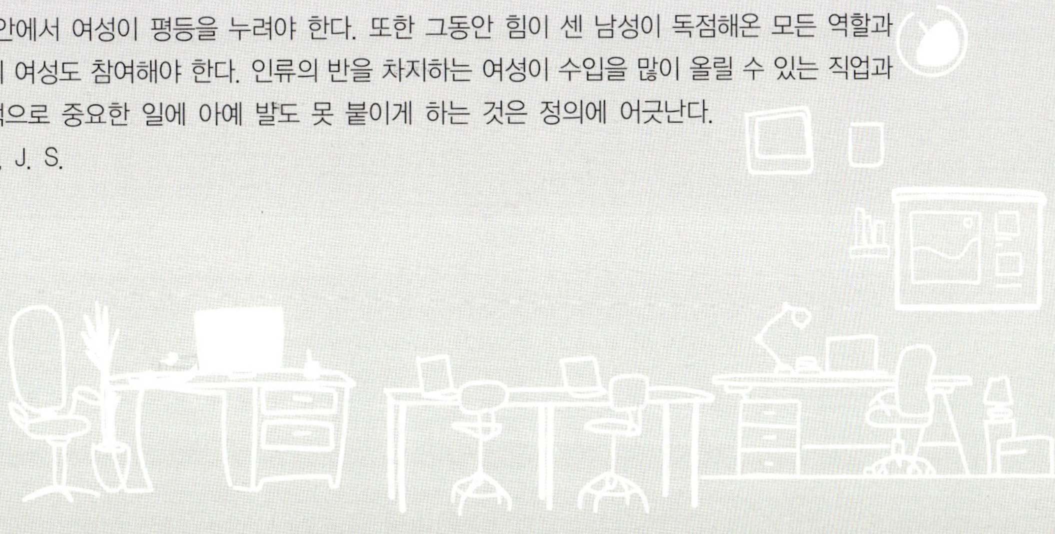

07 CHAPTER

불편한 진실, 여성 대표성

각 국가의 여성 대표성 현황을 짐작할 수 있는 유용한 자료는 의사결정 분야의 성평등지수이다. 앞서 살펴본 바와 같이 한국은 의사결정분야의 국제성평등지수[1)]와 국가성평등지수[2)]에서 모두 절대적으로 낮은 수준을 보여주고 있다. 이것은 여성의 교육수준이 높아졌음에도 불구하고 조직 내에서 리더로 성장하기 어려운 현실을 보여주는 것이다.

이 장에서는 공공 부문, 정치 부문, 민간 부문의 여성 대표성 현황을 살펴보고[3)] 여성 대표성 확대를 위한 방안을 모색하고자 한다.

1) 2017년 한국의 성격차지수(GGI, 완전 평등=1)는 교육적 성취 0.96, 건강과 생존 0.973, 경제참여와 기회 0.533, 정치적 권한 0.134로 나타났다.

2) 2017년 국가성평등지수 의사결정분야 29.3점(완전 평등=100)

3) 주재선 외 (2018). 2018년 한국의 성인지 통계와 주재선 외 (2018). 2018년 한국의 성평등 보고서의 통계자료를 중심으로 함.

1. 공공 부문의 여성 대표성 현황

공공 부문의 여성 대표성은 조금씩 개선되고 있으나 여전히 직급이 올라갈수록 여성의 비율은 낮게 나타났다. 2017년 기준 장관 중 여성 비율이 31.6%(6명)로 늘어났지만 2015년에는 5.9%(1명), 2016년에는 11.8%(2명)에 불과하였다. 전체 공무원 중 여성 비율이 늘어나고 있음에도 불구하고 5급 이상 의사결정직에 있는 여성 공무원의 비율은 10%대에 머물러 있다. 각급 학교 교장의 여성 비율에서도 초등학교는 40.3%까지 올라갔으나 중학교, 고등학교로 갈수록 그 비율이 낮아져 중학교는 25.4%, 고등학교는 10.4%에 그쳤다. 고등교육기관인 대학교의 경우도 조교수는 38.8%가 여성이었지만, 부교수, 교수로 직급이 올라갈수록 여성 비율은 낮아졌다.

장관

2015년 UN에서 발표한 Minimum Set of Gender Indicators(UN, Gender Statistics., http://genderstats.un.org)에 따르면 여성 장관의 비율이 가장 높은 나라는 핀란드로 남성 장관보다 여성 장관의 비율(62.5%)이 더 높다. 2위는 스웨덴(52.17%), 3위는 프랑스(50.0%)로 나타났다. 같은 시기인 2015년 한국은 여성 장

표 7-1 여성 장관 현황

구분	2008	2010	2012	2014	2015	2016	2017
전체(명)	20	16	24	17	17	17	19
여성 장관 수(명)	1	2	3	2	1	2	6
여성 비율(%)	5.0	12.5	12.5	11.8	5.9	11.8	31.6

주: 2017년 18부 5처 17청 중 장관급 부처 19개를 대상으로 집계함.
출처: 행정안전부 (각 년도). 행정안전통계연보.

관이 단 1명(5.9%)밖에 없었다. 이후 2017년에는 6명으로 늘어나 역대 가장 높은 여성 장관 비율(31.6%)을 기록하였으나 과반수에는 미치지 못하였다(표 7-1).

관리직(5급 이상) 공무원

관리직(5급 이상) 여성 공무원 비율은 중앙정부가 2010년 11.0%에서 2016년 18.0%로 7.0%p 늘어났으며, 지방자치단체의 경우에도 2010년 8.6%에서 2016년 12.6%로 늘어나 4.0%p 늘어났다(표 7-2). 그러나 이러한 결과는 전체 여성 공무원 비율에 비추어본다면 그 절반 수준에도 미치지 못하는 실정이다. 특히, 지방자치단체는 관리직 여성 공무원 비율과 여성 공무원 비율이 모두 중앙정부보다 낮게 나타났다.

표 7-2 관리직(5급 이상) 여성 공무원 현황

구분	항목(%)	2010	2011	2012	2013	2014	2015	2016
중앙정부	여성 공무원 비율	47.2	47.0	48.1	48.1	49.0	49.4	49.8
	5급 이상 여성 공무원 비율	11.0	12.1	13.2	14.1	15.2	16.6	18.0
지방자치단체	여성 공무원 비율	32.4	32.8	33.5	34.1	35.4	36.6	37.7
	5급 이상 여성 공무원 비율	8.6	9.2	9.9	10.7	11.6	11.6	12.6

출처: 행정안전부 (각 년도). 행정부 국가공무원 인사통계, 지방자치단체 여성 공무원 통계.

공공기관 관리자

〈표 7-3〉과 같이 1,000인 이상 공공기관(투자기관, 산하기관을 통칭함)의 여성 관리자 비율은 2011년 11.25%에서 2016년 14.52%로 점차 증가하고 있다. 그러나 여성 관리자 비율은 여성 고용비율의 절반에도 미치지 못하여 여전히 낮은 수준임을 알 수 있다.

표 7-3 공공기관 여성 관리자 비율 (단위: %)

구분별	2011		2012		2013		2014		2015		2016	
	여성 고용 비율	여성 관리자 비율	여성 고용 비율	여성 관리자 비율	여성 고용 비율	여성 관리자 비율	여성 고용 비율	여성 관리자 비율	여성 고용 비율	여성 관리자 비율	여성 고용 비율	여성 관리자 비율
계	31.19	10.53	32.35	11.01	33.61	11.55	35.65	13.92	36.42	15.94	37.31	16.44
1000인 이상	29.95	11.25	30.46	11.91	30.71	11.56	30.76	11.56	32.35	14.22	33.49	14.52
1000인 미만	31.63	10.28	33.04	10.68	34.61	11.54	37.17	14.65	37.60	16.44	38.45	17.01

주: 공공기관 관리자: 관공서의 기관장은 직급과 상관없이 관리자 직군으로 구분함. 따라서 규모가 작고 직급이 낮은 출장소, 지소라도 기관장이 관리업무를 주로하면 정부행정 관리자로 분류함. 정무직이나 선출직을 비롯하여 차관급 이상의 업무를 수행하는 경우도 포함. 고위공무원단에 포함되는 1급에서 3급 공무원 및 관리업무에 근무시간의 80% 이상을 할애하는 직책 담당자(팀장 포함)를 포함.
출처: 고용노동부 (각 년도). 고용노동백서.

초 · 중 · 고등학교 교원

학교급별 여성 교원 비율을 살펴보면, 2000년 초등학교 66.0%(90,825명), 중학교 56.8%(51,407명), 고등학교 29.3%(30,362명)에서 2017년에는 초등학교 77.1%(142,064명), 중학교 69.3%(75,616명), 고등학교 51.5%(69,339명)로 늘어났다(표 7-4). 학교급별 교장의 여성 비율 또한 2000년에 초등학교 7.0%, 중학교 8.7%, 고등학교 4.5%에서 2017년에는 초등학교 40.3%, 중학교 25.4%, 고등학교 10.4%로 크게 늘어났다. 그러나 학교급이 올라갈수록 전 직위에서 여성 교원 비율은 줄어들었다. 특히, 교장과 교감의 여성 비율은 학교급이 올라갈수록 감소폭이 크게 나타났다.

표 7-4 학교급 및 직위별 여성 교원 비율 (단위: %)

연도	학교급	전 직위	교장	교감
1980	초등학교	36.8	1.8	4.0
	중학교	32.8	3.8	5.8
	고등학교	17.1	4.7	1.7
2000	초등학교	66.0	7.0	8.9
	중학교	56.8	8.7	8.9
	고등학교	29.3	4.5	2.7
2005	초등학교	71.0	8.7	14.6
	중학교	62.3	9.9	17.7
	고등학교	38.1	6.5	4.7
2010	초등학교	75.1	14.3	26.9
	중학교	65.7	17.6	25.6
	고등학교	44.3	6.4	7.6
2017	초등학교	77.1	40.3	59.3
	중학교	69.3	25.4	32.8
	고등학교	51.5	10.4	15.7

출처: 주재선 외 (2018). 2018 한국의 성인지 통계.

고등교육기관 교원

고등교육기관의 여성 교수 비율은 계속 상승하여 2017년에 교수는 16.0%, 부교수 26.8%, 조교수는 38.8%로 늘어났다. 직급별로 보면 조교수의 여성 비율이 가장 높은 것으로 나타났으며, 직급이 올라갈수록 여성 비율은 낮아졌다. 전공별로 나누어 교수의 여성 비율을 살펴보면, 사범계가 37.1%로 가장 높았으며, 자연계가 9.4%로 가장 낮아 전공별 격차가 큰 것으로 나타났다(표 7-5). 2000년 기준 여성 총장은 사립대학교가 29명이었으며 국립대학교에는 한 명도 없었다.

2017년에는 여성 총장의 수가 49명으로 늘어났으나 국립대학교의 여성 총장은 1명에 불과하였다(주재선 외, 2018).

표 7-5 대학교 전공별 여성 교수 비율 (단위: %)

구분		전체	인문계	사회계	자연계	의약계	예체능계	사범계
2006	교수	13.5	20.1	5.7	8.4	17.0	31.3	26.1
	부교수	16.8	22.4	9.6	9.5	24.7	31.6	33.6
	조교수	22.4	27.7	15.4	13.0	29.7	32.5	42.9
2008	교수	13.6	20.6	6.6	8.7	17.2	31.6	27.8
	부교수	18.3	23.0	12.3	10.7	27.1	32.4	37.2
	조교수	25.0	31.1	19.5	15.5	31.9	32.5	47.1
2010	교수	13.9	20.5	7.2	8.5	18.3	31.8	28.9
	부교수	19.9	25.8	14.0	11.4	28.1	32.9	40.9
	조교수	28.2	34.0	24.9	16.3	34.1	36.6	48.2
2012	교수	14.1	20.7	7.9	8.4	19.0	31.8	30.9
	부교수	21.8	28.1	16.8	12.6	29.5	32.4	46.0
	조교수	30.7	37.3	27.4	17.8	39.0	36.6	50.7
2015	교수	15.5	22.7	9.9	9.1	21.4	32.6	36.1
	부교수	25.7	33.0	22.2	14.1	35.8	33.1	51.0
	조교수	38.6	42.0	32.9	21.7	57.6	38.9	56.2
2017	교수	16.0	23.0	10.6	9.4	22.0	32.8	37.1
	부교수	26.8	35.2	23.0	14.9	37.5	33.6	51.4
	조교수	38.8	42.2	33.5	20.9	57.8	39.3	59.2

출처: 교육부. 한국교육개발원 (각 년도). 교육통계연보.

2. 정치 부문의 여성 대표성 현황

선거법 개정 등의 영향으로 한국 여성의 정치적 대표성은 조금씩 나아지고 있다(김원홍 외, 2015). 그러나 대의제 민주주의에서 국민들의 다양한 구성을 대체로 반영한 '소우주적 대표(microcosmic representation)'성 실현에는 미치지 못하고 있다(Squires, 1999). 2018년 기준 국회의원 여성 비율은 17.0%였으며, 광역의회는 19.4%, 기초의회는 30.8%가 여성 의원이었다. 국가나 지방자치단체의 각종 위원회의 여성 비율은 양성평등기본법 제21조의 영향으로 많이 개선되었는데, 대표적인 예로 정부위원회 여성 위원 비율(중앙행정기관)을 보면 2017년에 40.2%로 상승하였다.

국회의원

한국의 여성 국회의원 비율은 2004년(17대) 13.0%(39명), 2008년(18대) 13.7%(41명), 2012년(19대) 15.7%(47명), 2016년(20대) 17.0%(51명)으로 조금씩 상승하고 있다(표 7-6). 그러나 2017년 12월 기준 IPU, 「Women in National Parliament」에 의하면 한국은 여성 국회의원 비율이 17.0%로 전체 190개국 중 115위로 매우 낮게 나타났다. 여성 국회의원 수는 여성의 정치 참여와 세력화를 측정하는 대표적인 지표라고 볼 때 한국은 정치 분야의 여성 대표성을 높이기 위한 보다 실효성 있는 정책이 마련되어야 할 것이다.

표 7-6 성별 국회의원 비율 (단위: 명, %)

구분	2004년	2008년	2012년	2016년
전체	299	299	300	300
여성	39	41	47	51
남성	260	258	253	249
여성 비율	13.0	13.7	15.7	17.0

출처: 중앙선거관리위원회 선거통계시스템 http://www.nec.go.kr

지방자치단체장 및 지방의원, 위원회 여성 비율

지금까지 역대 광역자치단체장 중 여성은 한 명도 없었으며, 기초자치단체장의 여성 비율 또한 매우 낮은 실정으로 2018년 기준 3.5%에 불과하였다.

1995년 제1회 전국동시지방선거 결과를 보면 여성 의원 비율이 광역의회 5.7%, 기초의회 1.6%로 미미하였으며 이러한 결과는 1998년 제2회 지방선거까지 이어졌다. 이후 여성의 낮은 정치 대표성에 대한 문제 인식과 함께 이를 개선하기 위한 제도적 노력이 이어졌다. 2000년 '비례대표 30% 이상 여성 추천(정당법 제31조 제4항)'을 시작으로 2002년에는 이를 확대하여 '비례대표 50% 이상 여성 추천(정당법 제31조 제5항)'으로 개정하였다. 2005년에 '비례대표 후보자명부 순위의 매 홀수에 여성을 추천(공직선거법 제47조 제3항)'하도록 하였으며, 시도의원선거에서만 실시하였던 '비례대표제를 시·군·구의원선거까지 확대(공직선거법 제23조 제2항)'하였다. 이러한 선거제도의 개선으로 2002년 제3회 지방선거에서는 광역의회 여성 의원 비율이 9.2%로 증가하였고, 2006년에는 비례대표제 확대 실시의 영향으로 기초의회 여성 의원 비율이 2.2%에서 15.1%로 크게 증가하였다. 이후 〈표 7-7〉과 같이 지방의회 여성 의원 비율은 계속 증가하였으며 2018년 제7회 지방선거에서 광역의회의 19.4%, 기초의회의 30.8%를 여성 의원이 차지하였다. 이와 같이 선거제도의 개선은 여성의 정치 대표성 확대에 가장 직접적인 영향을 미치고 있다.

표 7-7 역대 전국동시지방선거 여성 의원 현황 (단위: 명, %)

구분		1995 (1회)	1998 (2회)	2002 (3회)	2006 (4회)	2010 (5회)	2014 (6회)	2018 (7회)
기초 자치단체장	전 체	230	232	232	230	228	226	226
	여 성	1	0	2	3	6	9	8
	여성 비율	0.4	0.0	0.9	1.3	2.6	4.0	3.5
광역의회	전 체 (비례)	971 (97)	690 (74)	682 (73)	733 (78)	761 (81)	789 (84)	824 (87)
	여 성 (비례)	55 (43)	41 (27)	63 (49)	89 (57)	113 (58)	113 (55)	160 (62)
	여성 비율 (비례)	5.7 (44.3)	5.9 (36.5)	9.2 (67.1)	12.1 (73.1)	14.8 (71.6)	14.3 (65.5)	19.4 (71.3)
기초의회	전 체 (비례)	4,541 (–)	3,489 (–)	3,485 (–)	2,888 (375)	2,888 (376)	2,898 (379)	2,926 (385)
	여 성 (비례)	71 (–)	56 (–)	77 (–)	437 (327)	626 (352)	732 (363)	900 (374)
	여성 비율 (비례)	1.6 (–)	1.6 (–)	2.2 (–)	15.1 (87.2)	21.7 (93.6)	25.2 (95.8)	30.8 (97.1)

출처: 중앙선거관리위원회 선거통계시스템 http://www.nec.go.kr

제도 개선이 미치는 영향은 각 위원회 여성 위원 비율에서도 확인할 수 있다. 양성평등기본법 제21조[4]에서 국가와 지방자치단체가 위원회를 구성할 때 위촉직의 경우 '특정성의 비율이 10분의 6을 초과하지 않도록 한다'고 규정한 이후 각 위원회의 여성 위원 비율이 확대되었다. 정부 및 지방자치단체 위원회의 여성 위원 참여 현황을 보면, 중앙행정기관의 경우 2005년 27.9%에서 2017년

4) 제21조(정책결정 과정 참여) ① 국가와 지방자치단체는 정책결정 과정에 여성과 남성이 평등하게 참여하기 위한 시책을 마련하여야 한다. ② 국가와 지방자치단체는 위원회(위원회, 심의회, 협의회 등 명칭을 불문하고 행정기관의 소관 사무에 관하여 자문에 응하거나 조정, 협의, 심의 또는 의결 등을 하기 위한 복수의 구성원으로 이루어진 합의제 기관을 말한다. 이하 같다)를 구성할 때 위촉직 위원의 경우에는 특정 성별이 위촉직 위원 수의 10분의 6을 초과하지 아니하도록 하여야 한다. 다만, 해당 분야 특정 성별의 전문인력 부족 등 부득이한 사유가 있다고 인정되어 실무위원회의 의결을 거친 경우에는 그러하지 아니하다.

40.2%로 상승하였고, 광역자치단체의 경우도 2005년 35.3%에서 2017년 37.2%로 상승하였다. 중앙행정기관 정부위원회 위촉직 전체 위원 중 여성 위원 비율은 2007년 26.9%에서 2010년 22.3%까지 하락하였으나 이후 증가하여 2017년에는 2007년 대비 13.3%p 상승한 40.2%를 기록하였다(표 7-8).

표 7-8 정부위원회 여성 위원 비율(중앙행정기관) (단위: 명, %)

구분	2007	2008	2009	2010	2011	2012	2013	2014	2015	2016	2017
위촉 위원 수	9,205	9,462	9,867	8,875	7,647	7,585	6,873	8,305	7,543	7,725	7,901
여성 위원 수	2,473	2,558	2,428	1,983	1,900	1,949	1,902	2,630	2,575	2,805	3,028
여성 위원 비율	26.9	27.0	24.6	22.3	24.8	25.7	27.7	31.7	34.1	37.8	40.2

출처: 주재선 외 (2018). 2018년 한국의 성인지 통계.

3. 민간 부문의 여성 대표성 현황

여성의 대표성 확대를 위한 제도의 영향을 많이 받는 공공 부문, 정치 부문과 달리 민간 부문의 여성 대표성은 매우 열악한 실정이다.

2018년 「이코노미스트」(Economist)가 발표한 유리천장지수[5](The glass-ceiling index)에 따르면, OECD 국가의 여성 이사회(임원) 비율이 평균 22.9%인데 비해 한국은 2.3%에 그쳤으며, 여성 고위관리직 비율도 평균인 31.9%보다 훨씬 낮은 12.5%로 최하위를 기록하였다(표 7-9).

5) 유리천장은 여성의 고위직 진출을 막는 조직 내의 '보이지 않는 장벽'을 뜻하며, 유리천장지수는 2013년부터 이코노미스트가 발표하는 지수이다. 간부직 여성 비율, 관리직 여성 비율, 성별 경제활동참가율, 고등교육 성별 비율, 남성의 육아휴직기간, 여성의 육아휴직기간, 성별 간 임금 격차, 순자녀양육비용, 여성의 경영대학원 응시자 수, 의회 내 여성비율 등의 10가지 지표를 가중 평균한 것으로 100점 만점으로 나타내며, 직장 내의 성차별이 심할수록 지수가 낮게 나타난다.

표 7-9 관리자 현황 (단위: 천 명, %)

구분	2007	2008	2009	2010	2011	2012	2013	2014	2015	2016	2017
전체	599	552	551	567	519	469	409	404	358	335	313
여성	53	52	48	53	52	52	47	45	37	33	39
남성	546	499	503	514	467	417	362	359	321	302	274
여성 비율	8.8	9.4	8.7	9.3	10.0	11.1	11.5	11.1	10.3	9.9	12.5

출처: 통계청 (2017). 경제활동인구조사.

이와 같은 기업의 여성 임원 및 고위관리직 현황은 여성의 경제활동 증가가 관리직의 여성 비율 확대로 이어지지 못하고 있음을 보여준다. 이는 경력 유지의 어려움, 직장에서의 성차별과 성역할에 대한 고정관념 등이 그 원인으로 지적되고 있다. 따라서 민간 부문의 여성 대표성 확대를 위해서는 유리천장을 깨기 위한 적극적 조치와 성차별적인 관행을 개선하는 의식적이고 지속적인 노력이 필요하다.

4. 여성 대표성 확대를 위한 방안

교육수준 향상과 성평등 의식의 향상으로 여성의 경제 및 공공분야의 참여는 조금씩 확대되고 있으며, 성평등한 기회와 참여를 보장하기 위한 제도적 보완도 진행되고 있다. 그러나 앞서 살펴본 바와 같이 교육 분야의 일부(초등학교 교장, 교감)를 제외한 대부분의 분야에서 여성의 대표성은 매우 낮은 수준이다. 이는 성역할 고정관념과 여성에 대한 누적된 차별의 결과이다. 이를 개선하기 위해서는 수요 측면, 공급 측면을 고려한 보다 적극적인 제도를 도입하고 성평등한 환경을 조성하여야 한다(Stevens, 2007). 각 분문별 여성 리더의 발굴과 양성, 의사결정직 진입을 위한 여성 할당제 확대, 성역할 고정관념을 넘어선 가족친화적 사회・문화 환경을 조성해야 한다(김은경 외, 2017; 전혜숙, 2016; 전혜숙 외, 2017). 구체적으로 살펴보면 다음과 같다.

정부 및 지방정부에서는 여성 관리직 비율을 확대하기 위한 수요 측면의 방안으로 5급 이상 여성 공무원 목표제, 공기업 및 정부 출자・출연기관에 대한 여성 임원 비율 할당제 도입이 필요하다. 여성 공무원들을 대상으로 보직 관리 및 교육훈련을 강화하는 것은 여성 관리직의 수요와 공급 모두에 영향을 미친다. 각종 위원회의 성별비율의 균형을 맞추는 것도 꾸준히 점검되어야 할 것이다. 교육 분야에서는 여성 교수 임용 확대 및 주요 보직에서의 여성 비율 제고와 같은 성평등한 임용조치가 필요하다.

정치 부문에서는 여성 정치 지망생을 대상으로 교육, 멘토링, 재정적 지원을 제공하는 것과 정당 조직이나 후보자의 명단에 여성 대표의 비율에 관한 명시적 목표를 설정하는 적극적 조치가 필요하다. 또한 한 성에게 할당하는 의석의 최소 비율을 설정해 두도록 명문화하는 여성 할당제나 프랑스와 같은 '남녀동수법(parity)'의 도입도 고려할 수 있다.

민간 부문의 여성 대표성 확대를 위해서는 무엇보다 기업 내 다양성 수용과 성평등에 대한 인식이 확대되어야 하며, 채용・승진・보상・훈련에 있어서의 차별을 없애는 구조가 만들어져야 한다. 또한 경력단절을 예방하기 위한 가족친화 제도의 도입으로 가족의 책임과 의무를 존중하고 지원하는 것이 필요하다. 아울러 민간 기업에 대한 여성임원할당제[6]가 제도적으로 마련되어야 한다. 노르웨

6) '여성임원할당제' 법제화는 견고한 유리천장을 뚫을 수 있는 제도이다. 여성임원할당제는 상장사(일정 규모 이상 비상장사 포함)과 공공기관에서 전체 임원 중 일정 비율을 여성에게 할당하는 제도다. 노르웨이가 2003년 세계 최초로 공공기업・상장기업 이사진의 40%를 여성에게 할당할 것을 의무화하고, 이를 충족하지 못하면 등록 거부나 법원 명령으로 기업을 해산시킬 수 있도록 강제하고 있다. 이어 유럽연합(EU)은 2020년까지 비율이 낮은 성(대부분 여성)이 40%가 되도록 기업에 권고했다. 현재는 독일・프랑스・말레이시아・인도 등에서 여성할당제를 도입했다.

이, 독일, 프랑스, 스웨덴의 높은 여성 임원 비율은 여성할당제의 법제화가 있었기에 가능하였다. 정부는 2006년부터 남녀고용평등과 일·가정 양립지원에 관한 법률 제17조 제3항[7]에 의거 여성 근로자 및 여성 관리자 고용비율이 여성고용기준에 미달하는 사업주에게 적극적 고용개선조치 시행계획을 수립·제출토록 요구하는 '적극적 고용개선조치'를 시행하고 있다. '적극적 고용개선조치'가 실효성 있게 시행될 수 있도록 보완·점검되어야 할 것이다.

끝으로, 공공 부문, 민간 부문, 정치 부문의 여성 대표성 현황을 파악하는 것은 매우 중요하다. 여성 대표성에 대한 통계를 분야별로 생산하고 체계적으로 관리하여 국가의 성평등 지표로 활용하여야 할 것이다.

출처: 여성신문 (2018.08.26.). 한국기업 여성 임원 2.4% '콘크리트 천장'.

7) 제17조의3(적극적 고용개선조치 시행계획의 수립·제출 등)

① 고용노동부장관은 다음 각호의 어느 하나에 해당하는 사업주로서 고용하고 있는 직종별 여성 근로자의 비율이 산업별·규모별로 고용노동부령으로 정하는 고용 기준에 미달하는 사업주에 대하여는 차별적 고용관행 및 제도 개선을 위한 적극적 고용개선조치 시행계획(이하 '시행계획'이라 한다)을 수립하여 제출할 것을 요구할 수 있다. 이 경우 해당 사업주는 시행계획을 제출하여야 한다. 〈개정 2010.6.4.〉

1. 대통령령으로 정하는 공공기관·단체의 장
2. 대통령령으로 정하는 규모 이상의 근로자를 고용하는 사업의 사업주

② 제1항 각호의 어느 하나에 해당하는 사업주는 직종별·직급별 남녀 근로자 현황을 고용노동부장관에게 제출하여야 한다. 〈개정 2010.6.4.〉

③ 제1항 각호의 어느 하나에 해당하지 아니하는 사업주로서 적극적 고용개선조치를 하려는 사업주는 직종별 남녀 근로자 현황과 시행계획을 작성하여 고용노동부장관에게 제출할 수 있다. 〈개정 2010.6.4.〉

④ 고용노동부장관은 제1항과 제3항에 따라 제출된 시행계획을 심사하여 그 내용이 명확하지 아니하거나 차별적 고용관행을 개선하려는 노력이 부족하여 시행계획으로서 적절하지 아니하다고 인정되면 해당 사업주에게 시행계획의 보완을 요구할 수 있다. 〈개정 2010.6.4.〉

⑤ 제1항과 제2항에 따른 시행계획과 남녀 근로자 현황의 기재 사항, 제출 시기, 제출 절차 등에 관하여 필요한 사항은 고용노동부령으로 정한다. 〈개정 2010.6.4.〉

역사 속의 여성주의 리더 : 박차정(朴次貞, 1910~1944)

〈박차정〉
출처: 동래학원 100년사

독립운동가로 1924년 조선소년동맹 동래지부에서 활동을 시작하였다. 1925년 동래 일신여학교 동맹휴학을 주도하였으며 1927년 근우회 동래지회 결성에 참여하였다. 1929년 일신여학교 졸업 후 근우회 중앙집행위원, 상무위원, 선전부장, 조사부장, 출판부원으로 활동하다가 1930년 1월에 부산조선방직공장 파업지원(진상조사, 연설회)과 서울여학생시위 주동 건으로 검거되었다. 서울 서대문에 수감되었다가 2월에 병으로 가석방 후, 중국으로 망명하여 의열단에 가입하였다. 1931년 의열단장 김원봉과 결혼 후, 남편인 김원봉과 함께 중국 남경에서 조선혁명간부학교 설립하고 제1기 여자교관으로 활동하였다. 1936년에는 조선혁명당 지원 단체인 남경 조선 부녀회를 결성하여 여성 독립운동가를 양성하였다. 1938년 조선의용대 부녀복무단 단장이 되었으나 1939년 2월 장시성 쿤룬산 전투 중에 부상을 입고 1944년 5월 충칭에서 병사하였다. 『조선민족전선』지에 발표한 「경고」, 「조선부녀와 부녀운동」 등의 글이 있으며. 1995 건국훈장 독립장 추서되었다.

근대 반제반봉건운동을 이끈 여성 리더들의 모임 〈근우회〉의 행동강령

근우회 반제반봉건운동 행동강령 ① 여성에 대한 사회적 법률적 일체 차별 철폐(정치적 차별 철폐는 후에 첨가), ② 일제 봉건적 인습과 미신타파, ③ 조혼 폐지 및 결혼의 자유(이혼의 자유 후에 추가), ④ 인신매매 및 공창의 폐지, ⑤ 농민부인의 경제적 옹호, ⑥ 부인노동자의 임금차별 철폐 및 산전 산후 임금 지불(후에 산전 4주간 산후 6주간의 휴양과 그 임금 지불로 강화), ⑦ 부인 및 소년노동자의 위험노동 및 야업 폐지, (⑧~⑩은 후에 첨가) ⑧ 교육의 성적 차별 철폐 및 여자의 보통교육 확장, ⑨ 언론 출판 결사의 자유, ⑩ 노동자 농민 의료기관 및 탁아소 제정 확립(1927년 근우회 창립 발기인은 강정순 · 주세죽 · 허정숙 · 황신덕 · 차미리사 · 김활란 · 김은도 · 김일엽 · 김순복 · 유각경 · 길정희 · 정칠성 · 조원숙 · 최은희 등)

출처: 이송희 외 (2009). 부산여성사 I : 근현대 속의 부산여성과 여성상.

여성주의 리더십 연습: 내가 찾은 여성주의 리더

성 명 (인적사항)	
주요 활동	
여성주의 리더라고 생각하는 이유	
리더십 키워드	

CHAPTER 08

가사노동, 누구의 일인가?

여성의 가사노동 시간은 살면서 일어나는 다른 일들에 크게 좌우된다. 반면 남성은 살면서 어떤 일이 일어나든지 가사노동 최저 시간을 유지해야 한다는 것에 매겨 있는 듯하다.
– Crabb, A.

08 CHAPTER

가사노동, 누구의 일인가?

이 장에서 말하는 가사노동은 가정관리와 가족 및 가구원 돌보기를 포함한다. 가정관리는 식사준비, 세탁, 청소, 시장 보기, 은행 및 관공서 일 등이며, 가족 및 가구원 돌보기는 자녀 돌보기(씻기기, 재우기, 놀아주기, 데려다주고 데려오기 등)와 자녀 외 가족 돌보기(환자 간병 포함, 식사준비 제외) 등이다(통계청, 2014, 생활시간조사).

여성이 리더로 성장하기 위해서는 우선 직장에 남아 있어야 한다(Sandberg, 2010). 이것은 리더가 되기 위한 가장 기본적인 조건이다. 직장에 남아 있어야 자신의 능력을 발휘하고 리더로 성장할 기회를 가질 수 있다. 그러나 많은 여성들이 결혼 이후 가사 또는 육아, 돌봄 등을 이유로 직장을 떠나고 있다.

"결혼을 한 후에도 일을 계속 하실 건가요?", "임신 후에도 일을 계속 하실 건가요?", "아이가 어린데 일을 계속 하실 건가요?", "직장 다니면서 집안일 하느라 힘들지 않나요?", "성공하고 싶다면 결혼은 포기하는 게 어때요?" 등 끊임없이 이어지는 이 질문들은 대부분의 경우 여성에게 하는 질문이다. 남성에게는 직장에서의 성공을 위해 결혼을 포기하라고 하지 않으며, 아이를 키우기 위해 직장을 그만두라고도 하지 않는다. 또한 직장 다니면서 집안일을 하느라 힘들겠다는 위로도 필요 없다. 이러한 질문의 근저에는 가사노동, 육아는 여성의 일이라는 고정관념이 자리 잡고 있기 때문이다. 남성은 생계부양자, 여성은 가정관리자라는 성역할에 대한 기대는 취업 여부와 상관없이 여성들에게 가사노동에 대한 일차적 책임을 지우고 있다. 지금도 여성 리더, 또는 리더를 꿈꾸는 많은 여성들이 직장에 다니면서 가정을 책임지는 이중부담을 감당하고 있다. 이들은 직장과 가정에서 더 많은 시간을 일하거나 이로 인한 정신적·육체적 피로감이 심화되어 결국 '가족을 위해' 직장을 그만둔다.

이 장에서는 직장과 가사노동으로 인한 여성들의 이중부담과 경력단절 실태를 살펴보고, 이를 해결하기 위한 대안을 모색해 보고자 한다.

1. 여성 취업과 가사노동

2017년 통계청 사회조사에 따르면 '여성도 직업을 가지는 것이 좋다'고 응답한 비율이 전체의 87.2%인 반면, '가정일에 전념하는 것이 중요하다'고 응답한 비율은 5.9%에 불과하였다(그림 8-1). 여성의 취업 시기에 대한 인식조사에서도 '가정

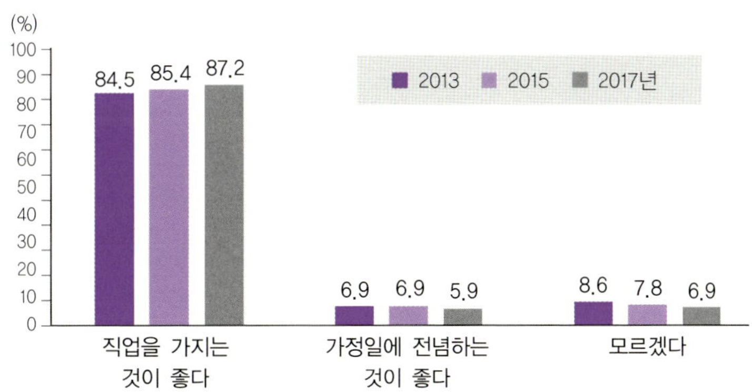

그림 8-1 여성 취업에 대한 인식

일에 관계없이'라고 답한 비율이 57.1%로 가장 많은 것으로 나타났다. 실제로 여성 취업에 대한 이러한 인식변화는 기혼 여성의 고용률 증가로 이어지고 있다.

기혼 여성의 경제활동으로 인한 맞벌이 가족의 증가는 가사노동 수행에 대한 의식에도 변화를 가져왔다. 가사노동은 여성만의 일이 아니라 부부가 함께 해야 한다고 생각하는 사람들이 늘고 있다. 2018년 통계청 사회조사 결과에 의하면 가사노동을 '공평하게 분담해야 한다'는 견해는 59.1%로 2010년 36.8%보다 크게 늘어났다(표 8-1). 반면, '부인이 전적으로 책임져야 한다'는 견해는 계속 감소하여 2018년 3.8%에 불과하였다. 이러한 결과는 여성이 가정을 책임져야 한다는 성역할 고정관념이 변하고 있음을 보여준다.

표 8-1 가사분담에 대한 견해 (단위: %)

구분	부인이 주도	부인이 전적으로 책임	부인이 주로 하지만 남편도 분담	공평하게 분담	남편이 주도	남편이 주로 하지만 부인도 분담	남편이 전적으로 책임
2010	61.3	6.4	54.9	36.8	1.9	1.6	0.3
2012	52.0	5.3	46.7	45.3	2.6	2.2	0.4
2014	50.2	5.3	44.9	47.5	2.3	1.9	0.4
2016	43.8	4.3	39.5	53.5	2.7	2.1	0.6
2018	38.4	3.8	34.6	59.1	2.5	1.9	0.6

출처: 통계청 (각 년도). 사회조사.

그러나 의식의 변화가 실제 생활의 변화로 바로 이어지지는 않고 있다. 2018년 부부가 함께 살고 있는 가구를 대상으로 가사분담에 대한 실태를 조사한 결과에 따르면, '공평하게 분담하고 있다'고 응답한 비율은 부인 19.5%, 남편 20.5%로 나타나 '공평하게 분담해야 한다'는 견해(59.1%)에 크게 미치지 못하였다(표 8-2). 반면, '부인이 주도'하는 비율은 75% 이상으로 나타나 '부인이 주도해야 한다'는 견해(38.4%)보다 훨씬 높게 나타났다. 즉, 가사분담에 대한 의식의 변화에도 불구하고 실제 생활에서는 여전히 여성이 가사를 책임지고 있음을 알 수 있다.

표 8-2 가사분담에 대한 실태(함께 살고 있는 부부) (단위: %)

구분		부인이 주도	부인이 전적으로 책임	부인이 주로 하지만 남편도 분담	공평하게 분담	남편이 주도	남편이 주로 하지만 부인도 분담	남편이 전적으로 책임
2010	남편	87.4	31.2	56.2	10.0	2.6	2.0	0.6
	부인	87.7	34.7	53.0	10.3	2.0	1.7	0.4
2012	남편	80.5	24.4	56.1	16.1	3.4	2.6	0.8
	부인	82.0	29.8	52.1	15.5	2.6	2.2	0.4
2014	남편	80.5	25.0	55.5	16.4	3.1	2.3	0.8
	부인	81.5	29.6	51.9	16.0	2.5	2.0	0.5
2018	남편	76.2	21.9	54.3	20.2	3.7	2.9	0.8
	부인	77.7	26.9	50.8	19.5	2.8	2.4	0.4

주: 부부가 함께 살고 있는 가구에서 19세 이상 '남편'과 '부인'만 응답.
출처: 통계청 (각 년도). 사회조사.

2014년 통계청 생활시간조사에 의하면 맞벌이인 경우 남성의 가사노동시간(요일평균)은 41분, 여성의 가사노동시간(요일평균)은 3시간 13분으로 여성이 남성보다 2시간 32분 긴 것으로 나타났다(그림 8-2). OECD 회원국의 성별 가사노동 평균시간을 보면 여성이 남성에 비해 2배 정도 많았는데, 한국의 경우 여성의 가사노동시간이 남성보다 약 5배나 많아 그 차이가 매우 큼을 알 수 있다.

여성의 경제활동이 증가한 데 비해 남성의 가사분담은 더디게 늘어나는 상황에서 많은 여성들이 직장에 다니면서도 가정관리와 육아, 돌봄을 수행하기 위해 고군분투하고 있다. 주당 일하는 시간을 성별로 비교해 보면, 남성은 51시간, 여성은 63.1시간으로 나타났다(그림 8-3). 여성이 남성보다 주당 12.1시간 더 많이 일하고 있는 것이다. 이처럼 여성들은 직장과 가정에서의 이중부담을 감당하기 위해서 많은 시간을 일하며 육체적·정신적으로 힘들어하고 있다.

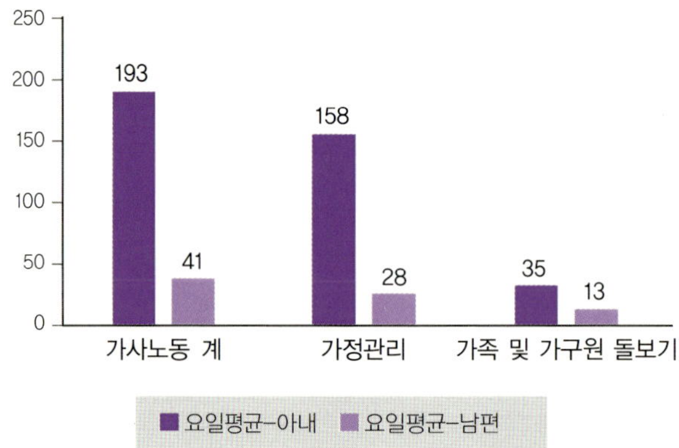

그림 8-2 맞벌이가구 가사노동시간 비교(단위: 분)

출처: 통계청 (2014). 생활시간조사.

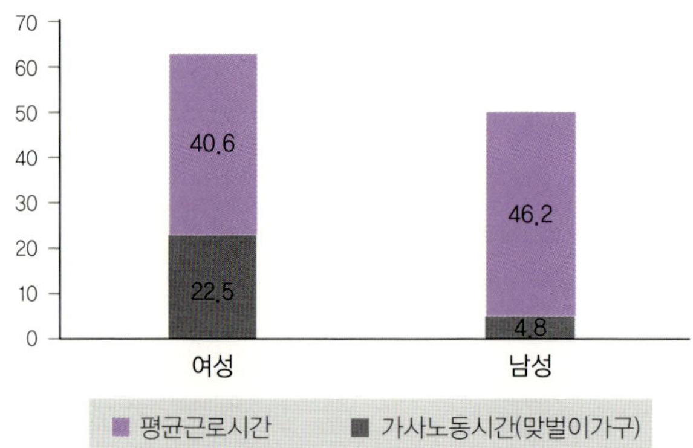

그림 8-3 주당 평균근로시간/가사노동시간 성별 비교(2014)

출처: 통계청 (2014). 경제활동인구조사, 생활시간조사.

2. 여성과 경력단절

여성과 남성의 고용률은 연령별로 차이를 보인다. 남성은 연령별 고용률이 '역U자 곡선'으로 그려지는데 20대부터 상승한 고용률이 40대에 이르러 최고를 기록하고 이후 조금씩 하락한다. 반면, 여성은 전형적인 'M자 곡선'으로 나타나며, 20대 후반 최고를 기록한 고용률이 30대에 10% 이상 하락하였다가 40대에 다시 상승하고 있다(그림 8-4). 이는 20대에 경제활동에 참여하는 많은 여성들이 30대에 결혼, 출산과 육아를 위해 직장을 그만두었다가 아이들이 성장한 40대 이후 다시 취업을 하기 때문이다.

2017년 통계청 조사결과에 따르면 15~54세 기혼 여성 중 20.0%가 경력단절을 경험했으며[1)] 사유는 결혼이 34.5%로 가장 높고, 육아 32.1%, 임신 · 출산 24.9%, 가족돌봄 4.4%, 자녀교육 4.1% 등으로 나타났다(그림 8-5).

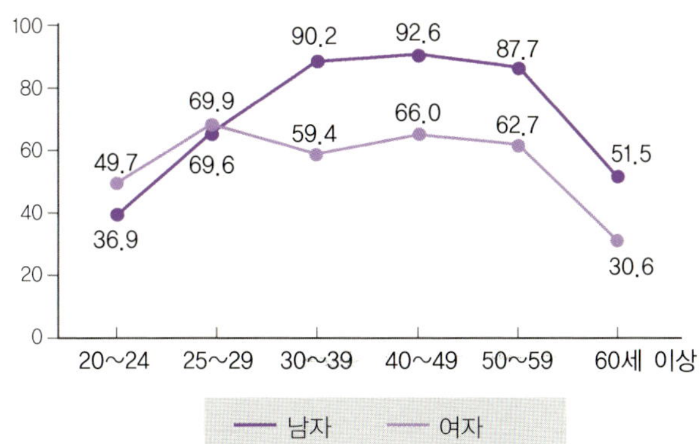

그림 8-4 성별 · 연령별 고용률

출처: 국가통계포털 http://www.kosis.kr

1) 2018년 기준 15~54세의 기혼 여성 취업자 (554만 9천 명) 중 경력단절 경험자는 37.5%(208만 3천 명)로 나타났다(통계청 지역별 고용조사).

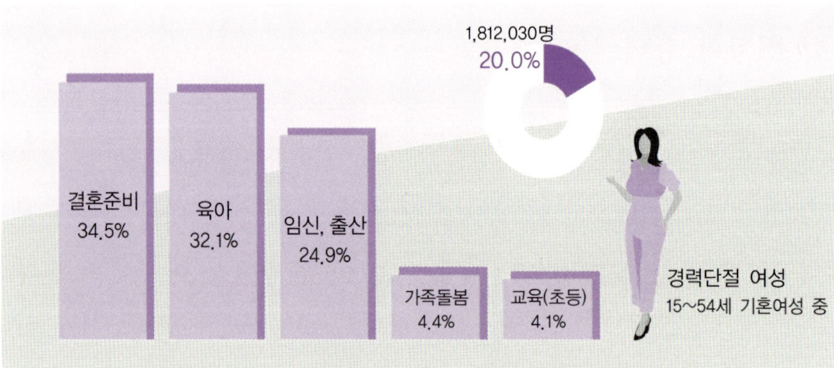

그림 8-5 2017년 경력단절 여성 현황과 경력단절 사유

출처: 성인지통계시스템 https://gsis.kwdi.re.kr

여성의 경우에는 결혼과 임신·출산, 육아 등이 경력단절의 원인으로 작용하고 있으나, 남성의 경우는 이에 영향을 받지 않고 지속적으로 경력을 유지하고 있다. 이러한 사실은 혼인상태별 고용률과 자녀 연령별 고용률의 성별 차이에서 확인할 수 있다.

우선 혼인상태별 고용률을 살펴보면 남성은 배우자가 있는 경우 고용률이 83.5%로, 미혼인 경우보다 25.6% 높게 나타났다. 반면 여성은 배우자가 있는 경우의 고용률이 미혼이나 이혼인 경우보다 낮게 나타났다. 이는 남성들은 결혼한 이후에도 계속 경제활동을 확대해 가지만 여성들은 결혼 이후 경제활동이 정체되거나 단절되기 때문이다. 즉, 결혼한 남성에게는 가족을 부양하기 위해 더 적극적으로 경제활동에 참여할 것을 독려하는 반면 결혼한 여성에게는 직장에 다니는 것보다는 살림하고 아이를 키우는 역할을 우선적으로 요구하기 때문이다. 이런 이유로 미혼일 때는 성별 고용률의 차이가 미미하지만 기혼인 경우에는 29.1%p로 크게 벌어지는 것이다(그림 8-6).

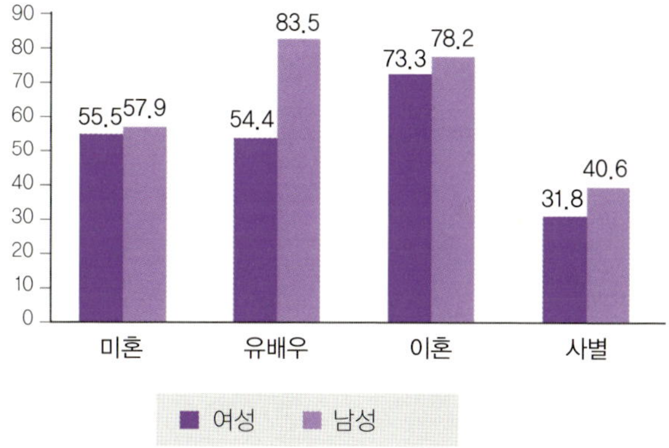

그림 8-6 혼인상태별 고용률(2017)

출처: 통계청 (2018). 2018 일 · 가정 양립 지표.

자녀 연령별 고용률에서도 성별 차이가 뚜렷이 나타났는데 〈그림 8-7〉에서와 같이 남성의 경우는 자녀의 연령에 상관없이 높은 고용률을 유지하고 있으나 여성의 경우는 자녀가 어릴수록 고용률이 낮게 나타났다. 즉, 남성은 자녀 육아와 상관없이 경력을 유지하는 반면, 여성은 자녀 연령이 낮을수록 육아로 인해 경력 유지에 어려움을 겪는다.

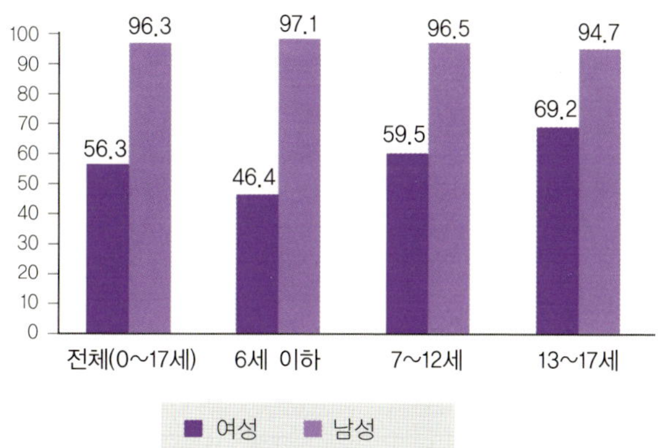

그림 8-7 자녀 연령별 고용률(2017)

출처: 통계청 (2018). 2018 일 · 가정 양립 지표.

가사나 육아를 위해 부부 중 한 명(대부분이 여성)이 전업주부가 되는 경우가 아닌 맞벌이의 경우에도 아이를 키우는 것은 여전히 여성(母)의 몫이다. 취업 중인 부모 중에서 아이를 키우기 위해 휴직하는 사람은 대부분이 여성으로 전체 육아휴직자의 86.6%를 차지한다. 육아휴직자 수는 2011년 58,137명에서 2017년 90,123명으로 계속 증가하고 있으나 이 중 남성이 차지하는 비율은 13.4%로 매우 낮은 수준이다. 2010년부터 2017년까지의 누적된 결과는 이보다 더 큰 차이를 보이고 있는데, 이 기간 동안 7세 이하의 자녀를 가진 임금근로자 중 육아휴직을 사용한 여성(母)은 38.3%였으나, 남성(父)은 단 1.6%에 불과하였다. 보다 적극적으로 남성의 육아 참여를 늘리기 위해서는 '남성 육아휴직 의무화 제도'의 도입도 필요하다. 남성 육아휴직 의무화는 남성의 육아 참여에 부정적인 기업문화를 개선하고 남성들의 육아 참여를 확대하기 위해 남성들에게 일정기간 육아휴직을 사용하도록 하는 제도로, 외국 사례는 물론 국내 사례에서도 그 효과가 검증되었다.[2)]

2) 롯데는 지난해 1월 업계 최초로 전 계열사에 '남성 육아휴직 의무화 제도'를 도입한 뒤 (중략) 지난해 롯데의 남성 육아휴직자 수는 1천100명으로 지난해 국내 전체 남성 육아휴직자(1만2천43명)의 9%에 해당했다. 롯데는 지난해부터 남성 육아휴직 최소 1개월 이상 사용을 의무화하고 있다. 휴직 첫 달에는 정부지원금과 통상임금의 차액을 회사에서 전액 지원해줌으로써 통상임금 100%를 보전해 준다.
남성 육아휴직 의무화는 남성들의 육아에 대한 인식과 행동 변화에도 영향을 미치는 것으로 나타났다. 롯데가 지난달 남성 육아휴직을 경험한 직원의 배우자 100명을 대상으로 설문 조사한 결과, 남편의 육아휴직이 육아에 실질적으로 도움이 됐느냐는 질문에 '매우 도움이 됐다'가 72%, '어느 정도 도움이 됐다'는 응답은 19%로 나타났다. 가장 도움이 된 측면으로는 가사와 육아를 부부가 함께한다는 심리적 위안을 꼽았고, 육아휴직 후 남편의 가장 달라진 점으로는 자녀와 친밀한 관계를 유지한다는 점을 들었다. 육아휴직 전후 남편의 가사분담 시간의 변화를 묻는 설문에서는 휴직 전 일평균 1.2시간에서 휴직 후 2.9시간으로 증가한 것으로 조사됐다.
출처: 연합뉴스 (2018.7.12.). 롯데, 남성 육아휴직 의무화 18개월 만에 이용자 2천명 넘어.

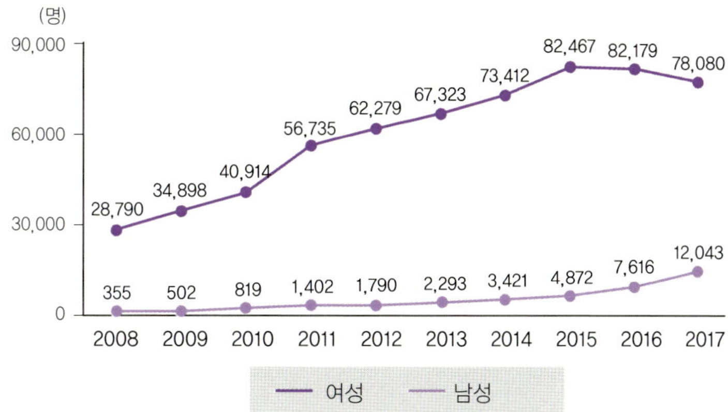

그림 8-8 연도별 육아휴직자 현황

출처: 통계청 (2018). 2018 일 · 가정 양립 지표.

이와 같이 20대에 경제활동에 참여하는 많은 여성들이 이후 계속 경력을 개발하지 못하고 결혼, 출산과 육아로 인해 경력단절을 경험한다. 이는 여성의 교육수준이 높아지고 다양한 영역에서 여성들의 경제활동참여가 늘어났음에도 불구하고 여전히 가사와 육아 등 가정에 대한 책임을 여성에게 부담지우고 있기 때문이다. 또한 여성들의 경력단절에는 결혼, 출산, 육아 외에도 저임금과 비정규직이란 열악한 근로조건의 영향도 빼놓을 수 없다. 고임금과 안정된 고용이 보장된 공무원이나 정규직인 경우는 자신이 힘들어도 직장과 가정을 병행하려 하기 때문이다.

여성들의 경력단절은 이후 다시 취업을 할 때 고용안정성과 임금에 있어 상당한 손실로 작용한다. 한국여성정책연구원의 연구에 따르면, 경력이 단절된 여성들은 30대에는 손실규모가 3.4%로 적게 나타났으나, 40대에는 20.5%, 50대에는 78.9%로 높아졌다. 특히, 경력단절이 장기화될수록 임금손실 규모가 커졌는데, 여성들의 경력단절은 10년 이상 장기간 계속되는 경향이 매우 높게 나타난다(김종숙 외, 2011). 즉, 여성들의 경력단절은 경력손실은 물론 이후 재취업 시

임금 및 고용안정성에도 상당한 손실로 작용함을 알 수 있다. 또한 여성의 경력 단절은 사회보험 가입률과 노후의 연금수령액[3)]을 감소시켜 여성 노인의 빈곤에도 영향을 미친다.

> 여성이 아이 때문에 휴직을 했다가 복직하지 않는다면, 복직을 했을 때 받을 월급 이상의 것을 포기하는 것이다. 그 여성은 미래의 승진 기회를 포기했고 승진 기회를 줬을 직장 내 인간관계와 인맥을 포기한 것이다. 즉 여성들이 단념한 월급은 그런 결정을 내릴 때 계산기로 두드려 본 수치와는 비교조차 안 될 정도로 거액이다(Crabb, 2016).

3. 가정과 직장의 연계: 가족친화적 기업환경

가사노동과 육아, 돌봄노동은 부부갈등의 주요 원인이기도 하다. 또한 '일·가정 양립'의 어려움은 가정뿐 아니라 직장에서의 성취에도 영향을 미친다. 이제 가사노동과 육아는 직장과 분리해서 가정 내 문제라고만 볼 수 없는 상황에 와 있다. 그럼에도 불구하고 우리 사회는 가정과 직장을 연계시키지 못하고 여전히 공/사 영역으로 분리하고 있다. 최근까지도 기업주는 가정을 공적 영역인 직장과 엄격히 구분하여 근로자들에게 '마치 가족이 없는 것처럼' 일할 것을 요구했다. 생계를 책임진다는 이유로 가사 또는 육아의 부담을 덜 받는 남성들은 이러한 요구에 응할 수 있었다. 그러나 가사나 육아의 책임으로부터 결코 자유로울 수 없는 여성들에게 직장과 가정을 분리하라는 요구는 경제활동에서 더 큰 제약으로 작용하였다. 기업에서는 가사나 육아로 인해 일에 영향을 받는다며 여성을 기피하거나 능력을 의심하기도 하였다. 이러한 기업 환경은 여성들이 리더

3) 55~79세 금액대별 연금수령 현황을 보면 남성은 '25만원 미만'이 50.5%인 반면, 여성은 71.3%로 저연금 수령 비율이 높게 나타난다.
출처: 통계청 (2018). 경제활동인구조사 청년층 및 고령층 부가조사.

로 성장하는 데 장애로 작용하였다. 때문에 직장에서 리더로 성공하고자 하는 여성들은 결혼을 하지 않거나, 임신·출산을 미루기도 하였다.

이렇듯 가정과 직장은 상호 연결되어 있어 가정의 일은 직장에서의 성취와 경력에 영향을 미치며 직장문화와 근로조건은 가족의 삶에 영향을 미친다. 이런 이유로 2007년 국회에서는 「가족친화 사회환경의 조성 촉진에 관한 법률」[4)]을 제정하였으며 이후 기업에서도 가정과 직장의 연계를 인식하고 가족친화제도에 관심을 기울이고 있다. 가족친화제도는 기업이 가족의 책임과 의무를 이해하고 지원함으로써 직장과 가정을 연계할 수 있는 기업환경을 제공한다.

---

4) 가족친화 사회환경의 조성 촉진에 관한 법률 (약칭: 가족친화법)
[시행 2017.6.21.] [법률 제14439호, 2016.12.20., 일부개정]
제1장 총칙
제1조(목적) 이 법은 가족친화 사회환경의 조성을 촉진함으로써 국민의 삶의 질 향상과 국가사회의 발전에 이바지함을 목적으로 한다.
제2조(정의) 이 법에서 사용하는 용어의 뜻은 다음과 같다. 〈개정 2008.2.29., 2010.1.18.〉
1. "가족친화 사회환경"이란 일과 가정생활을 조화롭게 병행할 수 있고, 아동양육 및 가족부양 등에 대한 책임을 사회적으로 분담할 수 있는 제반 환경을 말한다.
2. "가족친화 직장환경"이란 근로자가 일과 가정생활을 조화롭게 병행할 수 있도록 가족친화제도가 운영되고 있는 직장환경을 말한다.
3. "가족친화제도"란 다음 각 목의 제도를 말한다.
가. 탄력적 근무제도: 시차출퇴근제, 재택근무제, 시간제 근무 등
나. 자녀의 출산·양육 및 교육 지원 제도: 배우자 출산휴가제, 육아휴직제, 직장보육 지원, 자녀 교육 지원 프로그램 등
다. 부양가족 지원제도: 부모 돌봄 서비스, 가족간호휴직제 등
라. 근로자 지원제도: 근로자 건강·교육·상담프로그램 등
마. 그 밖에 여성가족부령으로 정하는 제도
4. "가족친화 마을환경"이란 노인부양이나 아동양육 등 가족 돌봄을 지역사회차원에서 분담할 수 있는 환경 및 다양한 가족구성원이 필요로 하는 시설과 공간을 충족시킬 수 있는 가족생활 여건이 갖추어진 마을환경을 말한다.
제3조(국가 등의 책무) ① 국가와 지방자치단체는 가족친화 사회환경의 조성을 위하여 필요한 종합적인 시책을 수립·시행하여야 한다. ② 국가와 지방자치단체는 제1항에 따른 책무를 다하기 위하여 이에 수반하는 예산상의 조치를 취하도록 노력하여야 한다.
제4조(사업주의 책무) ① 사업주는 가족친화제도의 도입·확대 등 가족친화 직장환경의 조성을 위하여 노력하여야 한다. ② 사업주는 가족친화제도의 운영에 있어 근로자의 참여를 촉진하기 위하여 노력하여야 한다.

가족친화사업

근로자가 일과 가정생활을 조화롭게 병행할 수 있도록 다양한 일·가정 양립 제도 및 사업운영을 통해 가족친화 직장문화를 만들어간다.

가족친화인증이란?

「가족친화 사회환경의 조성 촉진에 관한 법률」 제15조에 의해 가족친화제도를 모범적으로 운영하는 기업 및 공공기관에 대하여 심사를 통해 인증을 부여하는 제도이다.

가족친화인증기업이나 기관으로 선정되려면 다양한 가족친화 제도를 조직 내에서 잘 활용해야 한다. 그중에서도 주 40시간 근로시간 기준 준수, 18세 미만 근로자와 임산부에 대한 야간·휴일근로제한, 보건휴가(또는 생리휴가), 임산부 근로보호, 임신기간 중 근로시간 단축 제도, 태아검진 시간 허용 보장, 유급 수유시간 보장, 직장 내 성희롱 금지, 직장 내 성희롱 예방 교육, 배우자 출산휴가, 육아휴직제도, 육아기 근로시간 단축 청구, 가족돌봄 휴직제도 등은 반드시 지켜야 하는 법규 준수사항(최소 충족요건)이다.

가족친화인증기업(관) 인센티브 지원현황

중앙부처·지자체·은행 등이 지원하는 207개 혜택 제공(2019년 7월 기준)

출처: 가족친화지원사업 홈페이지 http://www.ffsb.kr

2018년 가족친화인증을 받은 기업 및 기관 수는 3,328개로 2014년 956개보다 3배 이상 늘어났다. 기업이나 기관별로 살펴보면, 대기업 364개, 중소기업 2,028개, 공공기관은 936개로 중소기업의 비율(60.9%)이 가장 높다(표 8-3).

표 8-3 가족친화 인증 기업(기관) 수 (단위: 개, %)

구분	총 인증 기업(기관) 현황			
	2014	2015	2016	2018(비율)
계	956	1,363	1,828	3,328(100.0)
대기업	223	258	285	364(10.9)
중소기업	428	702	983	2,028(60.9)
공공기업	305	403	560	936(28.1)

출처: 통계청 (2018). 2018 일·가정 양립 지표.

가족친화제도는 가족친화법에 근거하여 국가 주도로 실시되었으나 최근에는 우수인재를 확보하고 동시에 숙련된 근로자의 장기근속을 유도하기 위해 기업에서 관심을 가지고 도입하는 추세이다. 실제로 가족친화기업이 비가족친화기업보다 일자리 창출과 경영실적 면에서 성과가 더 높게 나타났다.[5] 또한 가족친화제도를 적극적으로 실시하는 가족친화기업은 여성들이 경력단절 없이 계속 근무할 수 있는 기업환경을 제공하고 있다.

4. 가사노동, 함께하기

가사노동으로 인한 여성들의 이중부담과 경력단절을 예방하기 위해서는 가정에서는 평등한 역할공유, 기업에서는 가족의 책임과 의무를 지원하는 환경이 조성되어야 한다. 또한 국가 차원의 제도적 지원도 뒷받침되어야 할 것이다. 이를 위한 몇 가지 과제를 제시하면 다음과 같다.

가정에서는 가사노동에 있어 평등한 역할공유가 필요하다. 여성의 경제활동 참여가 늘어나는 만큼 남성들의 가사노동 참여는 늘어나지 않고 있다. 직장에 다니는 많은 여성은 여전히 남성보다 많은 시간을 일하고 있으며 과중한 부담은 결국 여성들의 경력단절로 이어진다. 남성의 적극적인 가사노동 참여는 성평등한 가족관계를 형성하며, 여성들에게는 우리 사회의 리더로 성장할 수 있는 시

5) 기업 경영성과 평가사이트 CEO 스코어에 따르면 매출 상위 500대 기업 가운데 지난 3년간 감사보고서를 제출하고 여성가족부로부터 '가족친화' 인증을 받은 148개 기업의 지난해 말 기준 고용 인원은 총 90만 7,771명으로, 지난 2016년 말보다 7.5%(6만 3,370명) 증가한 것으로 집계됐다. 이와 함께 가족친화 기업은 경영성과 측면에서도 상대적으로 우수했던 것으로 평가됐다. 실제로 인증을 받은 148개 기업의 지난해 매출과 영업이익 총계는 각각 1,533조 7,342억 원과 151조 8,842억 원으로, 2년 전과 비교했을 때 12.9%와 31.1%나 증가한 것으로 집계됐다.
출처: 동아일보 (2019.5.8.). 가족친화기업 고용실적 더 높다.

간과 힘을 제공할 것이다. 또한 부・모가 모두 양육자로서의 책임과 의무를 수행하여야 한다. 그러나 아직도 아이 양육의 책임은 대부분 여성에게 부담지우고 있다. 이를 개선하기 위해서는 남성이 육아 참여에 대한 필요성을 인식하고 육아에 적극적으로 참여하는 실천이 필요하다.

국가는 직장과 가정의 양립이 성평등하게 진행될 수 있도록 제도를 보완하고 추진체제를 점검해야 한다. 아울러 아동양육 및 가족돌봄의 책임을 사회적으로 분담할 수 있는 제반 환경을 조성하여야 한다. 특히 '남성 육아휴직 의무화 제도'와 같이 남성의 육아 참여를 확대할 수 있는 제도를 마련하고 적극적으로 추진하여야 한다. 아이들을 믿고 맡길 수 있는 보육환경의 조성도 중요하다. 아이들을 위한 안정적인 보육시설이 확보되었을 때 부모는 안심하고 직장에 다닐 수 있으며, 이는 곧 여성들의 경력 유지로 이어진다. 또한 국가 차원에서 근로시간을 점차 줄여나가는 제도 마련이 필요하다. 한국의 임금근로자 연간 근로시간은 OECD 회원국 중에서 멕시코에 이어 두 번째로 길다. 장시간의 근로는 결국 가사나 육아, 돌봄을 위한 시간 부족으로 이어질 수밖에 없다. 과도한 근로시간을 점차 줄여나가는 것은 가정과 일의 균형을 도모하는 것으로, 남성들의 가정 내 역할 확대는 물론 여성들의 안정적인 경제활동에도 도움이 될 것이다.

기업에서는 가족친화적 기업환경을 조성해야 한다. 여성들이 경력단절 없이 직장에서 성과를 내기 위해서는 가족의 책임과 의무를 인식하고 이를 지원하는 기업의 노력이 필요하다. 다양한 가족친화제도를 도입하여 가족친화적 기업환경을 조성하는 것은 물론 근로자들이 가족친화제도를 자유롭게 사용할 수 있도록 하여야 한다. 가족친화인증기업의 확대는 가족친화적 기업문화의 확산에 기여할 것이다.

일 · 생활 균형(워라벨)

- 워라밸은 'Work and Life Balance'의 줄임말로, 일과 삶의 균형을 뜻한다. 일에만 치우치지 않고 개인의 삶과 균형을 이루기 위한 가치로써 의미를 지니며, 일과 생활의 균형을 중요시하는 사람들에게는 직장 선택의 중요한 척도이기도 하다.

워라밸 지원 제도

- 유연근무제: 일하는 시간이나 장소가 유연한 근무제도(시차출퇴근제, 선택근무제, 재택근무제, 원격근무제
- 시간선택제 일자리: 시간선택제 일자리란 전일제 근로자보다 짧게 일하면서 근로조건 등에 차별이 없는 일자리
- 임신 · 출산 · 육아기 지원
  - 휴가 · 휴직 및 급여 지원: 출산전후 휴가 및 급여, 유산사산 휴가 및 급여, 배우자 출산휴가(유급), 육아휴직 및 급여, 육아기 근로시간 단축 및 급여, 아빠 육아휴직 보너스제, 가족돌봄휴직
  - 근로시간 단축 등: 임신기 근로시간 단축, 육아기 근로시간 단축, 태아 검진시간 허용, 시간외 근로 금지, 야간근로 · 휴일근로 제한, 수유시간 허용
  - 근무업종 배려: 유해 · 위험업종 근무 금지, 근로전환
  - 돌봄 지원: 어린이집 유치원 운영, 만 0–5세 보육료 지원사업, 만 3–5세 누리과정 지원, 가정양육수당지원, 시간연장형 보육료 지원, 초등돌봄교실, 아이돌봄서비스

출처: 고용노동부 일생활균형 http://www.worklife.kr

여성주의 리더십 연습 1 : 남성의 가사노동 참여를 확대하기 위한 한걸음

다음 표의 각 칸에 남성의 가사노동 참여를 확대하기 위한 내부의 장애요소와 그 해결방법, 외부의 장애요소와 그 해결 방법을 적어 보자.

(가정)내부 장애 요소	내부적 해결(지원) 방법
(가정)외부 장애 요소	**외부적 해결(지원) 방법**

여성주의 리더십 연습 2 : 여성의 경력 유지를 위한 한걸음

다음 표의 각 칸에 여성의 경력유지를 위한 내부의 장애요소와 그 해결방법, 외부의 장애요소와 그 해결 방법을 적어 보자.

(가정)내부 장해 요소	내부적 해결(지원) 방법
(가정)외부 장해 요소	**외부적 해결(지원) 방법**

CHAPTER 09

함께하는 젠더 파트너십

내가 도착하기도 전 이미 길에 내 발자국이 나 있는 것 같다.
나는 나를 기다리는 발자국들을 향해 걸어간다.
– Kay, J.

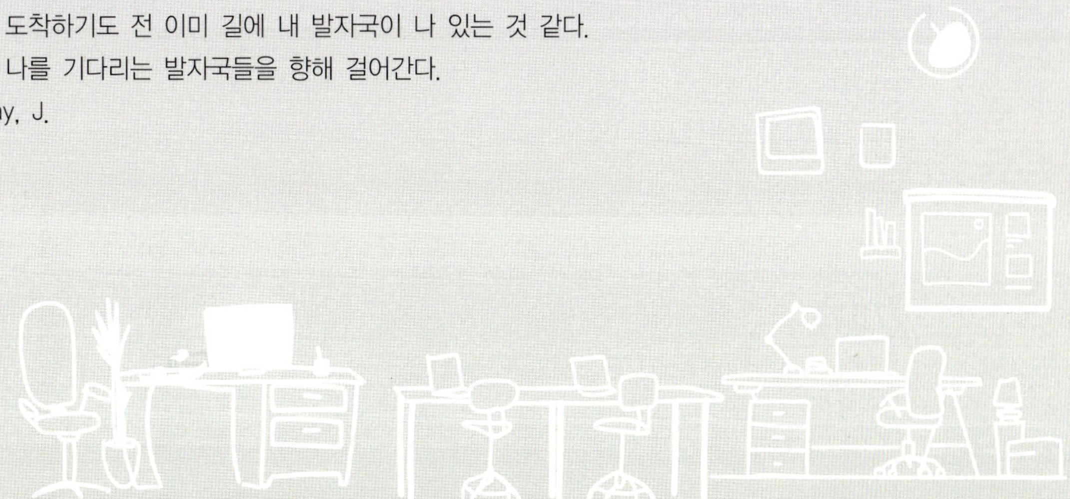

09 CHAPTER

함께하는 젠더 파트너십

서점가 한켠을 채우고 있는 자기계발서들 중에서 리더십 책들은 감초의 역할을 톡톡히 하고 있다. "조직을 성공으로 이끄는", "성공하는 사람들의 7가지 습관", "인생을 성공으로" 등 리더십을 길러서 회사를, 조직을, 자기 인생까지 성공시키라고 말이다. 변화하는 시대상에 따라 리더십의 모습도 많이 바뀌었지만 리더십의 귀결은 결국 성공이라는 것이다. 그렇다면 여성주의 리더십에서의 성공이란 어떤 의미가 되어야 할까?

때론 고전 속 영웅의 기개와 카리스마에서 성공의 요인을 찾기도 하고 현재의 기업가에게서 노하우를 배우기도 한다. 중요한 것은 이들의 성공적인 리더십은 모두 혼자가 아닌 그를 따르는 수많은 병사들이, 조직원이 있기에 가능했다는 점이다. 여성주의 리더십의 성공도 이와 다르지 않다. 아니 함께하는 리더십이 더더욱 중요하다. 사회적 표준과 정상의 범주에서 벗어난 소수자(minority)[1]인 여성이 리더가 되고 리더십을 발휘하기 위해서는 연대의 힘이 무엇보다 중요하

1) 소수자는 기존의 제도적 권력 구조하에서 '권력적 약자'가 되는 사람들로서, 이들의 열악한 권력적 지위는 소수자를 경제적·사회적·문화적 약자로 고착시키는 계기를 제공하게 된다. 소수자의 핵심은 '그가 속한 사회에서 권력적으로 약한 지위에 있는 사람'이라고 할 수 있다(곽차섭·임병철, 2009).

다. 구성원 모두의 노력과 작게는 가정에서부터 조직, 일터, 나아가 사회 전체가 함께하는 여성주의 리더십이 필요한 이유이다. 따라서 이 장의 목표는 조직 차원에서 여성주의 리더십을 기르기 위한 방안을 알고 다양한 훈련을 통해 함께하는 젠더 파트너십을 몸에 익히는 것이다.

1. 젠더 파트너십과 팀

앞 장에서 여러 번 언급되었던 여성주의 리더의 조건을 다시 한 번 상기해 보도록 하자. 먼저 여성주의 리더라면 성별의 차이를 이해하는 감수성을 가져야 한다. 둘째, 여성과 남성이라는 사회적 인식이 바탕이 된 권력관계가 조직구성원들의 기대와 행동에 미치는 영향을 고려할 줄 알아야 할 것이다. 셋째, 여성과 남성 또는 다양한 정체성을 지닌 구성원들의 서로 다른 관점과 삶의 경험에 동등한 가치를 부여하고 기회와 여건의 형평성을 보장해야 한다. 여성적 가치를 평가절하하지 않으며 상황에 따른 유연함을 발휘해야 함은 물론이다(김양희, 2017: 41). 과연 리더가 이러한 조건을 갖추었다고 해서 그 리더가 이끄는 조직이 성공할 수 있을까?

당연히 아니다. 여성주의 리더십의 발현을 위해서는 리더 개인뿐 아니라 조직에 속한 개인 모두 그리고 조직 전체가 주체가 되어야 한다. 즉, 젠더 파트너십을 구축해야 하는 것이다. 젠더 파트너십이란 개인과 조직 두 차원의 변화이다. 더 많은 여성이 리더가 되도록 육성 지원하는 것, 여성을 증진하는 데 남성이 적극적으로 참여하도록 하는 것, 범기업 차원에서 조직의 제도와 문화의 개선을 위한 지원체체를 확립하는 것(김양희, 2017: 213)을 말한다. 성(gender)의 사회적 측면과 관련한 의식, 지식과 기술, 행동의 변화를 유도하기 위한 민감화, 성별

소통과 협력을 위한 기술 습득, 궁극적으로 이러한 의식과 기술을 실천으로 전환하는 것이다.

팀과 팀워크

모든 팀은 집단이다. 그러나 모든 집단이 팀은 아니다. 집단과 팀의 차이는 무엇일까? 집단(group)은 각 구성원이 자신의 책임 영역에서 업무를 수행할 수 있도록 정보를 공유하며, 의사결정을 내리기 위해 우선적으로 상호작용하는 개인들의 모임이다(Lussir 외, 2016: 331). 따라서 집단의 성과는 각 집단 구성원 개인적 공헌의 단순한 합이다. 거기에 시너지는 없다. 하지만 팀은 시너지를 만든다.

팀(team)은 집단과는 달리 집합적인 결과물을 만드는 데 기여하도록 다양한 배경을 가진 개인들을 함께 모아놓는다. 따라서 팀은 공동의 목적 및 일련의 성과물을 만들어내기 위해 상호보완적인 기술을 가진 독립적 개인들의 구성단위라 할 수 있다(Lussir 외, 2016: 331). 집단은 개인의 성과와 목표, 개인 능력에 대한 의존에 초점을 맞추는 반면에 팀은 사명감을 공유하고, 공동의 목적을 가진다. 또한 정보, 예지력 그리고 시각을 공유하며, 각 개인이 자신의 일을 더 잘할 수 있도록 지지하고, 서로간의 노력을 강화한다. 팀의 모든 구성원들이 공동의 목표를 이해하고 몰입하는 것을 팀워크(teamwork)라 하는데 이러한 팀워크는 구성원의 개별적 역량을 뛰어넘는 창의적인 협력을 이끌어낸다. 그리고 결과의 오류를 피하기 위해 서로 도울 수 있게 하며 팀의 혁신을 촉진시키는 새로운 아이디어에 접할 수 있게 하는 장점을 가진다. 팀워크가 좋은 팀 구성원은 임파워먼트되었다고 느끼게 되어 자신의 직무에 대한 만족감이 높아지게 된다.

하나의 팀이 다른 팀들과 구분되는 우수한 팀이라는 것을 어떻게 알 수 있을까. 팀의 효과성을 평가하는 데는 그 팀이 혁신적인가, 효율적인가, 그리고 그 팀의 결과물의 품질이 높은가, 팀 전체의 목표와 팀 구성원의 욕구는 만족되었는가의 4가지 기준이 적용될 수 있다. 혁신적인 팀은 환경의 요구와 변화에 대해 팀학습을 통해 창의적인 해결책을 가지고 빠르게 반응하는 능력을 가진 팀을 말하며 효율적인 팀은 보다 적은 자원을 사용하여 조직의 목표달성을 가능하게 하는 팀이다. 이러한 효과적인 팀이 보이는 특성들로 〈표 9-1〉의 10가지를 들 수 있다.

표 9-1 효과적인 팀의 특성들

1. 팀 헌장과 규범
2. 공유하는 팀 목표
3. 팀 응집력과 업무의 상호의존성
4. 팀 구성원의 인구통계학적 다양성과 적은 인원수
5. 구성원의 역할과 책임이 분명히 정의됨
6. 긍정적인 대인관계
7. 운영절차의 명확성
8. 효과적인 갈등해소 전략
9. 높은 수준의 대인 간 의사소통
10. 최고 경영층의 강한 지지

출처: Lussir 외 (2010). pp.337-340에서 재구성.

이 장의 말미에 있는 〈연습 1〉 팀워크 평가를 통해 자신이 속한 팀의 팀워크가 어느 정도인지 확인해 볼 수 있다.

2. 팀에서의 리더와 팔로워

젠더 파트너십을 구축하기 위한 개인과 조직의 변화, 그 중심에 있는 것이 팀이다. 팀은 필연적으로 리더와 팔로워로 구성되어 있다. 우리가 흔히 아는 팔로워라는 단어의 뜻은 'SNS 소통망 서비스에서 특정한 사람이나 업체 따위의 계정을 즐겨 찾고 따르는 사람' 정도이다. 오늘날 각종 SNS상의 팔로워 숫자는 그 사람의 인기도와 인지도를 알아보는 척도가 되곤 한다. 조직 또는 팀에서도 이러한 팔로워의 영향력은 크다. 이를 반영하듯 과거 리더에만 초점을 맞추었던 리더십 연구는 팔로워십의 '상향적 영향력'에 관심을 기울이는 쪽으로 전환하고 있다.

조직을 구성하며 리더의 지시를 따르고 그를 도와 조직의 긍정적인 발전을 유도하는 사람들을 일컬어 '팔로워(follower)'라 한다. 팔로워가 공통적으로 가지고 있는 성향이나 행동방식 또는 사고체계 등을 포괄적으로 지칭하여 '팔로워십(followership)'이라 부른다. 팔로워십은 리더의 명령에 의식적, 무의식적으로 반응하는 따르기와는 다른 개념이다. 리더와의 관계는 팔로워의 자기 의식적인 선택이라 할 수 있다(Lussir 외, 2016: 296). 팔로워십은 리더십과 마찬가지로 잘못 행사하면 조직이나 대상이 되는 상대에게 부정적인 영향을 미치는 양날의 검이라 할 수 있다(吉田生典, 2010: 11-12).

진정한 팔로워가 진정한 리더

우수한 팔로워와 리더와의 관계를 나타내는 〈그림 9-1〉에서 가로 세로 화살표는 진정한 리더로의 이동 방향을 나타내는 것이다. 이 매트릭스에서 의식의 힘은 작용하지만 조직의 힘은 작용하지 않는 영역이 있다. 바로 '팔로워십 행동'

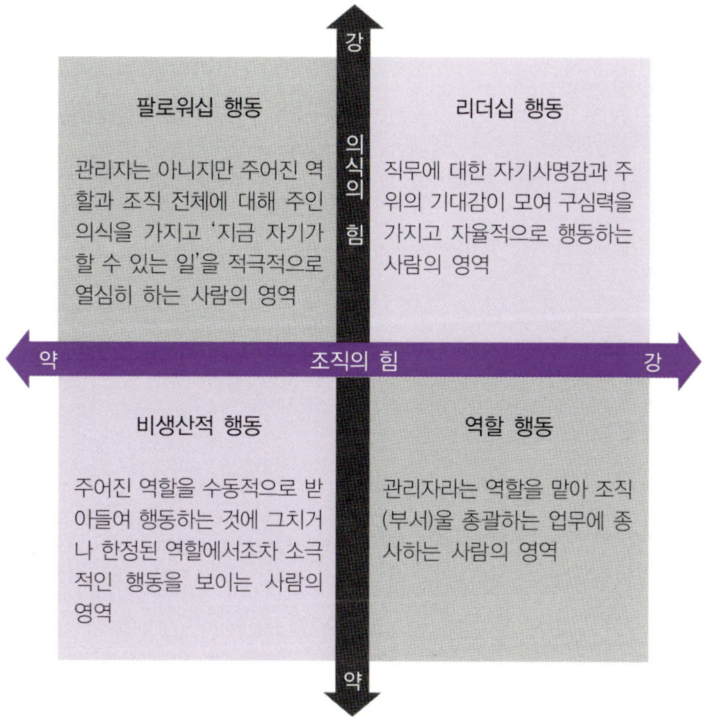

그림 9-1 우수한 팔로워, 진정한 리더와의 관계성

출처: 吉田生典 (2010). p.39에서 재구성.

영역이다. 이 부분에 해당하는 사람은 현재 팔로워의 위치에 있는 사람들이고 아직 중간관리자 위치에도 이르지 못한 사람들이다. 비록 조직의 힘은 작용하지 못해 고독할지 모르나 의식의 힘은 작용하여 자부심은 느낄 수 있을 것이다. 이 힘을 긍정적으로 발휘한다는 말은 단순히 주어진 역할에 만족하지 않고 항상 스스로 조직과 상사에게 영향을 미치는 의식과 행동을 중요시한다는 의미이다. 팔로워는 리더와는 달리 해야 할 행동과 할 수 있는 행동이 다르지만 주어진 역할을 수동적으로 수행하는 조직의 리더보다도 오히려 조직을 좋은 방향으로 이끄는 원동력이 된다(吉田生典, 2010).

요컨대 팀에서의 리더와 팔로워는 위계적 관계가 아니라 유동적인 관계이다.

효과적인 리더십은 매우 효과적인 팔로워들에게서 발견되는 법이다. 어떤 사람이 리더로 인식될 때도 바로 그 사람은 조직의 위계질서에서 더 높은 사람의 팔로워임을 인식하는 것이 중요하다. 따라서 리더십과 팔로워십은 사안과 현안에 맞추어 둘 다 기르는 것이 필요하다. 리더들은 자신의 자아를 내려놓고 어떻게 진행할 것인가에 대한 팔로워들의 의견을 경청하며 팔로워들의 조언을 받아들여야(Lussir 외, 2016: 296) 한다. 팔로워십 연구의 개척자인 Kelly(2014)의 말대로 팔로워가 없다면 리더십은 의미가 없으며 리더는 존재하지 않는다.

3. 젠더 파트너십 개발을 위한 팀빌딩

이제 젠더 파트너십 개발을 위한 팀리더의 역할에 대해 알아보자. 선행연구들은 리더가 모든 구성원들과 질 높은 관계를 형성할 수 있도록 훈련받을 때 팔로워의 성과가 극대화된다고 말하고 있다. 이때 팀의 리더는 주된 동기부여자, 코치와 멘토, 역할모델, 문화집행자, 치어리더, 자원제공자의 역할을 해야 한다(Yukl, 2013).

팀리더의 역할

- 주된 동기부여자로서의 팀 리더: 리더의 지지, 격려, 훈련을 통해 팔로워들에게 자부심, 감사, 일에 대한 가치를 느끼게 하는 역할
- 코치와 멘토: 팀 과정에 대한 경험과 지식을 통해 팀 구성원들에게 신뢰와 팀워크 규범을 발전시키게 하는 역할
- 역할모델: 팀 구성원들이 바라는 행동의 모델이 되는 역할

◆ 문화집행자 : 팀의 목표와 운영전략을 지원하는 팀 문화를 육성하는데 주도적인 역할
◆ 치어리더 : 팀 구성원들이 더 높은 수준의 성과를 달성하도록 고취시키고 동기를 부여하는 역할
◆ 자원제공자 : 팀의 요구를 이해하고 시기적절하게 그것을 해결해 주는 역할

리더가 수행해야 할 이러한 다중적인 역할 중에서 조직 내 팔로워십을 북돋우기 위해 실천할 수 있는 중요한 팀빌딩 기술들이 있다. 그 중 코칭과 멘토링, 위임 등에 대한 그 개념을 살펴보고 구체적인 연습을 통해 익혀 보도록 한다.

팔로워를 코칭하고 개발하기

코칭(coaching)은 리더십 스킬에서 가장 많이 언급되는 역량이다. 코칭은 성과가 좋은 조직구성원들에게 적절한 피드백을 제공하는 것이며 이 과정에서 효과적인 커뮤니케이션을 필요로 한다. 성과를 유지하고 개선하기 위해 동기유발을 유도할 수 있는 피드백을 제공하는 과정이다(Lussier 외, 2016: 249). 코칭은 팔로워들의 강점을 최대화하고 취약점을 최소화하기 위해 마련된 것으로 이를 잘한다는 것은 업무의 성과를 높이는 일이며 리더십 개발의 중요한 일부분이라 할 수 있다. 그리고 코칭은 꼭 관리자가 아니더라도 그 역할을 할 수 있고 관리자끼리 또는 조직원끼리 서로 짝을 지어 리더십 능력을 개발할 수 있다. 특히 조직원들이 새로운 직책을 받은 초기에 중요하다. Lussier(2016)가 제시하는 코칭을 위한 10가지 지침은 다음과 같다.

◆ 후원적인 업무관계를 개발한다.

리더는 팔로워에게 개인적인 관심을 가지고 좋은 성과를 내도록 전념을 해주

는 것이 필요하다. 이를 위해서는 팔로워에게 정기적인 질문과 그들의 의견에 귀를 기울이는 시간을 할애하는 것이 중요하다. 팔로워는 아주 사소한 것이라도 리더에게 보고하여 피드백을 받는 것이 좋다. 리더의 역할은 팔로워가 업무 향상을 하는데 방해가 되거나 걸림돌이 되는 것을 제거하는 일이다.

◆ 칭찬과 인정을 한다.

칭찬과 인정의 중요성은 아무리 강조해도 지나치지 않다. 인정하게 되면 팔로워들은 동기유발이 되어 성과를 유지하고 향상시키게 된다. 인정한다는 것은 칭찬, 상, 공식적인 인정을 모두 포함한다.

◆ 상대방을 비난하거나 난처하게 하지 않는다.

코칭의 목표는 필로워들의 지식, 능력, 기술을 개발하는 것이다. 따라서 팔로워들의 기분을 언짢게 하는 리더의 행동은 팔로워의 역량을 개발하는 데 도움이 되지 않는다. 때로는 침묵을 지키는 것이 가장 좋은 방법일 수도 있다.

◆ 사람이 아닌 행동에 집중한다.

코칭의 목적은 팔로워들의 바람직한 행동을 성취하게 하는 것이지 그들을 궁지로 모는 것이 아니다. 개인에 초점을 맞춘다는 것은 그들을 비난하고 난처하게 만드는 것이다.

◆ 조직원들 스스로 자신의 성과를 평가하도록 한다.

리더의 일상적인 피드백이나 비판이 아닌 팔로워 스스로가 자신의 성과를 되돌아보고 성찰할 수 있도록 자기평가의 기회를 준다.

◆ 구체적이고 설명이 포함된 피드백을 제공한다.

구체적인 피드백은 특정한 행동이 개선되어야 하는 것에 대한 오해를 피하기 위해 필요하다. 피드백을 제공할 때는 추론에 의해서가 아니고 사실에 근거해야 한다. 사실에 근거한 피드백은 긍정적인 반면, 추론에 의한 피드백은 부정적인 비판에 가까운 경우가 많다.

◆ 코칭피드백을 제공한다.

리더가 팔로워에게 자기평가 없이 코칭피드백을 제공할 필요가 있을 때가 있다. 코칭피드백은 양호하고 지원하는 관계에 기반을 두고 있으며 구체적이고 묘사적이다. 결과가 부정적이더라도 긍정적으로 반응해 주는 것이 중요하며, 실수를 지적하기보다 잘했을 경우의 긍정적인 면을 알려주는 것이 좋다.

◆ 모델링과 훈련을 제공한다.

훌륭한 관리자는 모범을 보이는 리더십을 발휘한다. 구성원들은 리더가 효과적인 방법으로 일할 때 리더를 모방하는 경향이 있다. 조직 내에서 가장 광범위하게 사용되는 훈련은 직무훈련방법(Job Instructional Training: JIT)이다. 일반적으로 JIT는 ① 사전준비 ② 과업 부여 ③ 과업 수행 ④ 사후점검의 단계를 거친다.

◆ 유연한 피드백을 적시에 제공한다.

피드백은 일을 잘했을 경우에 신속하게 제공하는 것이 좋다. 유연한 피드백은 코칭을 잘 할 시간이 없을 때, 감정적이 되었을 때 필요하다.

◆ 비난을 피한다.

누군가를 탓하고 다른 사람을 난처하게 만들며 개인에게 집중하는 것은 비난에 속한다. 비난이 효과적일 때는 거의 없다.

멘토링

멘토링(mentoring)은 인류 역사 이래 우리의 삶 속에 깊숙이 자리 잡아 왔다. 멘토링은 "주니어와 시니어 사이 또는 동료 사이에 다양한 발달적 기능을 제공하는 관계"로 광범위하게 정의되고 있다(김양희, 2017: 168). 멘토링의 두 가지 기능을 살펴보면 첫째, 커리어(career) 기능이다. 커리어 기능은 직업적 인정, 성공을 결정하는 업무능력과 정치적 조건을 학습하는 데 초점을 둔다. 멘토가 멘티에게 조직의 공식·비공식 측면에 관한 지식을 제공하고 도전적 과제를 부여하며 가시성을 높여 주는 기능이다.

둘째는 심리사회적 기능으로 멘토의 직급이나 다른 조건보다 멘토와 멘티 사이의 신뢰와 존경, 친밀성을 배양하는 인간관계 안에서 일어난다. 이때 멘토는 기술이나 지식의 전수보다 스스로 역할모델이 되어 주고 카운슬링을 제공하거나 우정과 확신을 심어 주고 멘티가 자기가치를 구축하는 데 도움을 주는 역할을 한다(Kram, 1988, 김양희, 2017에서 재인용).

멘토링은 남녀 모두에게 중요하지만 특히 여성들에게 중요하다. 멘토링은 성별화된 조직에서 남성들의 네트워크로부터 소외되어 권력기반이 취약한 여성들에게 정보를 제공하며 유리천장을 깨고 그 위로 올라가 권력기반을 구축하는 데 도움이 된다. 여성을 위한 멘토링이 성공적으로 이루어지기 위한 구체적인 조건은 다음과 같다.

◆ 고위층의 지원과 멘토링을 조직의 정책방침과 연계한다.

최고위 경영진의 관심을 이끌어 내는 것과 멘토링 프로그램이 조직의 비즈니스 전략, 종합적인 인적자원 관리 및 커리어 개발 프로그램의 일환으로 실시되어야 한다. 실질적으로 직원교육 및 훈련, 성과평가, 보상체계와 연계되도록 하는 것이 중요하다.

◆ 목표와 역할을 명확히 정의하고 훈련을 제공한다.

멘토링의 목적은 다양할 수 있다. 잠재력이 높은 직원을 더 빨리 개발하려는 목적, 일반 직원의 인적자원의 개발, 조직문화의 변화 또는 지속, 업무승계, 관리 역량 개발, 창의성의 혁신 촉진 등이 그것이다. 그 목적에 따라 유형과 대상, 멘토 및 멘티의 역할, 구체적 활동이 달라질 수 있다. 이때 참가자들의 비현실적 기대를 잘 조절하고 효과적으로 의사소통하면서 진행하는 것이 중요하다.

◆ 참가자들의 자발적 선택과 관여를 이끌어낸다.

멘토와 멘티가 멘토링 관계에서 주인의식을 가져야 하며 자발적 참여가 이루어져야 한다. 또 원할 경우 아무런 조건 없이 언제든 프로그램을 탈퇴할 수 있는 자유가 주어져야 한다.

◆ 참가자들의 세심한 선발과 매칭

참가자들을 선발하는 방법은 다양할 것이며 상황에 따라 적합한 방법이 필요하다. 중요한 것은 어떤 방법이든 간에 명확한 선발기준이 필요하다는 것이다. 특별한 선발기준 없이 일부에게만 멘토링 참여가 가능하도록 제한을 둔다면 비참가자들의 저항이 있을 수 있기 때문이다.

좋은 멘토는 의사소통 기술, 자신감과 신뢰가 두터우며 개방적이면서도 통찰력이 있는 사람이다. 혁신적이면서도 인내를 가진 사람, 시간적·공간적으로 접근가능한 사람이다. 조직에 대한 지식과 타인의 성장에 책임을 지고자 하는 의지가 있으며 슈퍼바이징 기술도 요구된다. 마지막으로 멘토링의 성공을 위해서는 지속적인 모니터링과 평가가 필요하다. 멘토링의 목표와 함께 달성기간을 설정하고 목표달성 여부를 확인할 수 있는 모니터 평가계획을 마련해야 한다. 실제 지속적인 모니터링을 통하여 미처 예상치 못했던 문제들을 발견할 수 있으며 더 큰 문제로 이어지기 전에 프로그램을 수정할 수 있다(김양희, 2017: 171-178).

참여적 리더십과 위임

참여적 리더십은 리더가 중요한 결정을 내리는 데 팔로워의 참여를 장려하고 촉진하기 위해 기울이는 노력을 말한다(Yukl, 2013). 참여적 리더십을 설명하기 위한 다른 용어로는 협의, 공동 의사결정, 권력 공유, 분권화, 임파워먼트, 민주적 관리 등을 들 수 있다. 참여적 리더십을 통해 얻을 수 있는 이익으로는 첫째, 협력과 지식공유를 통하여 의사결정의 질을 높일 수 있다는 점과 둘째, 조직 내 결정에 대한 참여자의 수용성이 증가된다는 점이다. 셋째, 결정 과정에 대한 만족도가 증가한다는 점, 넷째, 조직 내 의사결정 기술의 발전을 들 수 있다.

이러한 참여적 리더십에 포함되는 대표적인 형태인 위임(delegation)은 목표를 달성하기 위하여 책임과 권한을 위임하는 과정이다. 단순히 명령을 내리는 것과 위임은 다르다. 위임은 구성원에게 새로운 직무를 주는 것을 의미한다. 위임은 관리자의 스트레스와 짐을 감소시킬 뿐만 아니라 팔로워들을 훈련시키며 자기효능감을 증진시킨다. 책임을 위임함으로써 리더들은 많은 업무를 비효율적으로 수행하지 않아도 되며 적은 업무에 집중할 수 있다. 결과적으로 위임은 관리역량과 리더십 잠재력을 증진시키며 조직차원의 업무성과 향상을 가져오게 된다(Lussier 외, 2016: 309).

반면 위임의 장애물은 스스로 일하는 데 익숙해진 관리자들의 인식이라 할 수 있을 것이다. 관리자들은 구성원들이 직무 실패를 두려워하며 자신의 책임까지 위임하는 것에 대해 경계한다. 이는 위임조차 직무의 중요한 부분이라는 것을 인식하지 못한 결과이며 무엇을 위임해야 할지 또 어떻게 위임해야 할지에 대해 모르는 경우가 많은 탓이다. 다음에서 위임의 내용과 범위, 과정까지 충분히 이해하고 실제에 적용할 수 있도록 하자.

◆ 위임해야 할 것과 말아야 할 것

우선 순위가 고려된 해야 할 일의 리스트를 활용하여 자신만의 고유한 지식과 기술이 필요한 일과 필요하지 않은 일을 구분하여 위임해야 한다. 〈표 9-2〉와 같은 내용이 주로 포함될 수 있다.

표 9-2 위임의 내용

위임해야 할 일들
• 서류작업: 다른 사람들이 보고서, 메모, 편지들을 준비하게 할 것 • 단순반복적인 작업: 재고조사, 스케줄 짜기, 구매하기 등 • 기술적인 일들: 유능한 구성원들이 기술적인 질문과 문제를 해결하게 할 것 • 개발 잠재력이 있는 직무: 구성원에게 새로운 것을 배울 기회를 줄 것, 그들의 직무를 충실화시켜 승진을 준비시킬 것 • 구성원들의 문제들: 구성원들이 자신의 문제를 해결할 수 있도록 훈련시키고 그들의 능력이 떨어지지 않는다면 절대 그들의 문제를 해결해 주지 말 것
위임하지 말아야 할 일
• 개인적인 일: 인사고가, 상담, 훈계, 해고, 갈등해결 등 • 비밀이 요구되는 행동: 위임에 대한 허락을 받지 않는 한 위임하지 말 것 • 위기: 위임할 시간이 없음 • 당신에게 개인적으로 위임된 직무: 특정 위원회에 배정되었다면 허락 없이 다른 사람을 그 위원회에 배정하지 말 것

출처: Lussier 외 (2016). p.311.

◆ 누구에게 위임할 것인가

일단 어떤 직무를 위임할 것인가가 결정되면 그 직무를 수행할 구성원을 선택해야 한다. 위임할 구성원을 선택할 때 그 구성원이 정해진 날짜까지 그 직무를 완수할 능력이 있는지 확실히 해야 한다. 선택을 할 때는 구성원의 재능과 흥미를 알아보기 위해 자문을 구할 수도 있다. 누구에게 무엇을 위임할 것인가를 결정한 후에는 계획을 세우고 직무를 위임해야 한다. 위임은 일반적으로 〈표 9-3〉과 같은 4단계의 과정을 거치게 된다.

표 9-3 위임 과정의 단계

1단계	2단계	3단계	4단계
위임의 필요성을 설명하고 위임할 구성원을 선택한 이유를 설명한다.	책임감, 권한 수준, 완료일정이 포함된 목표를 정한다.	계획을 수립한다.	통계점검표를 만들고 구성원이 책임을 지게 한다.

출처: Lussier 외 (2016). p.315.

◆ 효과적인 평가와 피드백

성공적인 위임 후에는 효과적인 평가와 피드백을 통해 구성원들의 학습과 성장의 수단이 되어야 한다. 이를 위해 위임을 한 리더는 관찰한 행동, 성과, 그리고 결과를 설명하고 결론을 해석하고, 설명하고, 지지한다. 그리고 구성원에게 잘한 점을 분명하게 이야기하고 개선이 필요한 점을 설명하는 것이 필요하다. 보다 구체적인 평가와 피드백을 하기 위한 단계는 〈표 9-4〉와 같다.

표 9-4 효과적인 평가와 피드백 단계

사전단계
• 리더는 반드시 시간과 장소를 구체화시키는 일정표를 만든다. • 팔로워의 성과에 대한 정확한 사실을 수집해야 한다.
평가 및 피드백 단계
• 리더는 반드시 부족한 성과에 대해 구체적으로 설명해야 한다. • 비효과적인 행동의 부정적인 영향에 대해 설명해야 한다. • 낮은 성과의 원인을 찾을 수 있도록 팔로워를 도와주어야 한다. • 팔로워에게 개선 방법을 제안하도록 요구한다. • 구체적인 행동단계에 대한 상호간의 동의에 도달해야 한다.
이후 단계
• 리더는 반드시 행동단계가 실행되는 것을 확인해야 한다. • 팔로워에게 도움을 주길 희망한다는 것을 보여주어야 한다. • 팔로워의 자신감을 키워주어야 한다.

출처: Lussier 외 (2016). p.317에서 재구성.

4. 하나보다 강한 여럿을 위하여

한 팀의 구성원이라는 것은 사회적인 소속의 욕구를 만족시켜 주며 이때 팀은 서로에 대한 신뢰를 바탕으로 하는 사회적 네트워크의 역할을 하게 된다(Lussir 외, 2016: 332-333). 바로 여기에 여성주의 리더십에 팀과 팀워크가 필요한 이유가 있다. 이제까지 여성의 정체성은 성별뿐 아니라 인종, 계급, 연령 등 모든 사회적 약자의 조건 중에서도 가장 낮은 위치에 형성되어 왔다고 해도 과언이 아니다. 여성 개인이 성찰을 통한 새로운 학습 과정과 자아존중감의 고유한 기준을 찾아 셀프 리더십을 익혔다 해도 우리 사회의 공고한 유리천장을 깨는 일은 불가능하다. 여성주의 문화의 정착은 개인의 힘만으로는 이룰 수 없는 사회변화이며 이는 뜻을 같이 하는 이들과의 팀워크 없이는 불가능하다. 또한 여성주의 리더십에서 팀워크는 팀의 목표를 달성하기 위해 협력하는 좁은 의미의 팀워크를 넘어 학문과 지식 영역, 사회운동 영역, 국가 정책 영역 등 서로 다른 영역에 종사하는 여성주의자들과의 연대하는 넓은 의미의 팀워크까지 포함해야 할 것이다(장필화 외, 2017: 44-45).

여성주의 리더십 연습 1 : 팀워크 진단

STEP 1. 자신이 속한 팀의 특징을 적절히 설명하는 칸에 표시해 보자.

나의 팀에서는

	내 용	예	아니오
1	모든 팀 구성원들이 집단의 목표를 이해하고 몰입하고 있다.		
2	구성원들이 다른 사람의 아이디어에 지지와 건설적인 피드백을 제공한다.		
3	구성원들이 집단 내 성과 및 행동의 기준에 대해 동조의 압력을 느끼지 않는다.		
4	반대하는 견해는 합의를 위해 억누르기보다 수용해서 토론한다.		
5	구성원들 사이의 상호작용수준이 높다.		
6	중요한 의사결정에 많은 책임과 권력이 팀에게 주어져 있다.		
7	모든 구성원들이 자신의 의견을 전달할 수 있는 개방적인 의사소통의 통로가 있다.		
8	구성원들에게 적절한 학습과 훈련을 받을 수 있는 기회가 제공된다.		
9	모든 팀 구성원이 동등한 대우를 받는다.		
10	팀 구성원들은 팀 리더의 지시가 없어도 다른 구성원을 지원하고 지지하는 경향이 더 많다.		
11	보상과 인정은 개인뿐만 아니라 팀 성과와 연결되어 있다.		
12	다양한 직무를 수행하는 역할과 책임이 분명히 설정되어 있다.		

STEP 2. 채점하기

'예'에 체크한 숫자를 세어 다음 척도에 표시해 보자.

12 - 11 - 10 - 9 - 8 - 7 - 6 - 5 - 4 - 3 - 2 - 1

효과적인 팀워크 ← → 비효과적인 팀워크

출처: Lussir 외 (2016). pp.334-335에서 재구성.

여성주의 리더십 연습 2 : 코칭 연습

STEP 1. 당신이 리더라면 다음의 상황에서 개인이 아닌 행동에 초점을 맞추어 어떻게 코칭할 수 있을까?

상황 1. 조직원 한 개인이 회의에서 토론을 장악한다.
개인에게 초점 : 당신은 너무 말이 많아. 다른 사람에게도 기회를 좀 주지.
행동에 초점 : (   )

상황 2. 조직원이 또 다시 회의에 늦는다.
개인에게 초점 : 당신은 항상 회의에 늦는군요. 다른 사람들처럼 시간을 좀 지켜요.
행동에 초점 : (   )

STEP 2. 다음 피드백 중 어떤 것이 비판이고 자기평가일까?

상황 3. 조직원 한 사람이 최근 실수를 많이 한다.
당신은 요새 성과가 좋지 않네요. 제대로 일 좀 하세요. (   )
이번 주에 일어났던 당신의 실수에 대해 자평을 좀 해 보실래요? (   )

상황 4. 조직원 한 사람이 보고서를 제출하게 되어 있다. 보고 마감일자는 2일 남았으나 이것을 맞출 것 같지 않다.
보고서를 제때 재출할 수 있겠습니까? (   )
목요일까지 해야 하는 원가절감 보고서 적성은 잘 되고 있습니까? 내가 도와줄 일은 없습니까?
(   )

출처: Lussir 외 (2016). p.251.

CHAPTER

10

여성주의 리더의 공감적 의사소통

"거미줄도 단단히 뭉치면 사자를 묶을 수 있다."
여성들은 이 에티오피아 속담을 믿는다.
타고난 대인기술과 네트워크로 일하고자 하는 태생적인 욕구로 하여
여성들은 21세기로 나아감에 따라 사자 이상의 것들을 정복할 것이다.
– Fisher, H.

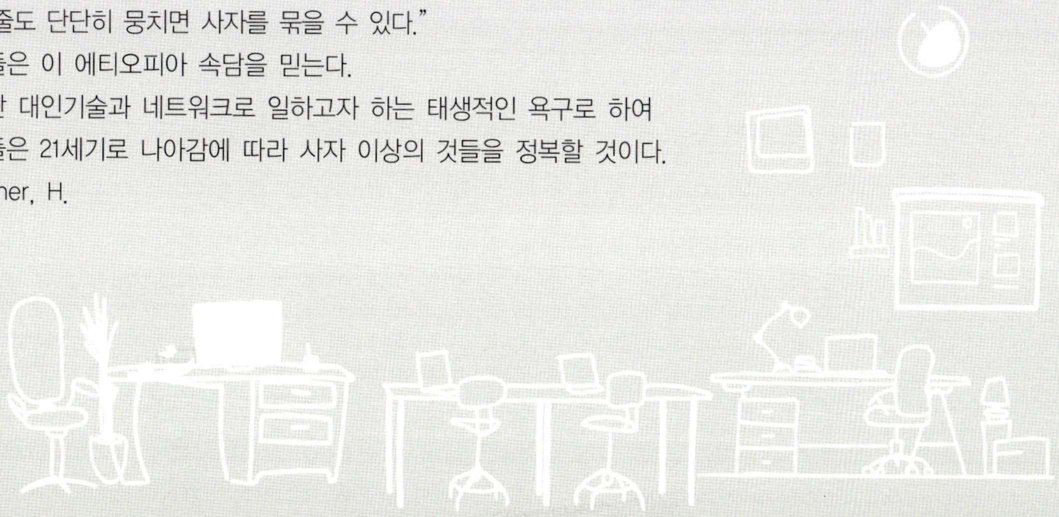

10 CHAPTER

여성주의 리더의 공감적 의사소통

사회 변화가 가속화되고 복잡해지면서 서로의 마음이 통했던 이심전심(以心傳心)이라는 말이 생소하게 느껴질 정도로 서로의 마음을 이해하고 소통하는 것은 갈수록 어려워지고 있다. 최근 발생한 글로벌 위기는 전 세계가 하나의 공동체로 연결되었다는 점을 더 부각시키고 있는데, 모두가 직·간접적으로 영향을 받았다는 점에서 위기를 관리할 수 있는 소통의 리더십을 재확인시켜 주는 결과를 가져왔다(김찬호, 2017). 그리고 이러한 결과를 통해 위기의 과정에서 소통은 리더의 핵심 능력으로 부각되기 시작했다.

리더십에서 의사소통은 21세기형 리더가 갖추어야 할 핵심 능력이자 기술이라 할 만큼 개인이나 조직 그리고 공동체에서 중요하게 다루어지고 있다. 특히 여성주의 리더십에서 서로의 감정을 이해하는 공감적 의사소통은 목표를 공유하고 기존의 위계적이며 권위적인 사회문화를 변혁시킬 수 있는 영향력을 가지는 것으로 매우 효과적인 리더십 기술이라 할 수 있다.

1. 의사소통이란

사람들은 소통을 통해 서로의 마음과 생각을 이해하고 이를 표현함으로써 함께 살아가는 공동체를 더욱 행복하게 만들고 싶어 한다. 이를 위해 우리는 언제나 서로의 이야기에 귀를 기울여야 하고, 그렇지 못할 경우에는 함께 거리에 나와 행진[1]을 하면서 소통을 위한 목소리를 담아내기도 한다. 이렇듯 사람들은 다양한 곳에서 자신만의 방법으로 자신을 표현하며 세상과 소통을 하고 있다. 결국 소통은 다양성 안에서 머리를 서로 모으고 서로 화합도 하면서 참다운 길을 찾아가는 것이다(김엘리, 2017). 그 길에서 사람들은 더불어 행복하게 살아갈 수 있도록 서로의 같은 점과 다른 점 사이에 공통점을 찾으며 소통을 이어갈 것이다.

리더가 갖추어야 할 핵심 능력이자 기술인 소통은 서로 말하고 듣고 다시 반응하는 사회적 과정을 통해 리더와 구성원의 의사를 전달하는 의사소통의 의미를 지닌다. 원래 의사소통(communication)이란 공동을 뜻하는 라틴어 'Communis'에서 유래되었으며, 둘 이상의 사람 사이에 서로 '공통성'을 만들어내는 과정이다. 즉 의사소통은 둘 이상의 사람 사이에 사실, 생각, 의견 또는 감정의 교환을 통하여 공통적 이해를 하고자 하는 행동이다(박연호, 1994; 김창민 외, 2016). 그리고 의사소통은 말하는 사람과 듣는 사람의 상호이해를 바탕으로 서로에게 전하

1) '여성들의 행진(Women's March)'은 매년 '3.8 세계 여성의 날' 성불평등을 비롯한 다양한 사회문제에 강력한 메시지를 전달하기 위해 진행되는 연례행사이다. 2017년 1월 21일 미국 트럼프 대통령 취임식 다음 날, 인종차별과 여성혐오 문제를 비롯한 노동, 인권, 환경 등 다양한 사회문제에 강력한 메시지를 전달하기 위해 여성들과 함께 많은 사람들이 분홍색 'Pussy Hat'을 쓰고 거리를 행진한 일은 전 세계에 깊은 울림을 주었다. 한국에서도 2016년 여성혐오에서 비롯된 '강남역 여성 살인사건'을 규탄하며 여성인권에 대한 분명한 메시지를 전달하기 위하여 '여성들의 행진'이 있었다. '여성들의 행진'은 여성을 비롯한 억압받는 모든 이의 권리를 위해 지속적으로 진행될 것이다.

고자 하는 메시지가 잘 전달되었을 때 비로소 이루어지는 것이다. 특히 리더는 원활한 의사소통을 통해 구성원과 함께 달성하고자 하는 공동의 목표에 도달할 수 있기 때문에 효과적인 의사소통을 위한 훈련과 연습은 필수적이다. 지속적인 훈련과 연습을 통해 개발된 의사소통의 기술은 리더의 중요한 사회적 기술인 리더십의 기술이다.

리더십 유형에서 큰 성별 차이를 발견하지 못했음에도 불구하고 리더십의 기술인 의사소통은 전통적으로 여성적인 것으로 간주되어 여성이 남성보다 더 능력을 발휘할 것이라고 보았다. 이러한 보편적인 인식처럼 리더의 사회적 기술인 의사소통이 과연 남녀 리더 사이에 큰 차이가 있을까라는 생각을 해보게 된다. 남녀 리더의 행동차이에 관해 Kolb(1984)는 남성 리더와 여성 리더의 행동에 큰 차이는 발견되지 않지만, 구성원들이 인식하는 남녀 리더의 행동은 차이가 존재한다고 보았다. 구성원들이 인식하는 남성 리더는 자기주장적이고 독립적이며 지배적 그리고 과업지향적인 리더십 유형을, 여성 리더는 이타적이고 이해심이 많고 타인의 정서에 민감한 관계지향적인 리더십 유형을 가지고 있다고 본 것이다(김시진 외, 2017). 또한 Eagly 외(1990)는 남성은 과업지향적이고 여성은 관계지향적인 리더십 유형으로 구분하고 있지만, 실험실 연구 외 실제 상황에서 리더의 행동을 관찰했을 때는 이러한 리더십의 성별 차이는 두드러지지 않는다고 보았다(김양희, 2006). 즉, 남녀 리더의 행동에 따른 리더십 유형의 성별 차이는 리더십의 상황이나 과업의 특성, 리더의 개인적 성향 등에 따라 달라질 수도 있지만 실질적으로는 두드러진 차이를 보이지 않았다.

일반적으로 남녀 리더의 리더십 유형에서 두드러진 차이를 보이지 않음에도 여전히 구분하여 설명하고 있듯이, 의사소통에서도 남성은 문제해결을 위한 수단으로 여성은 친밀한 관계증진을 위한 수단으로 의사소통 기술을 사용한다고 인식한다. 그러나 여성의 관계지향적인 의사소통이 여성에게 더 유리한지를 물으면 여성들은 아니라고 하고, 남성들은 그렇다고 답한다(김양희 외, 2000). 보다 유연해진 현대 조직사회에서 여성의 의사소통방식이 효과적으로 작용할 것이라고 생각되지만, 여성들은 실제적으로 남성의 의사소통방식이 여전히 유리하게 작용하고 있다고 인식한다.

그러나 언어 사용을 통해 성차별적인 사회구조가 구축된다고 보는 Lakoff(1975)에 따르면, 오히려 여성언어가 상대방의 체면에 더 민감하고 대화를 협동적으로 이끌어 가려는 여성의 노력의 일환을 보여 주는 강점이라는 것이다. 여성언어의 강점인 대인관계의 기술(interpersonal skill)로서 대인적 민감성(interpersonal sensitivity)이 의사소통능력의 주된 요소이며 대인관계를 유연하게 하는 관계지향적인 의사소통을 가능하게 한다(서경희, 2006). 따라서 여성언어로 하는 의사소통은 다른 사람들의 생각이나 감정을 이해하며 공유된 목표를 달성하기 위해 서로 협력해야 하는 현대 조직사회에서 더 유리한 리더십의 기술이 될 수 있다.

이와 같이 리더십에서 리더의 의사소통은 남녀의 성별에 따라 차이를 보인다기보다는 리더십의 상황이나 리더의 개인적 성향에 따라 다르게 나타난다. 가장 이상적이라 할 수 있는 여성주의 리더십에서의 의사소통 기술은 자신만의 언어를 가지고 주어진 상황에서 구성원들과 함께 공유된 목표를 달성할 수 있도록 보다 친화적이며 민주적인 방식으로 영향력을 확대하고 비전을 만들어간다. 또한 여성주의 리더십은 리더와 구성원의 마음으로부터 모아지는 것으로 리더는 자신과의 솔직한 소통뿐 아니라 조직과 공동체를 구성하는 다양한 사람들과의 공감적인 의사소통이 가능해야 한다. 공감적인 의사소통의 과정에서 리더와 구성원들은 서로에게 긍정적인 힘을 부여할 수 있으며, 리더는 보다 자유롭고 민주적인 리더십을 발휘할 수 있다. 따라서 평등하고 민주적인 조직과 공동체를 구현해 내고자 하는 여성주의 리더의 공감적 의사소통은 여성주의 리더십을 실현하는 중요한 요소이다.

의사소통의 기능

의사소통은 자신의 감정과 타인의 감정에 대한 이해와 함께 상호 간의 의사를 분명히 전달하는 과정이다. 그 과정에서 의사소통이 대인관계에서 어떤 기능을 하고 있는지를 살펴볼 수 있는데, 김창민 외(2016)는 의사소통의 기능을 개인적 차원과 조직적 차원으로 구분하고 있다.

개인적 차원에서의 의사소통

개인적 차원에서의 의사소통은 자기인식, 자아존중감, 자아정체성을 형성하고 유지·발전시키는 기능을 한다. 그리고 인간은 의식적이든 무의식적이든 끊임없이 자기 자신과 의사소통을 하며 이를 통해 자신에 대한 기본적인 신뢰감을 형성한다. 이러한 개인적 차원의 의사소통은 최근 강조되고 있는 셀프 리더십의 핵심 기술이라 할 수 있다.

조직적 차원에서의 의사소통

조직적 차원에서의 의사소통은 개인에 대한 기능과 조직에 대한 기능으로 나눌 수 있다. 개인에 대한 기능은 구성원 행동통제 기능과 동기부여 기능으로 나눌 수 있다. 조직에 대한 기능은 원활한 의사소통이 의사결정의 절차를 단순화함으로써 불필요한 비용을 절감할 수 있다는 것이다. 조직적 차원에서 의사소통의 두 가지 기능은 현대 조직의 팀 리더십이나 조직 리더십을 통해 조직의 목표를 달성하는 데 유용하게 활용되고 있는 기술이다.

의사소통의 유형

의사소통은 사람들과의 관계에서 리더로서 기능을 수행할 수 있게 하는 기본

수단이며 사회적 기술이라고 할 수 있다. 리더의 의사소통은 유형별로 언어적 의사소통과 비언어적 의사소통, 수직적 의사소통과 수평적 의사소통, 그리고 일방적 의사소통과 상호적 의사소통으로 구분하여 살펴볼 수 있다(권정호 외, 2008; 김창민 외, 2016; Helder, 2013).

언어적 의사소통과 비언어적 의사소통

대인관계에서 의사소통은 가장 먼저 언어, 즉 말을 하는 것을 떠올린다. 음성언어인 말은 사람들이 자신의 생각이나 정보를 전달하는 가장 효과적인 의사소통 수단이다. 사람들은 말을 통해 자신이 전하고자 하는 것을 정교하게 설명하고 표현하기도 하며 때론 지시하거나 설득하고 서로의 감정을 탐구하며 공유하는 등 자신을 드러내는 데 언어를 사용한 언어적 의사소통을 한다.

일반적으로 언어적 의사소통을 통해 메시지 전달이 가장 효과적으로 이루어진다고 생각한다. 그러나 Mehrabian(1971)의 법칙에 따르면, 상대방에 대한 호감을 결정하는데, 말하는 내용(언어)이 7%, 청각 정보(목소리)가 38%, 그리고 시각 정보(눈빛, 표정 등)가 55%의 영향을 미친다고 한다. 따라서 상대방에게 자신의 의사와 감정을 전달하는 의사소통을 하려면 청각과 시각 정보를 제공하는 비언어적 요소가 효과적이다(허은아, 2012). 비언어적 요소를 포함하는 비언어적 의사소통은 각 사회가 가지고 있는 독특한 문화에 영향을 받는다. 사람들이 가지고 있는 다양한 문화에 따라 메시지의 의미가 다르게 해석될 수 있기 때문에 리더가 구성원들과 비언어적 의사소통을 할 때 주의를 기울일 필요가 있다. 의사소통은 말로 표현하는 언어적 요소뿐만 아니라 청각이나 시각과 같은 비언어적 요소가 조화를 잘 이루었을 때 더 효과적이다.

수직적 의사소통과 수평적 의사소통

의사소통은 정보 유통의 방향에 따라서 수직적 의사소통과 수평적 의사소통으로 구분할 수 있다. 이러한 의사소통의 방향은 주로 여러 사람들로 구성되는 조직을 통해 살펴볼 수 있다.

수직적 의사소통은 조직의 위계구조 속에서 직무상의 역할과 권한에 따라 의사소통이 상급자에서 하급자로 이어지는 하향적 의사소통(downward communication)과 그와 반대로 하급자의 의견이나 태도 등이 상급자에게 전달되는 상향적 의사소통(upward communication)으로 구분한다. 일반적으로 리더십은 하향적 의사소통을 중점적으로 다루고 있지만, 최근에는 구성원의 팔로워십(followership)이 강조되고 있다. 무엇보다도 조직에서 하향적 의사소통과 상향적 의사소통이 리더의 리더십을 통해 역동적으로 이루어질 때 보다 효과적인 결과를 가져온다.

수평적 의사소통은 조직에서 같은 직급과 직위를 가지고 있는 동료 간이나 부서 간에 이루어지는 것으로 동료 간의 단합과 부서 간 업무의 조정과 지원 및 통합을 위해서 매우 필요하다. 수평적 의사소통은 위계적인 수직적 의사소통보다 자유롭게 구성원들의 생각을 나눌 수 있다는 점에서 평등하고 민주적인 의사소통방식을 지향하는 여성주의 리더십의 방향과 맞닿아 있다.

일방적 의사소통과 상호적 의사소통

일방적 의사소통은 한 사람이 다른 사람 또는 다수를 상대로 일방적으로 자신의 의사를 말로 전달하는 것으로, 그 상대방은 듣기만 하는 의사소통의 형태이다. 이러한 일방적 의사소통은 말하는 사람과 듣는 사람이 고정되어 있고 상호작용을 통한 원활한 소통이 제대로 이루어지지 않는 경직된 상태로 소통의 단절이 쉽게 나타날 수 있다. 주로 권위적인 가부장제에서 흔히 나타나는 의사소통방식으로 여전히 조직과 사회에 리더십이라는 이름으로 남아 있다.

상호적 의사소통은 말하는 사람과 듣는 사람이 고정되어 있지 않고 소통이 양방향에서 원활하게 이루어지는 의사소통 방식이다. 의사소통 과정에서 과거의 경험이나 선입관, 편견 그리고 일반화된 사고 등이 사람들의 의사소통을 방해하거나 왜곡시킬 수 있다. 그러나 상호적 의사소통을 통해 상대방이 하는 말과 행동의 의미를 파악할 수 있는 양방향의 소통이 이루어진다면 서로가 전하고자 하는 메시지를 효과적으로 전달할 수 있을 것이다. 이러한 상호적 의사소통은 여성주의 리더십에서 가장 효과적으로 적용할 수 있는 리더십의 기술로 개인이나 조직 그리고 공동체에서 서로에 대한 이해와 공감을 불러올 수 있다.

2. 공감과 소통을 위한 의사소통 기술

사람들은 상대에게 언어나 비언어적 표현을 통해 자신의 생각을 전달하고 상대는 그 표현을 듣거나 이해하고 다시 표현함으로써 서로 의사소통을 한다. 의사소통은 단순히 자신과 타인의 생각을 전달하는 것에 머무르지 않고 서로에게 관심을 기울여 이해하며 반응하는 공감적 소통으로 이루어진다. 리더와 구성원 간의 이해와 배려를 기본으로 하는 여성주의 리더십에서 공감과 소통을 위한 기술은 경청과 공감 그리고 이를 통해 서로 공감적 대화를 하는 것이라 할 수 있다. 이는 모든 편견과 차별을 경계하며 연대하고 공존하려는 여성주의 가치 실현에 매우 중요한 의사소통 기술이다.

경청하기

경청은 단순히 말을 듣는 것과 달리 상대방의 말에 집중하고 관심을 기울이며, 상대방이 전달하고자 하는 의미를 이해하기 위해 열심히 듣는 것을 말한다. 경청은 말하는 이로 하여금 듣는 이에 대한 믿음을 가지게 하고, 좋은 반응을 일으키게 함으로써 의사소통을 원활하게 한다.

감정이입적 경청

사람마다 전혀 다른 방식으로 말을 듣지만 경청의 기술 가운데 가장 중요하고 기본이 되는 것은 감정이입적 경청(empathetic listening)이다(Barker et al., 2000). Fisher(1999)는 감정이입이란 다른 사람의 감정을 대신하여 경험하는 능력이라고 말하고 있는데, 이는 인간이 가지는 차별적 능력이라 할 수 있다. 감정은 사람의 생각과 행동에 영향을 주기 때문에 자신뿐만 아니라 다른 사람의 감정을 느끼고 이해하며 경청하는 것은 의사소통에서 매우 중요한 기술이다. 또한 듣는 능력이 말하는 능력을 결정한다고 보고 말을 조리 있게 잘하는 사람은 듣는 습관이 좋은 사람이라고 말한다. Barker 외(2000)는 듣기 습관을 바꿀 수 있는 비결로 'TIP'를 제시하고 있는데, 여기에서 'TIP'는 Training(훈련), Incentive(유인), Practice(연습)를 의미한다. 이 세 가지의 방법을 통해 리더의 듣기 기술은 훈련과 노력을 통해 바꿀 수 있다.

- Training(훈련) : 듣기와 관련된 지식을 읽고 행동으로 옮기는 훈련
- Incentive(유인) : 자신의 욕구를 이용하여 듣기 습관을 고치기 위해 동기 부여
- Practice(연습) : 훈련과 유인으로 듣기 습관을 바꿀 토대 마련, 연습으로 완결

적극적 경청

또 다른 경청의 기술로 적극적 경청이 있는데, 이는 능숙한 경청을 뜻하며 상대방의 말을 듣는 일에서 그치지 않고 상대방의 상황이나 감정은 물론 메시지를

진정으로 이해하는 경청을 의미한다(Carnegie et al., 2004). 적극적 경청을 하는 사람은 집중력을 되살리기 위해 의식적으로 노력하고, 의미를 명확히 이해하기 위해 질문을 하고 메시지를 듣고 이해했다는 사실을 상대방에게 다시 전달한다. 이러한 방식의 적극적 경청은 상대방이 자유롭게 자신의 생각과 감정을 표현하고 이해를 받는 느낌을 가지게 하여 솔직한 자신의 의사를 표현하도록 한다. 리더는 적극적 경청의 과정을 통해 다른 사람들과 많은 정보를 공유하게 되며, 이를 긍정적인 방향으로 변화시킬 수 있는 리더십을 발휘하게 된다. 특히 인간관계에서 리더십의 중요한 기술인 적극적 경청은 다음과 같은 바른 자세가 필요하다(권정호 외, 2008).

- 평가하지 말고 들으라.
- 남의 말을 선불리 짐작하여 듣지 말라.
- 경청하는 체하지 말고 진지하게 경청하라.
- 때때로 남의 말의 내용과 함께 감정에도 관심을 보여라.
- 상대방 쪽으로 약간 기울인 자세를 취한다.
- 따뜻하고 부드러운 시선을 보낸다.
- 편안하고 자연스러운 자세를 취한다.
- 잘 듣고 있다는 표시로 고개를 끄덕인다.
- 듣고 있다는 표시로, “아, 그래, 그랬니, 그랬구나, 그래서, 저런” 등의 표현을 한다.
- 말을 중간에 자르지 않는다.

무엇보다도 의사소통을 효과적으로 잘 하기 위해서는 대화의 과정에서 상대의 말에 집중하여 열심히 듣고 이해하고 있음을 느끼도록 하는 것이 중요하다.

상대방이 말을 잘 들어주면 사람들은 스스로 마음의 문을 열어 자연스럽게 소통하게 되므로, 리더는 바른 경청의 자세를 바람직한 습관으로 바꾸려는 의식적인 노력을 해야 한다.

공감하기

마음과 마음을 연결하는 능력은 공감에서 비롯된다. 공감을 통해 서로 목표를 공유하고 올바른 태도로 소통하여 신뢰를 구축할 수 있다(홍의숙 외, 2016). 많은 경우 사람들은 상대가 하는 말과 행동에 빠르게 반응하며 상대가 전하고자 하는 메시지에 대해 쉽게 충고나 조언을 한다. 이는 상대방이 전하고자 하는 메시지에 공감하여 반응하기보다 우선 자신의 주관적인 생각이나 의견을 앞세우는 것으로 상대와의 의사소통에 방해가 된다. 좋은 의사소통은 먼저 경청하고 그리고 상대에게 공감하는 것으로부터 시작된다.

공감이란 상대방의 생각이나 감정 그리고 그 안에서 표현되는 말과 행동에 반응하고 그 의미에 대해 깊이 있게 이해를 한다는 것이다. 상대에게 공감한다는 것은 말이나 행동만으로 되는 것이 아니라 진심을 다해 온전히 상대를 이해할 때에 가능한 것이다. 그리고 공감은 상대의 감정을 정확하게 지각하여 알려주어서 자신이 이해받고 있음을 인식하게 하여 신뢰 있는 인간관계를 촉진할 수 있다(이재열, 2009).

갈수록 복잡해지는 사회에서 정확한 정보와 확실한 논리로 상대를 이해시키는 것이 중요하다고 하지만, 사람을 움직이는 힘은 여전히 논리보다는 감정과 더 많이 관련되어 있다. 사람의 마음을 움직이게 하는 공감은 의사소통에서 리더뿐 아니라 구성원 모두에게 요구된다. 리더십의 공간에서 공감의 능력을 높이려면 어떻게 해야 할까? 조직의 공감 회로를 다양하게 증폭시키는 것이 리더의 책임이라고 보는 Goleman(2014)은 공감의 능력을 높이기 위한 지침을 다음과 같이 제시하고 있다(김찬호, 2017).

- 귀를 기울이기
- 이끌어주기
- 전문가를 포함한 타인의 조언 듣기
- 성과를 자축하고 웃고 함께 즐거운 시간 보내기

공감의 능력을 높이는 이와 같은 지침은 리더와 구성원이 공유한 목표를 달성하는데 필요한 무한한 잠재력을 이끌어내게 한다. 그리고 의사소통 과정에서 상대에 대한 공감과 함께 공감적인 표현을 사용하는 것 또한 리더의 의사소통능력을 높일 수 있다. 공감적인 표현은 상대방으로 하여금 자신이 이해받고 있다는 느낌을 가지게 하며 서로에 대한 모든 상황에 공감적 이해를 하게 한다.

이주희 외(2009)에 의하면, 유능한 리더는 상대방의 정서를 반영한 공감적인 표현을 사용함으로써 신뢰를 얻는다. 단순히 "당신에게 공감합니다"라고 표현하기보다는 "당신이 ~할 때는(~하니까) ~한 느낌이 드는군요"라는 상대방이 지니고 있는 정확한 정서를 찾아 공감의 표현을 해야 한다.

- A : "저는 이번 과제 팀원 B가 싫어요. B는 과제 모임을 할 때마다 늦거나 빠지면서 힘든 자신의 사정만 이해해 달라고 해요. 과제발표 전날까지 자신이 맡은 부분을 마무리하지 못해 팀장인 제가 밤을 새우다시피 해서 끝냈어요. 같은 과제점수를 받게 되는 것도 싫은데 말을 할 수도 없고…."
- 공감 표현 : "당신은 ________________할 때는 ____________ 한 느낌이 드는군요."

공감적인 표현을 하는 과정은 자신보다는 상대방의 입장이 되는 것으로 공감적 이해를 하게 되면 상대방은 듣는 사람을 더 신뢰하게 되고 자신을 더 깊이 있게 드러내 보이게 된다. 이와 같이 의사소통 과정에서 공감적 이해를 통해 높일 수 있는 리더의 공감능력은 소통을 방해하는 선입견이나 편견을 내려놓고 상대의 말을 경청하고 상대의 감정을 정확하게 읽고 이해함으로써 발휘되는 리더십 기술이다. 여성들의 감정적 표현력이 인류의 가장 경탄할 만한 특징의 하나인 감정이입을 자연적으로 선택하게 된 결과로 얻어진 부산물이듯(Fisher, 1999), 여성의 공감능력은 여성주의 리더십의 고유한 가치를 가장 잘 드러내면서 의사소통의 질을 높일 수 있는 효과적인 리더십 기술이다.

공감적 대화하기

대화는 사람들이 일상생활에서 다양한 주제를 가지고 서로의 생각을 나눌 수 있는 의사소통의 수단으로 듣고 말하는 반복적 과정이다. 대화를 하는 과정에서 사람들은 서로의 감정이나 생각을 나눌 뿐 아니라 정보나 지식을 공유하며 상호작용을 한다. 특히 마음과 마음이 연결되는 공감적 대화는 사람들과의 상호작용을 통해 이어갈 수 있는 것으로 의사소통 전체의 효과를 높인다.

리더와 구성원 간에 공감적 대화를 하기 위해서는 잘 듣는 것과 잘 말하는 것이 중요하다. 잘 듣는 것은 적극적으로 상대의 말을 경청하는 것이며, 잘 말하는 것은 상대방에게 공감적 이해를 이끌어내어 말을 잘 듣게 하는 것이다. 특히 훌륭한 리더는 남을 위해 귀를 여는 동시에 자신의 내면의 소리에 귀 기울일 줄 알아야 하며, 자신의 마음을 효과적으로 표현할 줄 알아야 한다(김창민 외, 2016). 다시 말해 서로의 말을 적극적으로 경청하고 서로의 감정과 생각을 이해하고 말로 표현해 내는 공감적 대화를 하는 것이 좋은 리더의 공감적 의사소통 과정이라 할 수 있다.

특히 공감적 대화 가운데 중요하게 다루어지는 비폭력대화(Non Violent Communication: NVC)는 말을 하는 서로에 대한 공감을 중요하게 생각한다. Rosenberg (2003)는 사람들이 공감적인 유대관계를 형성하면서 상대방의 인간적인 측면을 접하게 되고, 모두가 공유하는 공통적인 것을 알게 되기 때문에 상대의 말에 공감할 수 있다고 말한다. 이는 다른 사람과 먼저 공감대를 형성하면 자기표현도 쉬워지고 그런 다음 비로소 상대방과 비폭력대화를 하게 된다는 의미이다. 비폭력대화는 공감하며 대화하는 것으로 상대방과 좀 더 가까이 연결되고 싶은 자신의 욕구를 솔직하게 표현하고, 부정적인 말에도 공감을 해보거나 생기가 빠져나간 대화에도 활기를 되살리기 위해 감정을 이입하여 끼어들기도 한다.

"사생아에 대한 낙인 제도를 부활하자!"
NVC 연수생 중 한 명이 같이 일하는 중년 동료가 신문을 읽다가 "옛날처럼 사생아들에게 낙인을 찍어야 해!"하고 갑자기 큰 소리로 이야기하는 것을 듣고 충격을 받았다. 이 연수생은 충격적으로 들린 그 사람의 말 뒤에 숨은 느낌과 욕구에 주의를 기울이는 방법도 있다는 것을 기억해냈다.

연수생 : (동료가 무엇을 보고 있는지 자신의 추측을 확인하면서) 신문에 난 십대들의 임신에 관한 기사를 읽으셨나 보군요.

동　료 : 네, 믿어지지 않을 정도로 많은 아이들이 이런 문제를 일으키고 있네요!

연수생 : (동료의 느낌과 충족되지 못한 어떤 욕구가 이 같은 느낌을 불러일으키는가에 주의를 기울이면서) 아이들이 안정된 가정에서 자라기를 원하기 때문에 걱정이 되어서 그러세요?

동　료 : 당연하죠! 정말이지 내가 이런 일을 저질렀다면 우리 아버지는 나를 죽여버렸을 거예요!

연수생 : 그 무렵에 미성년인 여자 아이가 임신하면 어떤 일이 벌어졌는지 생각나시는군요?

동　료 : 그렇죠! 그때 우린 임신을 했다간 무슨 일을 당하게 될지 다 알았죠. 우린 요즘 애들과는 달리 임신하는 걸 항상 두려워했어요.

(중 략)

이 대화는 동료가 미혼 청소년 방문객에게 존중과 애정이 담긴 도움을 줄 거라고 연수생이 확신하게 될 때까지 이어졌다. 또한 동료는 십대의 임신에 대한 자신의 염려를 누군가가 충분히 들어준 것에 만족을 느꼈다. 두 사람은 서로를 이해하게 되었다고 느꼈으며, 적의 없이 다른 의견을 나눔으로써 관계를 발전시켰다.

출처: Rosenberg (2003). '비폭력대화' 중에서.

결국 공감적 대화를 하게 되면 사람들은 자신의 말에 공감하여 귀 기울여주는 사람에게 자유롭게 자신을 표현할 수 있다. 따라서 리더가 구성원의 말을 적극적으로 들어줄수록 구성원도 리더의 말에 공감하며 적극적으로 들어주는 비폭력적이고 공감적인 대화를 하게 된다는 것이다. 무엇보다도 여성주의 리더십에서 서로의 말에 귀를 기울이는 적극적 경청과 서로의 생각이나 감정을 마음으로 이해하는 공감 그리고 마음과 마음이 연결되는 공감적 대화는 여성주의 리더의 의사소통능력을 높이는 데 더 효과적이다.

결정적 순간의 대화를 이끌어나가는 5가지 기법

- 있는 그대로의 사실을 말하라.
- 당신의 의도를 설명하라.
- 상대방의 생각을 물어보라.
- 지나치게 단정적인 어투를 사용하지 말라.
- 반대 의견이 나오도록 하라.

출처: Patterson (2003). p.188의 '결정적 순간의 대화'를 참고하여 구성함.

3. 공감과 소통을 위한 의사소통 원칙

리더의 의사소통은 공감과 소통이 이루어지는 공간에서 말하는 사람과 듣는 사람이 자신들의 감정과 생각을 편안하고 깊이 있게 전달하는 과정으로 리더의 리더십 역량을 고취할 수 있는 핵심적인 기술이다. 적절한 의사소통은 리더십의 방향을 올바르게 잡아주는 중요한 역할을 하고 사람들 사이에 좋은 관계를 형성할 수 있게 한다. 따라서 공감과 소통을 위한 의사소통의 원칙을 만들어 실천하는 것도 효과적인 여성주의 리더십 실현을 위한 바람직한 노력이라고 할 수 있다.

공감과 소통을 위한 의사소통의 원칙에 대해 Barker 외(2000)는 경청의 중요성과 함께 다음과 같이 설명하고 있다.

첫째, 공감과 소통을 위해 경청을 하면서 적절한 타이밍에 반드시 '피드백'을 해야 한다. 그리고 피드백은 핵심만 골라서 짧게 해야 한다. 그렇게 해야 상대방은 전하고자 하는 메시지가 명확하게 전달되었는지를 알아차리게 되어 안도감을 느끼게 된다.

둘째, 남녀의 대화에 대한 고정관념을 버려라. 남녀 간의 듣고 말하는 것의 차이는 사회적 학습에 영향을 받을 수 있기 때문에 훈련과 연습을 통해 성과 관련된 비효과적 습관을 바꿀 수 있다. 성별에 관계없이 자신의 장점과 서로의 장점을 배우기 위해 노력하는 것이 바람직하다.

셋째, 효과적으로 대화하는 방법을 배워라. 효과적인 대화를 하는 사람은 듣는 사람의 입장을 고려하며, 애매모호한 말보다 구체적으로 말한다. 그리고 밝은 표정과 정확한 발음, 적절한 속도로 대화하며 듣는 사람이 불쾌감을 느끼지 않도록 적절한 화법을 골라 사용한다.

넷째, 대화의 장벽을 피하라. 말하는 사람과 자신을 끊임없이 비교하지 말아야 한다. 이는 적극적인 경청의 치명적인 적이 된다. 그리고 마음을 읽으려고 하지 말아야 한다. 상대방의 말을 경청하기보다 상대의 마음을 읽으려는 노력을 더하기 때문이다.

이와 같은 공감과 소통을 위한 의사소통의 원칙은 배려, 공존, 연대 등 여성주의 가치를 실현하고자 하는 여성주의 리더십의 의사소통과도 맥이 닿아 있다. 여성주의 리더십에서 공감과 소통을 위한 의사소통은 다음을 고려하여 실천해 나갈 수 있다.

첫째, 마음을 움직이는 공감적 언어로 의사소통을 하자. 인류의 선조 여성들로부터 지금까지 여성들이 건강하고 적응력이 뛰어난 자손들을 길러낼 수 있었던 것은 오랜 시간 동안 귀를 기울여 마음을 움직이는 대화를 할 수 있었기 때문이다(Fisher, 1999). 여성주의 리더가 자연스럽게 전해진 여성들의 탁월한 의사소통능력을 활용하여 구성원의 마음과 마음을 연결한다면 조직과 공동체를 보다 역동적으로 움직이게 할 것이다.

둘째, 모든 차별을 초월할 수 있는 평등하고 민주적인 의사소통을 하자. 성이나 인종 그리고 장애 등 차별을 부르는 모든 것에 저항하기 위해 소통은 매우 중요하며, 원활한 소통이 이루어져야 서로를 이해하고 연대와 공존이 함께 하는 평등하고 민주적인 조직과 사회공동체로 발전할 수 있다.

셋째, 뚜렷한 비전을 가진 내적 권위로 의사소통을 하자. 여성주의 리더는 물리적인 힘을 사용하는 외적 권위보다는 배려와 윤리를 강조하는 내적 권위를 가진 언어로 소통하는 것이 중요하다. 여성주의 리더가 직접적인 지시나 명령이 아닌 여성주의 가치를 내포한 뚜렷한 비전을 제시하고 이를 실천할 수 있도록 권한을 위임할 때 조직과 사회의 변화를 이끌어낼 수 있다.

여성주의 리더십의 공감과 소통을 위한 의사소통은 마음을 움직이는 공감적인 언어로 모든 차별을 초월할 수 있는 평등하고 민주적인 의사소통을 하는 것이다. 더 나아가 여성주의 리더의 의사소통은 뚜렷한 비전을 가진 내적 권위로 사람들 사이의 소통이 원활히 이루어지도록 하여 서로 공유된 목표를 달성하는 데 도움을 주고자 하는 것이다.

공감적 소통의 TIP

- 상대의 이야기를 주의 깊게 침묵하며 들어 보세요.
- 들으면서 상대의 말 속에 숨어 있는 핵심 욕구를 찾아보세요.
- 상대의 이야기가 끝나거나 잠시 멈추었을 때 핵심 욕구를 정확히 말해 보세요.
- 상대의 반응을 살펴보세요.
- 필요하다고 판단될 때는 다시 핵심 욕구를 반복해서 말해 주며 들어 보세요.
- 상대가 호흡을 고르거나 말을 쉬면, 다른 이야기를 나누자고 제안해 보세요.

출처: 박재연 (2016). p.178의 '말이 통해야 일이 통한다'를 참고하여 구성함.

여성주의 리더십 연습 1 : 나는 좋은 경청자인가?2)

STEP 1.

다음의 질문에 대해 자신이 어느 정도 동의하는지 표시하시오.

문 항	거의 그렇지 않다	가끔	자주	항상	거의 언제나 그렇다
1. 다른 사람의 말을 듣는 것을 좋아한다.	1	2	3	4	5
2. 나와 다른 사람보다도 비슷한 사람들에게 더 주의를 기울인다.	5	4	3	2	1
3. 다른 사람들이 발언을 할 때 그들이 사용하는 단어와 비언어적 의사소통을 평가한다.	5	4	3	2	1
4. 산만한 분위기를 싫어한다. 만약 시끄러운 장소라면 조용한 곳으로 이동할 것을 제안한다.	1	2	3	4	5
5. 내가 어떤 일을 하고 있을 때 사람들이 다가와서 업무가 방해를 받을 경우에는, 하는 일을 일단 접고 다른 사람에게 모든 관심을 보인다.	1	2	3	4	5
6. 사람들이 발언을 할 때 그들이 발언을 끝날 때까지 충분한 시간을 준다.	1	2	3	4	5
7. 상대방이 나와 의견을 달리할 경우에는 상대방을 관심 밖에 둔다.	5	4	3	2	1
8. 다른 사람들이 이야기할 때, 내 생각은 집중하기보다는 다른 곳에 맴돈다.	5	4	3	2	1
9. 다른 사람들이 이야기할 때 상대방의 말을 충분히 이해하기 위하여 그들의 비언어적 의사소통에 면밀한 관심을 기울인다.	1	2	3	4	5
10. 의사소통에서 거론되는 주제가 너무 어려울 때는 다른 곳에 관심을 쏟거나 이해하는 척한다.	5	4	3	2	1
11. 다른 사람들이 이야기할 때 어떻게 대답할 것인지를 준비한다.	5	4	3	2	1
12. 상대방의 발언에 중요한 부분이 빠지거나 앞뒤가 맞지 않을 때, 직접적인 질문을 하여 더 자세한 설명을 요청한다.	1	2	3	4	5
13. 상대방의 발언을 이해하지 못할 때 이를 상대방에게 알린다.	1	2	3	4	5
14. 상대방의 말을 경청할 때 상대방의 입장에서 상대방의 시각으로 접근한다.	1	2	3	4	5
15. 대화 내용을 내 나름대로 정리하고, 이를 다시 상대방에게 언급함으로써 대화 내용을 잘 이해하고 있는지 확인한다.	1	2	3	4	5

2) Lussier 외(2016)의 Leadership 활동지를 수정하여 사용함.

STEP 2 : 채점 및 평가

각 문항의 점수를 합산하여 아래의 척도에 자신의 점수를 표시하시오.

15 25 35 45 55 65 75

낮은 경청 점수 좋은 경청 점수

STEP 3.

자신이 좋은 경청자인지 자신의 생각이나 느낀 점을 정리한다.

나는 좋은 경청자인가?

여성주의 리더십 연습 2 : 일방적 의사소통 & 상호적 의사소통

STEP 1 : 일방적 의사소통

- 시범자와 참관인을 정한다.
  - 전체: 시범자(1명), 참관인(1명)
  - 팀별: 각 팀별 시범자(1명), 참관인(1명)
- 시범자(1명)는 먼저 그림을 검토하여 참가자들에게 설명한다.
- 시범자는 어떤 형태의 질문도 받지 않고 반응도 하지 않는다.
- 참가자들은 시범자의 설명을 듣고 그림을 그린다.
- 참관인(1명)은 시범자와 참가자들의 행동과 반응을 관찰하여 기록한다.
- 시범자는 참가자의 의사소통 그림 중 가장 비슷한 [오늘의 그림]을 선정한다.

일방적 의사소통

STEP 2 : 상호적 의사소통

- 시범자(1명)는 먼저 그림을 검토하여 참가자들에게 설명한다.
- 시범자는 참가자의 모든 질문에 대답할 수 있다.
- 참가자들은 시범자의 설명을 듣고 그림을 그린다.
- 참관인(1명)은 시범자와 참가자들의 행동과 반응을 관찰하여 기록한다.
- 시범자는 참가자의 의사소통 그림 중 가장 비슷한 [오늘의 그림]을 선정한다.

상호적 의사소통

STEP 3 : 발표

- 참관인은 두 개의 의사소통 과정에 대해 시범자와 참가자와 함께 논의한다.
- 참관인, 시범자, 참가자는 자신들의 생각이나 느낀 점을 발표한다.

여성주의 리더십 연습 3 : 공감적 의사소통[3)]

STEP 1 : 내가 소통하기 가장 어려움을 느끼는 사람

- 팀별로 "내가 소통하기 가장 어려움을 느끼는 사람"에 대해 토의한다.
- 팀별 토의 후 결과를 발표하고, 다른 팀의 발표에 대한 소감과 함께 자신의 소감을 작성하고 이야기를 나누어 본다.

일방적 의사소통	
나의 소감	

STEP 2 : 공감적 소통하기

- 네가 ____________________해서(또는~이) 나에게 문제가 된다.
- 그래서 나는 ____________________하게 느낀다.
- 왜냐하면 ________________________________때문이야.
- 나는 네가 __________________________하면 좋겠어(~해 주겠니?)

3) 김창민 외(2016: 170)와 이주희 외(2009: 62)의 활동지를 수정하여 사용함.

CHAPTER 11

가치창조적 의사결정

프리기아의 수도 고르디움에는 전설 속의 매듭인 고르디우스의 매듭(Gordian Knot)이 있었다. 아시아를 정복하는 사람만이 풀 수 있다는 고르디우스 왕의 전차에 달려 있는 이 매듭은 매우 복잡하게 얽혀 있어 아무도 풀 수가 없었다. 마침 아나톨리아 지방을 지나가던 중 이 전차를 본 알렉산드로스 대왕은 단칼에 매듭을 잘라 버렸다고 한다.

'고르디우스의 매듭을 잘랐다'라는 표현은 문제를 대담한 방법으로 해결한다는 의미이다.

11 CHAPTER

가치창조적 의사결정

사람들 사이에 하나의 유행어처럼 불리던 결정장애라는 말을 한 번쯤은 사용해본 적이 있을 것이다. 모두가 결정장애라는 사회병리현상을 겪고 있는 것처럼 누군가가 "난 결정장애가 있어."라고 하면 사람들은 그 말에 동의하며 결정을 잘 내리지 못하는 것을 쉽게 이해해 주기도 한다. 결정이 하나의 장애로 인식될 만큼 사람들에게 무엇을 책임지고 결정해야 한다는 것은 상당한 부담으로 작용한다. 그러나 우리는 무엇이라도 결정을 내리지 못하면 어떤 일도 일어나지 않는다는 것을 알기에 결정의 순간이 되면 '고르디우스의 매듭'을 자르듯이 대담한 결정을 해야 한다.

리더는 얼마나 많은 결정을 내리며 살아갈까? 그 결정이 자신은 물론 자신과 관계된 많은 사람들과 사회공동체에 어떤 영향을 미칠까? 우리 모두는 지금 이 순간에도 리더로서 크고 작은 결정들을 내리고 있거나 내려야만 할지도 모른다. 특히 여성주의 가치를 실천하고자 하는 리더는 성공에 대한 기대와 실패에 대한 위험 속에서도 새로운 가치창조를 위해 올바른 의사결정을 내리려는 노력을 지속적으로 하고 있다.

1. 의사결정이란

한때 우리는 스스로의 결정보다 영향력이 있는 리더나 국가의 결정을 따르기만 해도 삶을 충분히 살아갈 수 있었던 때도 있었다. 그러나 다양성과 복잡성이 공존하고 개인의 자유와 책임이 강조되는 지금은 누군가의 결정을 따라가기보다는 자신이 리더가 되어 스스로의 결정을 통해 평가받는 시대가 되었다. 리더의 올바른 의사결정은 자신은 물론 조직이나 사회공동체의 미래를 결정지을 수 있는 만큼 중요한 핵심 능력이자 경쟁력이라는 의미이다.

의사결정이란 문제해결을 위해 여러 가지 해결 대안을 탐색하고, 각 대안별로 그 결과에 대해서 미리 생각해 본 후, 그중에 대안을 선택하는 행위 또는 문제를 해결할 대안적 행위의 진로를 선정하는 과정이다(권정호 외, 2008; 장수용, 2011). 즉, 의사결정은 문제 상황에서 문제해결을 위해 여러 가지 대안을 탐색하고 탐색된 여러 대안 중 가장 적합한 대안을 결정하는 과정이라고 할 수 있다. 따라서 선택을 하는 것은 의사결정을 하는 것이며, 그 선택권을 행사하는 사람이 의사결정자이며 리더가 되는 것이다.

그렇다면 리더는 어떤 의사결정을 내려야 하는가? 누군가는 리더의 의사결정에 솔로몬의 지혜를 떠올릴 수도 있을 것이다. 솔로몬의 지혜가 필요할 만큼 다양성이 존재하는 현대 사회에서 좋은 의사결정은 집단을 다수와 소수로 분리하는 것이 아니라 합의점을 찾아 목표를 달성하는 민주적 의사결정일 수도 있다(이주희 외, 2009). 그만큼 리더의 의사결정은 리더 자신뿐 아니라 조직과 구성원 그리고 사회공동체의 변화에 많은 영향을 주기 때문에 단순히 선택하고 결정을 내리는 것 이상의 의미를 가지게 된다.

수 세기에 거친 인간의 역사에서도 경험했듯이 리더의 잘못된 의사결정이 되돌릴 수 없는 실패를 가져오기도 하지만, 리더의 올바른 의사결정이야말로 새로운 패러다임의 변화를 가져오는 데 지대한 영향을 주기도 한다. 따라서 여성주의 리더는 단순한 선택을 넘어선 상호존중과 평등, 권한 위임과 지원 그리고 협동과 배려 등 여성주의 가치를 실현할 수 있는 올바른 의사결정으로 변혁의 시대를 열어가야 한다.

의사결정의 유형

리더의 올바른 의사결정은 편향된 의사결정의 습관을 고치는 것에서 출발한다. 리더의 편향된 의사결정의 습관은 편향된 정보를 통해 내려지는 불확실성에서 기인한다고 볼 수 있기 때문에 리더가 정보를 분석할 때 편향된 사고에 맞서는 대안적 시각을 가진 탐색적 사고를 해야 보다 나은 의사결정을 할 수 있다(Duke, 2018). 또한 올바른 의사결정을 위한 탐색적 사고는 개방적이고 객관적인 논쟁을 지향하고 있어 의견의 다양성을 수용할 수 있으며 생산적인 의사결정을 할 수 있게 한다. 다양성을 기반으로 하는 리더의 의사결정은 선입견과 편견 그리고 의도적 합리화를 통한 의사결정의 왜곡을 막아주기 때문에 리더십을 효과적으로 발휘할 수 있도록 한다.

이와 같이 다양성을 기반으로 올바른 의사결정을 내려야 하는 리더는 의사결정에 다양한 형태로 참여한다. 리더는 자신의 삶이나 조직 및 사회공동체의 전체적인 의사결정을 하는 것이 가장 핵심적인 역할이지만, 그 외에도 의사결정의 과정에 자문을 하고 구성원들과 의견을 나누면서 구성원들에게 의사결정의 권한을 위임하고 공동의 의사결정을 내린다(임창희 외, 2011). 리더의 의사결정 참여 형태가 다양한 가운데 Kolb(1984)는 현재의 리더십에서 구성원들의 인식에는 차이가 존재하지만 남녀 리더의 행동에는 큰 차이가 발견되지 않는다고 했다. 즉, 의사결정 유형이 실제 성별의 차이보다 개인의 성향이나 직무의 성격 그리고 상황에 따라 달라질 수 있다는 것이다.

리더가 다양성을 수용하고 생산적인 의사결정을 하기 위해 여러 형태의 의사결정에 참여하고 있듯이, 의사결정의 유형을 방법과 주체를 기준으로 다음과 같이 구분하여 살펴볼 수 있다(권정호 외, 2008).

정형적 의사결정과 비정형적 의사결정

의사결정은 결정의 방법에 따라 정형적 결정과 비정형적 결정으로 나눌 수 있다. 정형적 의사결정은 일상적 문제, 반복적 문제, 인과관계가 매우 확실한 문제 등 문제해결 방법이나 의사결정 방법이 이미 정해져 있는 경우의 결정이며, 규칙이나 표준 운영 절차를 통해 기계적으로 의사결정을 하게 된다. 이에 반해 비정형적 결정은 문제해결 방법이나 의사결정 방법이 미리 정해져 있지 않고 기존과는 다른 방법이 이용되는 결정을 말하며, 비일상적 문제, 선례가 없거나 예측하지 못했던 문제, 복잡한 문제 등에서 나타난다. 특히 다양하고 복잡하게 구성되어 있는 사회환경 속에서 리더는 비정형적인 의사결정을 많이 하는데, 이러한 결정은 리더 개인의 직관에 의존하거나 집단토의를 활용한다.

개인 의사결정과 집단 의사결정

의사결정은 그 주체에 따라 개인 의사결정과 집단 의사결정으로 나눌 수 있다. 개인 의사결정은 결정자 개인이 최종적으로 결단을 내리는 유형이며 전통적 조직에서 주로 나타나는 보편적 현상이다. 집단 의사결정은 개인들이 모인 집단에서 주로 토의나 회의를 거쳐 합의에 도달하는 유형으로 다각적 시각에서 분석을 시도할 수 있어 더 나은 결정이 나올 것으로 기대할 수 있다.

이와 같이 의사결정의 방법과 주체에 따라 리더의 의사결정 유형을 구분할 수 있는데, 가장 효과적인 의사결정 유형은 리더와 구성원이 함께 참여하여 논의함으로써 다양한 관점의 대안을 찾을 수 있는 집단적 의사결정이 효율적이다(권정호 외, 2008). 최근 불확실성과 위기에 대한 사회적 불안감이 증가하는 가운데 공동체적 삶에 관심을 가지며 모든 이들이 함께 머리를 맞대고 합리적인 의사결정을 할 수 있도록 하는 집단지성에 대한 관심이 높아지고 있다. 집단지성은 의사결정에 기여할 수 있는 지식 및 경험을 가진 사람들로 구성되는 것으로 리더의 의사결정에 긍정적인 효과를 가져온다.

의사결정의 과정

리더는 올바른 의사결정을 하기 위해 스스로에게 의사결정의 가치에 대해 질문을 해보고 스스로가 그 가치결정에 수긍할 수 있을 때 다른 사람들을 설득할 수 있다. 그렇게 되면 다른 사람들도 기꺼이 리더의 의사결정을 따르거나 의사결정 과정에 참여하여 책임 있는 행동을 할 것이다. 따라서 리더는 의사결정을 내릴 때 선택에 대한 책임을 다할 수 있는 마음가짐을 가지는 것이 중요하다. 리더의 책임 있는 의사결정은 리더 자신의 리더십을 증명할 수 있는 좋은 기회가 될 수 있으며, 구성원들도 적극적으로 그 결정을 따를 수 있게 한다.

복잡하고 어려운 문제가 발생했을 때 리더는 문제해결을 위한 결정을 내릴 때까지 수없이 많은 질문을 던지고 답을 찾으려고 노력한다. Badaracco(2016)는 복잡하고 어려운 문제를 '회색지대'라 표현하며 회색지대 문제를 해결하는 과정, 즉 의사결정의 과정은 스스로 옳은 질문을 던지고 자신만의 답을 찾아나가는 과정이라고 하였다. 또한 이러한 의사결정 과정은 상황이나 사건에 대처하기 위한 '이해', 가치판단을 유발하는 사례를 찾는 '인출', 찾아낸 사례에 대한 '판단' 그리고 가치판단, 회피, 거부와 같은 '적절한 반응'이라는 네 가지의 요소를 공통으로 가지고 있다(Thuraisingham & Lehmacher, 2013).

리더는 이러한 의사결정의 과정을 수없이 반복하면서 성공적인 리더로서 역할을 수행한다. 성공적인 리더가 되는 의사결정의 과정을 Komoriya(1998)는 전략적 의사결정의 여섯 단계로 구분하여 설명하고 있다(표 11-1). 이러한 의사결정의 단계를 통해 리더는 의사결정에 참여한 구성원들과 의견을 나누고 통합하여 최종적인 결정을 하게 된다.

표 11-1 전략적 의사결정의 단계[1]

제1단계	과제를 정확히 파악한다. • 명확한 목적과 목표를 통해 문제를 인식한다. • 의사결정의 방향을 검토·분석한다. • 전략적 우선 순위를 결정한다.
제2단계	창조적인 전략대안을 만든다. • 체계적인 사고와 집단토론을 통해 실행 가능성과 창조성을 높인다. • 지적 상호교류를 통해 대안을 규명하고 개발한다.
제3단계	정보의 유용성과 신뢰성을 평가한다. • 보다 좋은 전략을 입안하고 의사결정을 할 때 필수적인 사항이다. • 2차 정보 수집, 정보의 정밀도와 질을 높여야 할 사항들을 명확히 한다. • 정보나 검토 항목에 관한 우선 순위를 부여한다.
제4단계	가치판단 기준을 분명히 한다. • 보다 좋은 전략을 입안하고 의사결정을 할 때 필수적인 사항이다. • 전략대안이 가치판단 기준에 미치는 영향을 분석하고 명확히 한다.
제5단계	실천 가능한 사업전략을 수립한다. • 논리적으로 가장 좋은 전략대안을 선택한다. • 의사결정 속도를 높이는 정보가치를 활용해 의사결정을 신속히 한다. • 무엇을 할 것인가를 결정하고 실행에 옮긴다.
제6단계	구성원의 참여를 이끌어낸다. • 수직·수평관계의 의사소통을 한다. • 의사결정 참여자의 지식, 아이디어, 의견을 추출하고 융합하여 최종 결론을 이끌어낸다. • 상호자극과 적극적인 동기부여, 실행 과정을 통해 의사결정 참여자의 호응을 높인다.

1) Komoriya (1998)의 전략적 의사결정의 단계를 재구성함.

특히 이때 리더와 구성원 간의 원활한 의사소통이 의사결정의 과정을 보다 간결하게 하여 시간적·감정적 불필요한 소비를 줄여줄 수 있다. 리더의 의사결정 과정에서도 나타났듯이 리더는 최종 결정을 내릴 때 그 결정으로 인해 나타날 수 있는 결과를 구체적으로 생각하고 공감할 수 있어야 해결하고자 하는 문제에 대해 올바른 의사결정을 내릴 수 있다.

2. 문제해결을 위한 의사결정

인간의 삶이 지속되는 일상은 수많은 결정들로 이루어진다. 그리고 시간이 지남에 따라 그 결정들은 더 많은 결과를 낳고 그 결과는 다시 더 많은 결정을 하게 만든다. 우리가 하는 수많은 결정에는 정답이란 것이 존재할까? 더구나 지금과 같이 불확실성으로 인해 내재된 불안이 가중되는 시대에는 정답이라 생각하고 내린 결정도 상황에 따라 오답이 되기도 하듯 그 어느 때보다 문제적 상황에서 리더의 의사결정은 신중하게 이루어져야 한다.

문제적 상황 이해와 문제의식

인생에서 내가 내린 가장 중요한 결정은 무엇일까? 최근에 내렸던 가장 중요한 결정은 무엇일까? 그리고 내가 내린 가장 어리석은 결정은 무엇일까? 이러한 질문을 자신에게 던질 때 지금까지 수없이 많이 했던 결정들이 과연 올바른 것이었던가를 다시 한 번 생각하게 한다.

리더는 문제적 상황에 직면했을 때 이를 해결하기 위한 의사결정의 권한을 가지게 된다. 문제라는 것은 개인이나 집단이 일어나기 바라는 상태나 달성하고자 하는 수준과 실제의 상태나 달성하고자 하는 수준 간의 차이, 즉 기준으로부터의 일탈을 의미한다. 그리고 문제해결은 그 차이를 없애고자 하는 행위라고 볼 수 있다(권정호 외, 2008; 장수용, 2011). 결국 문제는 실제 우리가 목표로 하거나 바라는 상황이 일어나지 않을 때 나타나는 것으로, 문제의식을 가지고 문제를 발견하고 문제해결에 나서는 행위는 리더의 강한 책임감에서 비롯된다(그림 11-1). 특히 여성주의 가치를 실현하려는 여성주의 리더의 리더십은 문제적 상황과 그 상황에 대한 문제의식에 따라 의사결정 행동과 능력을 발휘하기 위해 책임을 다할 때 달라질 수 있다.

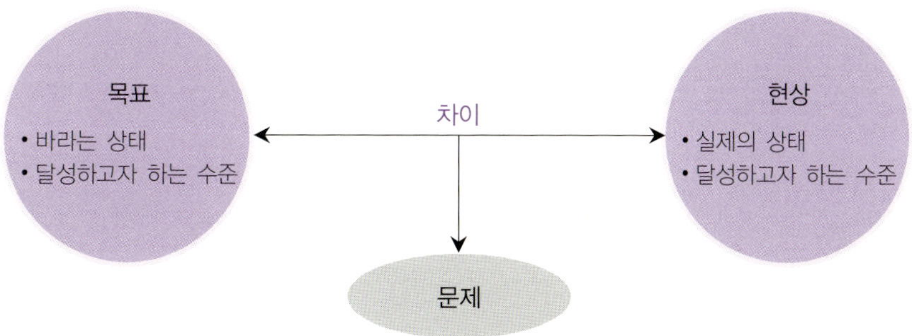

그림 11-1 문제의 발견

"나라면 ○○에 대해 어떻게 해야 할까?" 리더가 문제적 상황에서 문제의 본질을 파악하기 위해 문제에 접근하는 방식은 의사결정을 매우 효과적으로 할 수 있게 한다. Komoriya(1998)는 문제의 본질을 3가지 항목으로 분류하고 있다. 첫째, 불확실한 요소에 대한 정보와 판단이다. 자신이 무엇을 알고 있고 무엇을 모르는지에 대한 정보를 파악하고 문제의 본질에 대해 판단을 해보는 것이다. 둘째, 문제에 대한 대안이다. 문제를 해결하기 위해 무엇을 할 수 있는가, 그리고 어떠한 선택 사항이 있는가를 파악하여 대안을 찾아야 한다. 셋째, 가치판단 기준 간의 절충이다. 문제적 상황에서 무엇을 하고 싶은가, 어떻게 되는 것이 바람직하다고 생각하는가, 판단기준은 무엇인가에 대해 다각적으로 생각해 보는 것이다. 의사결정에 유용한 정보에는 항상 불확실성이 내재하므로 사소한 불확실성에 대해 불필요한 시간을 낭비하기보다는 다양한 가치가 대립하는 상황을 최소화할 수 있는 대안을 생각하고 그것에 집중하는 것이 필요하다.

이와 같이 의사결정은 개인의 일상생활에서부터 조직이나 사회공동체에 영향을 주는 중요한 문제이다. 문제적 상황에서 내리는 리더의 결정이 올바른 것인가 아니면 어리석은 것인가를 리더 스스로가 인지한다는 것은 상당히 중요하면서도 어려운 일이다. 어느 누구라도 어리석은 결정을 내리기를 원하지는 않을 것이다. 그러나 공식적인 절차가 없으면, 의사결정을 내릴 때 고정관념과 편견에 의존하게 된다(Crabb, 2014). 따라서 여성주의 리더십을 실천하는 리더는 의사결정을 방해하는 고정관념이나 편견 등이 의사결정의 질을 떨어뜨리는 것을 경계해야 한다. 여성주의 리더는 보다 합리적인 의사결정을 내리기 위해서 문제적 상황을 파악할 수 있는 현명함과 책임감 있는 문제의식을 가지고 자신뿐 아니라 구성원들과 의사결정 내용에 대한 끊임없는 조율을 해나가야 한다.

가치판단 기준

인생에서 겪는 가장 어려운 문제를 회색지대라고 표현한 Badaracco(2016)는 불확실성과 위험 부담이 큰 문제를 다루는 일은 업무능력만이 아니라, 인간으로서 자신을 시험하는 일이라 한다. 좋은 결정이든 나쁜 결정이든 결정을 내리고 나면 그래도 분명한 색이 드러나기 마련이고, 분명한 결정을 내리기 전 불확실한 상황을 말하는 회색지대에서는 그것이 불투명하게만 보인다는 것이다. 리더의 의사결정은 이러한 회색지대의 문제를 해결하기 위해서 스스로 옳은 질문을 던지고 자신만의 답을 찾아가는 과정에서 하게 되는 올바르고 대담한 결정을 말한다. 그리고 그 대담한 결정을 이루는 근간은 리더가 가지고 있는 가치판단의 기준에 달려 있다.

리더의 가치판단 기준이 의사결정의 질을 높일 수 있는 만큼 리더가 가진 가치관은 개인은 물론 함께 해야 할 조직과 사회공동체가 나아가야 할 방향을 분명하게 한다. 가치관이란 개인의 삶에 대한 가치 기준으로 삶에 있어 중요성과 우선 순위를 어디에 두느냐 하는 개인의 관점을 의미한다. 이러한 가치관은 믿음이나 신념과 연결되어 개인의 가치기준에 따라 각 개인이 가지는 세계관이나 인간관 그리고 사회관 등이 달라질 수 있다. 따라서 리더 자신은 물론 조직 및 사회공동체에 새로운 비전을 제시하고 이를 향해 나아가야 할 때, 리더의 가치관은 나침반 역할을 하며 삶의 우선 순위를 결정하는 리더십을 발휘하게 한다.

리더의 가치판단 기준은 자신의 가치관을 얼마나 명료하게 하여 리더십을 발휘해 나아가느냐에 달려 있다. 리더는 먼저 가치롭다고 생각하는 방향으로 가치선택을 하고 그 과정에서 발생하는 가치갈등을 해결하며 가치롭다고 믿는 것을 꾸준히 실현하는 가치실현의 과정을 통해 가치관을 명료화한다. 이러한 과정으로 형성된 리더의 가치관은 가치판단의 수준을 향상시키고 리더십의 영향력을 확대시켜 나갈 수 있게 한다. 특히 의사결정 과정에서 의사결정자인 리더의 가치판단 기준에 따라 문제에 대한 대안의 결과가 달라질 수 있다. 각 대안이 리더의 다양한 가치판단 기준에 부합하는지 명확히 한 다음 가치판단 수준 간의 이해를 조정하고 균형을 취하는 일은 의사결정자인 리더의 책임이다(Komoriya, 1998). 리더의 대담하고 올바른 의사결정은 리더 자신의 가치판단 기준을 가늠할 수 있는 것으로 리더는 최종적인 가치의 이해 조정과 균형을 이끌어나갈 수 있는 리더십 개발에 최선의 노력을 해야 한다.

3. 여성주의 리더의 의사결정

사람들은 자신의 문제뿐 아니라 조직 및 사회공동체의 문제들이 산재해 있는 가운데 끊임없이 돌출되는 문제들로 하루에도 수십 번의 크고 작은 결정을 해야 한다. 그리고 그 결정이 미칠 영향과 결과에 대해서도 생각을 해야 하기 때문에 무엇인가를 결정한다는 것은 결코 쉬운 일이 아니다. 무엇보다도 여성주의 리더는 자신에게 주어진 문제적 상황에 대한 올바른 이해와 문제의식을 가지고 여성주의 가치를 실현하는 효과적인 의사결정이 무엇인지에 대한 생각을 해보아야 한다.

최근 우리 사회에서는 정치, 외교, 경제 등 다양한 분야에서 유리천장과 유리벽을 깬 여성들이 의사결정권자로서 역할을 훌륭히 수행하고 있는 것을 많이 볼 수 있다. 이 시대의 가장 대표적인 여성 의사결정권자들을 살펴보면, 독일 최초의 여성 총리이며 네 번째 연임을 한 Angela Merkel(2005~2021), 양성평등에 대한 목소리를 높이는 facebook 최고운영책임자(COO)인 Sheryl Sandberg(2012~현재), 여성의 야망과 연대를 이야기하는 국제통화기금(IMF) 총재 Christine Lagarde (2011~현재) 등 이전보다 많은 여성들이 다양한 분야를 대표하고 있는 것을 볼 수 있다. 그러나 이것은 어디까지나 예외적인 것이지 일반적인 것은 아니다. 극히 일부의 성공한 여성 의사결정권자에 대한 이야기에 지나지 않으며 여전히 그들은 소수에 불과하다.

다양한 분야에 의사결정권자로서 소수의 여성들이 진출해 있지만 여전히 의사결정의 권한이 공적 영역에서는 남성에게, 사적 영역에서는 여성에게 더 많이 주어지고 있음을 여러 통계를 통해 확인할 수 있다. 2015년 The New York times(2015. 3. 2)는 일명 'John의 통계'라고 불리는 기사를 실었는데, 이 기사는 기업 분야에서 여전히 여성에게 높은 유리천장이 존재함을 나타내고 있다. 기사에 따르면, 미국 S&P 1,500[2)]에 등재된 기업의 최고경영자(CEO) 가운데 John이라는 이름을 가진 남성이 최고경영자(CEO)인 기업의 수가 여성이 최고경영자(CEO)인 기업 전체를 합친 것보다 많다는 것이다. 세계적으로 평등을 특히 강조하는 미국에서 조차 중요한 결정이 이뤄지는 많은 영역에서의 남성 독점이 얼마나 심각한지를 보여주고 있다. 성별이나 학력에 대한 차별이 개선되었다고 하지만 여전히 진행되고 있는 현재, 남성에 의해 의사결정 권한이 독점되고 있는 것에 대해 다시 한 번 생각해볼 필요가 있다.

여성의 의사결정에 대한 의심과 오해

최근에는 의사결정의 권한을 성별로 구분하기보다 능력 있는 리더에게 주어지는 것으로 인식하고 있다. 그러나 그럼에도 불구하고 아직도 공적 영역에서의 의사결정 권한을 가진 여성이 남성에 비해 소수라는 것을 'John의 통계'를 통해 확인할 수 있었다. 이러한 결과에 대해 Huston(2016)은 여성의 결정에 대해 우리가 여전히 의심을 하고 있다는 것과 그러한 의심을 만들어내는 배경에 대해 다음과 같이 이야기하고 있다.

여성의 의사결정에 대한 의심

- 어려운 결정을 해야 하는 상황에 맞닥뜨릴 때 남성은 단지 결정하는 일만 생각하면 되지만, 여성은 비판받는 상황에 어떻게 대처할지도 생각해야 한다.
- 여성의 능력에 대한 과소평가로 여성의 결정에 대한 관습적인 의심과 의문

2) Standard and Poor's 1,500. 미국 주식시장에 등재된 대표적인 1,500개 기업, 즉 1,500개의 주식을 대상으로 한 S&P 1,500 지수를 의미함.

이 현재 우리가 경험하는 성별에 따른 수많은 차이를 만들어낸다.

- 여성의 결정은 함부로 의심하면서 남성의 결정은 쉽게 받아들이는 행동을 무심코 반복하는 경향이 있다.
- 남성의 결정은 매정하고 불쾌한 것조차 그래야 하는 것으로 쉽게 받아들인다. 그러나 여성이 동일한 결정을 발표할 때 우리는 두 배쯤 깐깐하게 검토한다.
- 남성과 여성의 결정에 대한 사회적 편견 때문에 흔히 여성의 결정을 더 편협하고 상투적인 틀에 넣고 바라본다.

우리는 여성의 결정에 대해 의도하지는 않았겠지만, 수많은 중요한 결정을 여성들이 하고 있음에도 불구하고 여성이 과연 잘 선택했는지 의심을 하며 완전히 사라지지 않은 의심과 편견으로 여성을 지켜보고 있다는 것이다. 결국 의심과 편견에 맞서는 여성들은 의사결정 과정에서 남성보다 더 자주 자신의 능력을 입증해야 하는 부담을 가져야만 한다. 그러한 가운데 자연스럽게 여성의 의사결정에 대한 근거 없는 오해가 만들어진다(Huston, 2016).

여성의 의사결정에 대한 오해

- 최고위직 여성이 부족한 원인은 여성이 승진하는 데 남성만큼 관심이 없기 때문이다. 즉 야망이 없다.
- 훌륭한 의사결정자는 아는 것을 토대로 과감한 시도를 할 줄 아는 사람인데, 그러한 성격은 남성에게 속한 것이다.
- 여성은 선천적으로 결단력이 부족하고, 남성과 달리 거듭 자신의 선택을 검토하고 선택의 책임을 회피하려 한다.
- 여성은 계획적이고 의식적인 분석보다 마음이나 직감에 따라 결정한다.

◆ 여성은 다른 사람을 도와주고 보살피고 동정하기 때문에 더 민주적이고 협력적인 방식으로 결정한다.
◆ 여성은 스트레스 받을 때 감정적이 되어 일을 그르치는 반면, 남성은 냉철함을 유지하여 일을 잘 처리한다.

이러한 여성의 의사결정에 대한 오해는 결단력 있는 의사결정을 남성만이 할 수 있는 고유의 권한으로 인식하고 있는 것에서 출발한다. 지금까지 사용된 남성들의 의사결정 방식을 기준으로 여성의 의사결정 방식을 비교하는 것 그 자체부터 문제가 있는 것이다. 따라서 여성에게 남성과 같은 방식으로 의사결정을 하도록 조언하는 것부터 여성의 의사결정에 대한 의심과 오해를 생산하고 사회적 편견을 양산하는 것이다.

더 많은 여성이 의미 있는 결정을 하는 자리에 함께하기 위해서는 서로 다른 의사결정 방식에 대한 사회적 편견은 사라져야 하며, 그 자리에 서로의 의사결정 방식을 존중하고 인정하는 성평등한 사회가 만들어져야 한다.

여성주의 리더의 대담한 의사결정

흔히 대담한 의사결정을 하는 것은 남성의 특성이라고 생각한다. 그러나 2005년 퓨 재단(Pew Foundation)의 연구에 의하면, 유능한 리더에게 절대적으로 필요한 자질은 결단력인데 응답자의 62%가 남녀가 똑같이 결단력이 있다고 답했다(Huston, 2016). 성별을 떠나 대부분의 사람들은 어떤 결정을 내려야 할 때 자신에게 필요한 결정을 내리며 살아가는 것이지 누가 더 결단력 있게 결정을 잘한다고 말하기는 어렵다. 결정은 누구에게나 어려운 일이다. 그러나 지금까지 대부분의 결정이 남성중심으로 이루어져 왔기 때문에 여성보다 남성이 더 결단력이 있을 것으로 생각한다. 그리고 이러한 편견은 다른 젠더의 영역에서 실수한 여성에게 더 가혹한 평가로 이어질 수 있다. 사람들의 가혹한 평가를 두려워하지 않고 살아남아 대담한 결정을 했던 여성주의 리더가 있었기에 의심과 편견으로 막혔던 길을 넘어 올라설 기회가 주어졌던 것이다.

정치, 사회, 경제 등 다양한 분야에서 대담한 여성주의적 의사결정을 했던 여성들 가운데에서도 최근 다큐멘터리 영화 〈루스 베이더 긴즈버그: 나는 반대한다(2018)〉가 나올 정도로 유명한 대법관 Ruth Bader Ginsburg(1933~현재)가 있다. 2015년 미국 타임지가 선정한 '세계에서 가장 영향력 있는 100인'에도 포함될 만큼 유명한 인물로 1993년 미국 연방대법관으로 임명되어 현재까지 차별과 관련된 다양한 판결을 내리고 있다. "조용하지만 강철 같은 여자, 세상을 공정하게 바꾸다."라는 영화포스터의 글처럼 모든 차별에 반대하며 공정한 판결을 내리고자 한 것으로 유명하다. 특히 변호사로 일했던 1970년대 '편부가 자식을 키울 때는 양육수당을 줄 수 없다'는 정부를 상대로 하는 소송을 맡기도 하는 등 양성평등은 물론 성소수자에 대한 차별에도 일찍부터 관심을 두어 성차별을 금지하는 법률 제정에 영향을 주었다. 그녀는 자신을 '불타는 페미니스트(flaming feminist)'로 표현하며 지금까지도 차별받는 모든 이를 위해 '나는 반대한다'를 외치며 판결을 내리는 이 시대의 진정한 여성주의 리더이다.

이와 같이 변혁을 주도한 여성주의 리더는 남성과 여성을 분리하는 것이 아니라 모두에게 평등한 그리고 현명하고 통찰력 있는 결정을 하는 것이 중요하다. 성별에 따라 사회적 경험은 다양할 수 있기 때문에 젠더의 다양성은 오히려 균형 잡힌 결정을 할 수 있게 한다. 아직은 사회적으로 다수의 남성이 의사결정권을 차지하고 있지만 더 많은 여성이 의사결정 과정에 참여하게 된다면 보다 균형적인 결정을 내리는 데 도움이 될 것이다.[3] 의사결정의 권한을 성별로 구

3) Credit Suisse는 2005~2011년 글로벌 기업 약 2,400개를 조사한 결과, 여성이 이사회에 한 명 이상 포함된

분하기보다 남녀 모두 동등한 권한을 가지는 것으로 인식하고 의사결정 과정에 여성주의 가치를 실천할 수 있는 여성의 참여가 높아진다면 보다 성평등한 창조적인 의사결정을 할 수 있다는 것이다.

여성주의 리더십에서 서로의 다름을 인정하고 다양성을 존중하며 올바른 가치관으로 함께 어려운 문제를 해결해 나갈 수 있는 민주적인 의사결정을 하는 것이 중요하다. 여성주의 리더의 민주적 의사결정은 다수와 소수로 분리하는 것이 아니라 합의점을 찾아 목표를 달성하는 것이다(이주희 외, 2009). 따라서 여성주의 리더는 문제적 상황에서 자신이 가진 성평등적 가치관에 따라 긍정적으로 문제를 해결하는 가치창조적 의사결정을 할 수 있어야 한다. 권력을 독점하기보다는 권한을 위임하여 모두가 동등한 영향력을 가질 수 있는 여성주의 리더십에서 여성주의 리더의 대담한 의사결정은 성평등한 민주사회를 만들어가는 데 결정적 역할을 할 것이다.

여성주의 리더의 의사결정 기술[4)]

◆ **결정하기 전까지 아무 일도 일어나지 않는다. 결정을 해라. 그리고 인생이 달라지는 것을 지켜보아라.**

유명한 토크쇼 진행자인 Oprah Winfrey의 말처럼 인생에서 원하는 것이 있으면 어떻게 할 것인지 결정하고 이를 실천해야만 어떤 일이든 일어나게 된다. 그리고 그 결정으로 인해 삶의 방향이 달라지기도 한다. 분명한 것은 결정하기 전

대기업이 모두 남성인 비슷한 회사보다 주가가 26% 높은 것을 발견했다. 순수익 성장률도 이 회사들이 높았다. 이사회에 여성이 포함된 회사는 이사회에 여성이 전혀 없는 회사보다 평균 40% 많은 수입 증가를 기록했다. Urs Rohner and Brady W. Dougan, eds., "Gender Diversity and Corporate Performance," Credit Suisse AG, August 2002(Huston, 2016).

4) Huston (2016)의 '왜 여성의 결정은 의심받을까?' 내용을 수정하여 사용함.

까지 아무 일도 일어나지 않으며 달라지는 것도 없다는 것이다. 변화된 결과를 가져오기 위해 의사결정을 잘하는 기술이 특히 여성에게 중요한데, 일반적으로 여성이 남성보다 자주 사회에서 자신의 능력을 입증해야 하기 때문이다(Huston, 2016). 이는 남성 리더가 다수인 사회에서 그들의 리더십은 자주 입증할 기회가 있었지만, 여성의 경우는 최근에 와서야 유리천장을 뚫고 올라선 소수의 여성들에 의해 조금씩 입증되고 있다. 따라서 여성주의 리더로서 의사결정 기술을 가시적으로 증명하는 것 또한 여성주의 리더십 실현을 위해 매우 중요하다.

◆ 당신의 직관을 기점으로 삼고 데이터를 통해 증명하라.

Fisher(1999)는 여성을 전후관계를 살피는 사고, 즉 서로 관련 있는 요소들을 통합적으로 생각하는 '거미집 사고'를 한다고 보았다. 이는 여성의 삶의 다양한 경험이 정보가 되고 데이터가 되어 보다 신중하게 분석하고 계획하여 사려 깊은 결정을 내린다는 의미이다. 여성의 결정을 직감에 따른 편향적인 결정이라고 말하기도 하지만, 이러한 직관적 의사결정은 오랜 경험을 통한 여성의 고유하고 강력한 선택 방식이라 할 수 있다. 따라서 다양한 경험적 정보의 데이터가 축척된 직감에 따라 신뢰할만한 실질적 데이터로 변화되고, 리더는 이를 활용함으로써 자신의 대담한 직관적 의사결정을 증명할 수 있다.

◆ '이 결정은 누구에게나 어려울 것이다. 내가 불안을 느낀다면 그건 나와 아무 상관없는 어리석은 고정관념 때문이다'라고 생각하라.

최근 사회는 젠더 다양성에 관심을 보이고 있지만 리더의 의사결정에 관해서는 여전히 전형적인 남성의 역할로 생각한다. 여성 리더가 전통적인 남성처럼 행동하면 권위적이라고 비난하고, 전통적인 여성처럼 행동하면 우유부단하고 무능한 리더라고 한다. 그러나 리더의 의사결정능력은 성별에 따라 차이가 나는 것이 아니라, 리더의 의사결정 방식에 따라 서로 다르게 나타날 뿐이다. 따라서 여성주의 리더로서 어려운 결정을 해야 할 때 어리석은 고정관념으로 인해 의사결정을 방해받아서는 안 되며, 좋은 의사결정 기술을 습득하기 위한 훈련과 연습이 필요할 뿐이다.

◆ 당신의 선택을 지지하는 협력적 동지를 한두 명 이상 찾아라.

좋은 리더는 의사결정 과정에서 협의적이며 결단력이 있는 태도를 구성원들에게 보인다. 그러나 리더의 의사결정이 잘못되면 협의적인 태도는 우유부단으로, 결단력은 이기적인 것으로 비춰진다. 따라서 여성주의 리더는 중대하고 위험한 결정을 하기 전에 자신의 선택을 지지하는 협력적 동지를 찾아 연대를 해야 의사결정이 잘못되더라도 살아남을 수 있다. 그리고 자신을 지지해줄 사람을 찾는 데 시간을 많이 투자하는 것은 현명한 일이며 자신에게 불리한 상황이 닥쳤을 때 자신을 보호할 수 있다. 그렇게 한다면 여성주의 리더는 파트너로서 그들과 함께 오랫동안 변화를 이끌어갈 수 있다.

◆ 자신감은 현명하고 통찰력 있는 의사결정을 낳는 자산이다. 단, 자신에 대한 과신은 현명한 의사결정에 주요한 걸림돌이다.

여성주의 리더의 자신감은 경쟁적인 환경에서도 함께 공유하며 지지할 수 있는 리더십을 갖게 한다. 또한 여성주의 리더는 자신감을 자신의 필요에 따라 조절할 수 있어야 하는데, 이때 잘 조절된 자신감은 좋은 결정을 내릴 수 있게 한다. 자신에 대한 높은 자신감을 가지는 것도 중요하지만 때론 지나친 자신감이 현명한 의사결성에 걸림돌이 되기도 한다. 따라서 여성주의 리더는 현명하고 통찰력 있는 의사결정을 하기 위해 더 많이 경청하고 구성원들의 지지를 받을 수 있도록 잘 조절된 자신감으로 여성주의 리더십을 실현하여야 한다.

◆ 다른 사람들의 의견을 구하며 더 민주적으로 결정하라.

지금까지 가부장권이 강화된 사회에서 남성은 주로 다른 사람에게 영향을 주는 결정을 해왔고 여성은 다른 사람의 결정에 많은 영향을 받을 수밖에 없었다. 그러나 지금처럼 다변화된 사회에서 남성의 전략이라고 할 수 있었던 전제적 결정보다는 구성원들과 함께 통합적인 민주적 결정을 하는 것이 결정에 대한 위험을 최소화할 수 있다. 여성주의 리더가 다른 사람들과 의견을 나누는 것은 결단력이 없어서가 아니라, Fisher(1999)가 주장한 것처럼 모든 분야에서 유연성과 상상력, 직관, 협동, 의견일치 그리고 폭넓고 일관적이며 장기적인 관점을 불어넣을 수 있는 더 민주적인 방식으로 결정하기 위함이다.

여성주의 리더십 연습 1 : 최후의 생존자

STEP 1.

지구는 제3차 세계대전(핵전쟁)으로 인해 방사능 오염과 파괴로 더 이상 인간이 살아갈 수 없는 곳으로 변하였다. 땅 위의 살아 있는 모든 생물은 순식간에 사라지고 오직 12명의 생존자만 남게 되었다. 다행히 지구 최후의 날을 대비하여 한 과학자가 작은 우주선을 만들어 새로운 지구를 찾아 떠날 수 있었다. 단, 작은 우주선에 탑승할 수 있는 사람은 과학자를 포함하여 8명으로 제한되었다.
새로운 지구의 역사를 만들어갈 주인공으로 누구를 구출하여야 하는가?

유일한 12명의 생존자

1. 물리학도
2. 젊은 개신교 목사
3. 무장한 경찰
4. 상습 마약중독자인 임신 중의 물리학도 부인
5. 70세 고령의 천주교 신부
6. 유명한 지적인 여배우
7. 올림픽 축구선수
8. 재혼한 여자(전과 4범)
9. 유명한 흑인 의사
10. 트럭 운전기사
11. 마리화나 상습 흡연자인 클럽 걸(girl)
12. 16세의 여자 중학생

STEP 2 : 검토표

- 우주선에 탈 수 없는 5명을 적고 그 이유를 설명하시오.

  ①

  ②

  ③

  ④

  ⑤

- 이 활동을 통해서 당신 자신의 가치관, 태도, 행동에 대해서 특별히 느낀 점은 무엇인가?

  ①

  ②

  ③

- 이 활동을 통해서 참가자 중에 다른 사람의 생각, 태도, 행동 등에 대해 특별히 느낀 점이 있다면? (인상 깊게 느꼈던 사람에 대해서)

  ①

  ②

  ③

여성주의 리더십 연습 2 : 시간 여행자[5)]

STEP 1.

- 팀원들과 사회적 이슈(정치, 경제 등)나 구성원 중 의사결정을 해야 할 안건을 선택한다.

- 팀원들과 의사결정을 해야 할 안건에 대해 미래로의 시간여행을 떠나 미래를 잠시 들여다본다.

- 팀원들과 토론을 거쳐 미래로의 시간여행 시나리오 플래닝을 한다.
  - 가능한 미래는 무엇인가?
  - 그 가능한 미래들의 발생 확률은 무엇인가?

- 팀원들과 토론을 거쳐 시나리오 플래닝의 미래 결정 결과를 작성한다.
  - 미래 A
  - 미래 B

- 결정된 내용을 발표한다.

- 결정의 과정을 거꾸로 되짚어보고, 어떻게 그런 결정에 이르렀는지를 '기억하기' 위해 미래에서 출발하여 현재로 다시 돌아오는 의사결정 연습을 해본다.

5) Duke (2018)의 '시간여행자' 내용을 수정하여 사용함.

CHAPTER 12

새로운 리더십을 준비하라

특정 체제가 지속적으로 발전할 수 있는 것은 한 사람의 리더가 갖고 있는 카리스마 때문이 아니라 체계 안에서 리더십을 개발했기 때문이다.
– Weber, M.

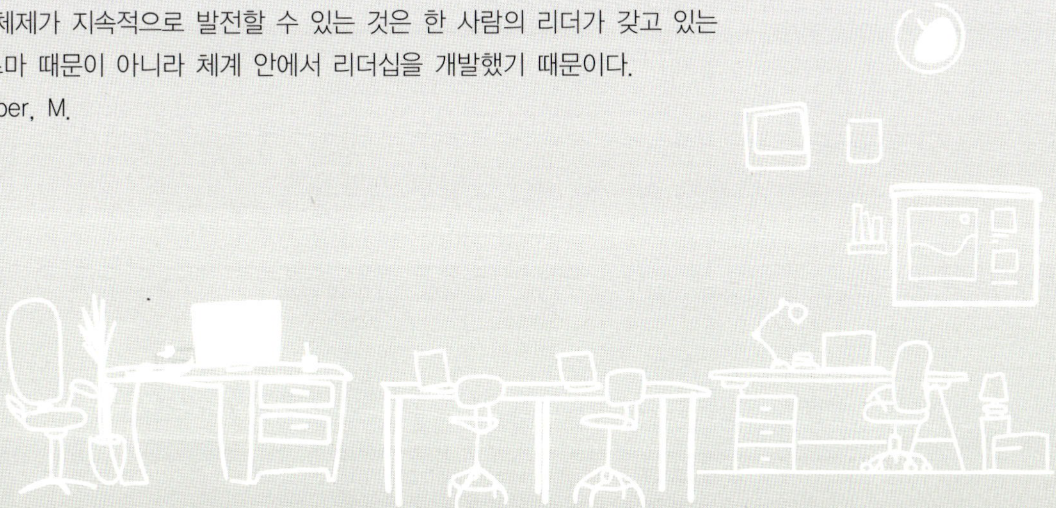

12 CHAPTER

새로운 리더십을 준비하라

기술과 산업의 발전이 가져온 사회변화는 리더십에도 많은 변화를 가져왔다. 전통적 리더십은 몇몇의 능력을 가진 사람이 조직 전체를 움직이는 것이었다. 그러나 현대는 조직원 전체가 리더가 되어 각자의 몫을 다하고 서로 잘 협력하여야 성공적인 조직의 목표를 이룰 수 있다. 이에 몇몇의 리더가 이끌어가는 조직이 아닌 조직구성원 전체의 역량을 개발하고 소통하며 조직의 목표를 달성해 갈 수 있는 리더십이 강조되고 있다. 이런 변화의 흐름은 새로운 리더십의 창출을 지속적으로 필요로 하는 것이다. 그렇다면 미래의 리더십이 고려해야 할 과제는 무엇이며 어떻게 발현되어야 할 것인가?

이 장에서는 미래의 리더십이 직면한 과제를 제시하고 새로운 리더십을 어떻게 발현하여야 하는지 살펴볼 것이다.

여성주의 문화 정착을 위한 노력을 지속하라

2017년 한국의 GII(Gender Inequality Index) 현황에서 여성경제활동참가율은 52.2%, 남성은 73.2%이다. 그런데 GDI(Gender-related Development Index) 수준에서

나타난 추정소득을 보면 여성의 소득은 22.5% 남성은 49.2%이다(주재선 외, 2018). 여성의 경제활동은 남성의 2/3를 능가하지만 소득은 1/2이 안 되는 상황이다. 이는 여성의 사회 진입이 어려울 뿐 아니라 진입 이후의 소득에서도 엄청난 불평등을 겪고 있음을 반증하고 있는 것이다. Harari(2018)는 젠더는 심각한 비즈니스로 끊임없이 여성, 남성임을 증명해야 했고 아무리 증명해도 항상 여성은 남성이 얻는 것보다 적게 얻어왔다고 하였다. 여성은 아무리 몸부림쳐도 부차적인 대접을 받아왔던 것이다. 이런 여성에 대한 불평등은 여성이 리더의 지위로 올라가는 경우가 극소수에 불과하다는 것에서 더욱 극명하게 드러나고 있다.

여성도 일하는 만큼 적절한 대접을 받고 리더의 지위에 오르는 것을 당연히 받아들이는 사회가 되려면 여성의 활동을 지원하는 사회적 인식과 제도가 절대적으로 필요하다. 이를 위해서는 가부장적 가치는 사라져야 하며 사회 전반에 여성주의 가치가 정착되어야 할 것이다.

여성주의 가치란 단순히 기존의 남성중심적인 가치에 여성적인 가치를 첨가하는 것이 아니다. 남성적 가치와 여성적 가치를 합하여 새로운 제3의 조직문화를 만들어 가는 것이다(홍의숙 외, 2016).

> "여성적인 문화는 이런 거예요. 상황을 인식하는 관점이 여성들이 남성들보다 더 성숙하고 긍정적인 방향이라는…. 대체로 여성들이 남성들보다 업무 피드백을 꾸준히 받을 수 있고 그 피드백을 포용하고 공감해서 업무에 반영하는 거예요. 섬세한 공감능력은 상대를 설득하는 데도 유리하게 작용하죠. 또한 여성들이 육아에서 얻은 경험으로 같이 일하는 사람들에게 영감과 동기부여를 해준다고 해요. 비판을 받을 수 있는 여유, 팀원들을 협력으로 이끌고 공감과 포용력으로 이끄는 리더가 현대사회에서 필요로 하는 리더의 모습이고 이런 여성다움 문화를 남성적인 문화와 합쳐 나가야 한다는 거예요. 여성다움, 남성다움을 합친 제3의 창조적인 문화가 필요하다는 뜻이에요."
>
> (홍의숙 외, 2016: 191-192)

여성주의적 문화의 정착을 위해서 여성주의 리더는 사회의 구조와 규범에 대한 변화주체로서 자신을 인식하여야 한다. 여성주의 리더는 조직 내에서 조직의 목표를 설정하고 조직의 틀을 변화시키며 직무를 수행하는 방식 및 평가방법을 바꾸기 위한 문제제기를 하여야 한다. 일반적인 가부장적 조직은 여성주의 리더의 이런 문제제기를 쉽게 받아들이지 못하여 여성주의 리더를 어려움에 빠뜨린다. 그러므로 여성주의 리더십의 실질적이고 구체적인 변화를 위하여 첫째는 여성주의 리더가 많이 출현하여야 하고, 둘째는 여성주의 리더들이 연대하여야 한다(장필화, 2017). 비슷한 경험을 가진 많은 여성주의 리더가 조직에 등장하여야 하며 여성주의 가치를 널리 퍼뜨리며 여성주의 리더를 양산해 내야 한다. 그리고 조직 내에서는 물론 조직 바깥의 여성들과 연대하여야 한다. 연대를 통해 여성주의적 영향력을 확산하고 여성주의적 문화를 정착시킬 힘을 확대할 수 있다. 조직원들과 균형을 맞추면서 연계를 중시하고 연대하는 리더십은 조직구성원 전체의 관계를 통해 굳건해질 것이다. 또 여성의 역사적 경험을 새로운 인식의 토대로 삼아 여성주의적 문화를 지속적으로 발전시켜야 한다(양민석, 2017).

세계의 출산 및 육아휴직과 한국의 동향

네덜란드에 있는 글로벌 기업 유니레버에서는 '일자리 나누기(Job sharing)'와 '유연근무(Agile working)' 등의 근무제로 출산, 육아를 병행하며 일할 수 있게 하고 있다. 상사는 시간제근무를 권하기도 하며 편하게 일할 것을 강조하는 분위기다. 유니레버의 인사부분 대표는 워킹맘에게 '당신의 실제 삶 모습 그대로 일하면 된다(Bring your whole selves to work)'고 강조하며 이것이 그들의 업무잠재력을 극대화할 수 있는 방법이라고 보고 있다.

우리나라도 탄력근무제와 남성의 육아휴직 등을 선택하는 기업이 늘어나고는 있지만 실효성이 미미하다는 것이 수요자들의 느낌이다. 그나마 일·육아 병행 지원이 이뤄지는 건 대기업과 여성가족부 선정 가족친화 인증 기업 등 일부에 불과하여 선진국 같은 제도를 마련하는 데는 아직 많은 시간이 필요하다.

여성들이 출산과 육아와 일을 병행하기 위해서는 사회의 조직적 지원이 급선무이다. 미래의 리더십은 여성이 걸림돌 없이 자신의 능력을 발휘할 수 있는 사회를 만들기 위한 문화의 변화에 앞장서야 하는 것이다.

출처: 매일경제 (2019.3.20.).

변화 · 혁신을 주도하라

사회의 변화에 적응하지 못하고 안주하는 조직은 도태될 수밖에 없다. 생존하고 발전하기 위하여 시대에 맞지 않은 것들은 과감히 버려야 한다. 그러나 조직의 변화를 도모하려면 조직원들의 저항에 부딪히기 마련이다. 일반적으로 사람들은 변화를 두려워하고 회피하려 하기 때문이다. 미래의 리더는 조직원이 두려움과 부담을 상쇄하기 위해 노력하여 어떤 어려움이 있더라도 조직의 변화·혁신을 창출하는 역할을 해야 한다. 미래의 리더는 변화와 혁신을 위하여 조직의 능력을 길러야 한다. 조직의 변화와 혁신에 필요한 능력이란 ① 환경대응 능력, ② 경영전략수립·실행 능력, ③ 정책의 산출 능력이며 이러한 능력을 조직원들과 함께 길러내고, 성장시켜야 한다(하미승, 2018).

조직원의 역량을 개발하라

미래의 리더십은 조직원의 역량을 극대화시킴으로써 조직의 목표를 이루어가야 한다. 우수한 인재를 선발하고 다양한 경험을 제공하여 역량을 개발하는 것은 조직 성공에 필수적인 것이다. 이를 위하여 조직원이 개발하여야 하는 역량은 ① 새로운 변화에 빠르게 대처하는 유연성, ② 새롭고 다른 것을 창조할 수 있는 창의성, ③ 인간적 교류를 증진하는 관계기술과 공감능력, ④ 다양한 문화를 아우르는 문화조성 능력, ⑤ 차이와 갈등을 해소하는 능력의 5가지 역량을 제안할 수 있다(하미승 2018).

감성과 공감으로 조직을 리드하라

미래의 리더십은 지시와 명령으로 조직을 운영할 수 없을 것이다. 미래의 조직과 조직구성원들은 수직적이며 위계적 질서를 거부한다. 수직적인 체계는 함께 정보를 관리하여 창조적인 목표를 달성하여야 하는 미래에는 어울리지 않으며 새롭고 창의적인 성과를 가져오기보다 반목과 질시를 양산할 뿐이기 때문이다. 미래의 리더십은 리더와 팔로워의 연대와 협력이 더 강조될 것이다. 협력과 연대는 결국 사람이 하는 일이다. 즉, 조직 내외의 사람들이 힘을 모아 함께 의미 있는 결과를 만들어야 하는 것이다. 조직 내 혹은 조직 밖 사람들의 마음을 움직이기 위해서는 명령이나 금전, 지위적 보상을 넘어서 마음을 움직여야 한다.

협력과 연대를 위해 서로의 마음을 움직이는 데는 지시나 명령이 아니라 감정을 표출하고 타인의 감정을 이해하며 공감하는 자세가 요구되는 것이다. Golman(2003)은 이렇게 자신의 감정을 표현하고 타인의 입장을 공감하여 조직의 목표를 위해 함께 기여하게 하는 능력을 감성리더십이라 하였다. 팔로워들에게 조직과 리더에 대한 강한 충성심을 발휘하게 하려면 팔로워들과 공감대를 형성하여야 하고 이것이 리더의 기본적인 역량인 것이다. 리더의 감성과 행동은 팔로워의 감정과 행동에 그대로 영향을 주고 감성리더십은 성과에도 영향이 크게 미치며 감성적이지 못한 리더는 조직성과를 끌어내린다. 우리나라에서도 감성리더십이 조직유효성과 직무만족도에 영향을 미치고 조직의 성과는 물론 혁신적 행동에도 영향을 미치고 있음이 여러 연구에서 확인되고 있다(강영은 외, 2019; 김정현, 2016; 류은영 외, 2008).

조직에서의 성공을 위해서는 자기통제, 공감 설득과 같은 변수가 다른 능력들보다 훨씬 강력한 변수로 나타나고 있다. 이렇듯 중요한 변수인 감성과 공감은 다행히도 타고나는 것이 아니다. 감성과 공감은 학습으로 충분히 개발할 수 있는 것이다. 감성이 조직에 미치는 영향력을 충분히 고려하고 몇 가지 개발지침을 기반으로 학습한다면 조직원의 변화를 비롯하여 조직변화를 가져올 것이다

(Golman, 2014).

새로운 리더십의 핵심역량인 감성리더십의 영역을 살펴보고 적절한 학습 프로그램을 개발하여 훈련한다면 감성리더십은 충분히 내면화될 것이다. 다음 표는 감성리더십의 몇 가지 차원과 개발을 위한 지침을 제시하고 있다.

감성리더십의 차원과 개발지침

■ 감성리더십의 차원

개인적 능력: 자신을 움직이는 능력

1. 자기인식능력
   자신의 감정을 읽어 결정에 이용할 수 있어야 한다.
   자신의 장점과 한계를 잘 파악하여야 한다.
   자신의 가치와 능력을 긍정적으로 인정하여야 한다.
2. 자기관리능력
   파괴적이고 충동적인 감정을 통제하여야 한다.
   진실하게 있는 그대로를 표출하여야 한다.
   상황의 변화에 적응하고 유연하게 대처하여야 한다.
   자신의 성취기준을 세우고 달성하기 위해 최선을 다해야 한다.
   주도적으로 행동하고 기회를 포착하여야 한다.
   긍정적인 마인드를 가져야 한다.

사회적 능력: 관계를 움직이는 능력

3. 사회적 인식능력
   감정이입으로 타인의 입장을 이해하고 관심을 표명하여야 한다.
   조직의 구조, 흐름을 읽어내야 한다.
   팔로워나 고객의 요구에 부응하여야 한다.
4. 관계관리능력
   팔로워에게 전망을 제시하고 동기를 부여하여야 한다.
   설득의 기술이 뛰어나야 한다.
   적절한 피드백으로 팔로워의 능력을 지지해야 한다.
   팔로워와 조직을 변화로 이끌어야 한다.

관계망을 만들고, 팀을 구성하여 협력체제를 조성해야 한다.

■ 감성리더십 개발을 위한 지침

1. 감성개발 프로그램은 전략적이어야 하고 다차원, 다의적이어야 하며 새로운 것이어야 한다.
2. 감성의 개발에는 관리 부분의 적극적인 후원이 중요하다.
3. 학습하는 동안 건전한 분위기 속에서 역할 규범과 감성을 유지하면서 갈등을 처리하고 성과에 얽매이지 말아야 하며 학습 그 자체에 초점을 두어야 한다.
4. 학습 과정은 반드시 피드백을 받아야 하며, 평가 자체를 학습의 결과물로 생각해야 한다.

출처: Golman (2003). 감성의 리더십. pp.76-77, p.378.

현대는 지위에 의한 힘이 아니라 감성과 공감으로 인간관계를 조율하여 조직을 이끌고 연결망을 만들어 가는 리더십이 요구되고 있다. 그러므로 새로운 리더십은 감성과 공감으로 조직을 리드하며 수평적이고 유연하게 조직의 활기를 불어넣고 팔로워의 열정을 깨울 수 있어야 한다.

다문화역량을 발전시켜라

이전의 조직문화는 남성중심적이었으나 미래의 조직에는 점점 많은 여성이 진출하게 될 뿐 아니라 연령 그리고 인종적으로도 다양해질 것이다. 세계 인구의 3%가 지구 전역을 이동하는 시대에 우리 사회도 외국인의 이주비율이 급격히 성장하고 있고 퇴직 이후의 연령도 다시 일자리를 찾게 되는 등 조직의 다양성은 급속도로 증대되고 있다. 이에 미래의 리더십은 성별, 인종, 연령, 종교 등 다문화와의 원활한 관계를 위한 기술인 다문화역량을 개발해야 한다.

다문화역량이란 다양한 문화적 배경을 가진 사람들과의 상호작용을 원활하고 적절하며 효율적으로 할 수 있는 능력을 말한다. 즉, 다문화역량은 다문화 배경을 가진 사람과 관계할 때 수용적인 태도로 상대방을 이해하고 소통하여 협력할 지식, 기술, 태도를 포함하는 것이다(김미진 외, 2019). 우리 사회에도 문화다양성이 중요한 변수가 되고 있다. 양미경(2016)은 문화다양성은 부담과 자원의 양면성을 가지고 있다고 보았다. 다문화를 조직에 대한 부담으로 생각하기보다는 하나의 의미 있는 자원으로 인식하고 사용한다면 조직에 보다 유리하게 작용하게 되는 것이다.

다문화의 증가는 조직의 긍정적 자원이 되기도 하지만 이전과 다른 환경의 수용은 많은 어려움과 문제점들이 수반된다. 그러나 다문화는 많은 노력을 투자하여 수용하고 조직 내 자원으로 성장시켜야 할 중요한 자원임은 자명하다. Kovach의 실험에 의하면 문화적으로 동질성을 지닌 팀은 문제를 해결하는 데 평균적인 효율성을 유지하는 반면, 문화적으로 다양한 팀은 가장 효율적이거나 가장 비효율적인 경향을 보인다(양미경, 2016). 그러므로 유능한 리더는 다양한 배경의 조직원들이 성공적으로 일할 수 있는 조직문화를 조성해야만 한다.

Lussier(2016)은 다문화의 수용은 몇 가지 장점이 있다고 하였다. 첫째, 마케팅에 장점이 된다. 다문화 조직은 다양한 고객의 요구를 충족시킬 수 있기에 침투하기 어려운 시장을 석권할 수 있다. 둘째는 인재풀이 확장된다. 다양한 능력자들이 함께하는 집단이라는 평판은 다문화 조직원이 더 쉽게 지원할 수 있게 될 것이고 다양하고 유능한 인재풀이 생성될 것이다. 셋째는 조직 유지비용이 줄어든다. 다문화를 수용하여 조직원을 소중히 하게 되면 조직만족도가 증대되어 이직이 감소하고 그에 대한 비용이 줄어들게 된다. 마지막 장점은 창의성이 높아진다는 것이다. 창의적인 문제해결은 동일집단보다 다양한 집단에서 이루어질 가능성이 높기에 다문화의 수용은 확장된 창의성을 기반으로 조직의 성과를 높일 것이다. 이런 강점이 있는 다문화를 수용하는 역량을 발전시키고 유지하기 위해서는 끊임없는 교육과 훈련이 뒤따라야 한다(Lussier et al., 2016).

미래의 리더십은 성별, 인종, 연령, 종교 등의 다양한 문화를 수용하고 관계하는 방법인 다문화역량을 개발하는 것이 또 하나의 주요한 과제임을 명심하여야 할 것이다.

책임과 윤리를 확보하라

성장을 위한 조직의 경영 마인드는 정치와 결탁하여 사회적 부도덕을 양성하여 왔다. 이에 대한 사회의 인식과 비판으로 새로운 시대의 조직은 투명성을 담보하지 않으면 미래를 보장할 수 없게 되었다. 그러므로 미래의 리더십은 조직의 법률적, 경제적, 윤리적 책임을 인식하여야 할 것이다. 조직은 윤리적인 운영 마인드를 가져야 하며 사회적 배분에의 책임을 가져야 하는 것이다. 미래의 리더십은 조직원의 권익을 존중하고 사회적 평등한 배분에 기여하고 복지에 앞장서야 하는 책임감과 윤리성을 확보하는 것이 중요하다(하미승, 2018).

오뚜기와 유한킴벌리 사례 : 기업의 사회적 책임과 윤리

2017년 문재인 대통령과의 대화에 초청받은 유일한 중견기업인 오뚜기는 '갓뚜기(God과 오뚜기의 합성어)'라 불리며 착한기업으로 꼽히고 있다. 오뚜기가 갓뚜기로 불리는 데는 몇 가지 이유가 있다. 첫째, 대기업 경영진들이 편법으로 상속하려 여러 방법을 동원하는 것과 달리 오뚜기는 상속세를 성실 납부한 것으로 알려져 있다. 둘째, 오뚜기는 25년째 심장병 어린이 수술비용을 후원하는 등 사회복지에 기여하고 있다. 셋째, 98.84%의 높은 정규직 비율을 유지하고 있다. 넷째, 아무리 어려워도 협력업체들에게 물품값을 제값으로 쳐주며 상생을 위해 노력하고 있다. 그 외에도 장학사업, 학술진흥사업을 지원하고 있으며 소비자의 경제적 부담을 고려하여 10년째 라면값을 동결하는 모범을 보이고 있다.

유한킴벌리는 창립 이래 49년간 생활혁신과 기업의 사회적 책임을 위한 노력을 바탕으로 사회와 함께 성장하고자 노력해 왔다. 우리나라가 위생적으로 열악하던 1970년대 초기부터 더 깨끗하고 위생적인 생활이 가능하도록 해 왔고, 1984년부터는 '우리 강산 푸르게 푸르게' 캠페인을 통해 국유림 나무심기, 시민참여 나무심기, 학교숲 만들기, 몽골 산림복원 등을 추진하며 숲 환경 보호를 위해 시민사회와 함께 노력해 왔다. 최근에는 여성인권 향상을 위한 사회기여 활동과 함께 고령사회 문제해결과 시니어 비즈니스를 연계하는 공유가치 경영 실천을 위한 노력을 통해 기업의 사회적 가치를 제고하는 노력도 기울이고 있다. 특히 사내의 자발적 네트워크인 K-WIN은 결혼과 출산 후 육아를 위해 여성들이 퇴직하는 문화를 바꾸기 위해 조직되었다. K-WIN은 일맘을 배려하는 사회적 공감대 확보와 서로의 어려움을 공감하고 격려하여 사내를 넘어 사회 전체로 확대시키고자 콘퍼런스를 진행하고 있다.

이러한 오뚜기와 유한킴벌리의 사례는 조직원의 권익을 존중하며 사회복지에 앞장서는 윤리적 기업으로 미래의 리더십이 참고할 만한 사례가 될 수 있을 것이다.

출처: 아시아경제 (2017.7.24.); 머니투데이 (2016.11.3.)

미래의 리더십은 조직원들의 목표를 이해하고 조직을 넘어 주변 공동체 문화를 세심하게 배려하여야 한다. 이는 리더와 조직원들이 조직이 설정한 목표를 넘어 공동선을 증진시키는 데 도움이 되어야 함을 의미한다. 미래의 리더는 공동선과 공중의 이익에도 관심을 두는 윤리적 리더가 되어야 한다(Northous, 2018).

사회는 끊임없이 변화하고 있다. 앞으로는 이전과 또 다른 변화들이 끊임없이 일어날 것이다. 개인과 조직은 이런 변화에서 살아남기 위하여 변화를 민감하게 감지하고 적절히 대응하여야 할 것이며 때로는 변화를 주도하여야 할 것이다. 한때 성황이었던 기업들이 변화에 적응하지 못하여 현재는 존재감 없이 밀려난 많은 사례가 있다. 이런 예에서 알 수 있듯이 변화를 읽어내고 적절하게 대처하지 못하는 조직의 미래는 암울할 수밖에 없다.

마지막 장에서는 변화에 앞서 조직의 지속 가능한 발전을 위해 미래의 리더십이 고려해야 할 몇 가지를 제안하였다. 미래의 리더십은 여성주의적 문화를 실질적이고 안정적으로 정착시켜 어떤 차별 없이 함께 일하는 문화를 만들어야 하고, 조직의 변화와 혁신을 이끌어야 한다. 또 변화를 이끌고 적응할 수 있도록 조직원의 역량을 개발하여야 하며 감성과 공감으로 조직을 이끌어야 한다. 다문화사회를 맞이한 조직은 다문화역량 개발로 다문화를 통하여 조직의 의미 있는 발전을 꾀하여야 한다. 그리고 책임과 윤리를 확보한다면 변화와 더불어 끊임없이 발전할 수 있을 것이다.

여성주의 리더십 연습 : 미래의 내가 지금의 나에게

- 20년 후 꿈을 실현한 나의 모습을 상상해 봅시다.
- 미래의 꿈을 실현하기 위해 무엇을 어떻게 준비해야 할지를 지금의 나에게 알려주세요.

참고문헌

강미영 (2018). 문화가치관 변화와 가치관 유형: WORLD VALUES SURVEY를 중심으로. 강원대학교 박사학위논문.

강민성, 이서현, 임희정 (2017). 일 · 가정 양립 확산을 위한 기업문화 진단지표 개발 연구. 한국여성정책연구원.

강영은, 정혜원 (2019). 보육교사가 인식하는 원장의 감성리더십과 직무만족도의 관계: 조직문화의 매개효과를 중심으로. 열린유아교육연구, 24(2), 85-101.

강영희 (2018). 여성 리더십 연구의 현황과 향후 과제. 젠더와 문화, 11(1), 105-144.

강형철 외 (2006). 21세기 여성 리더십 모델. 서울: 숙명여자대학교 출판부.

강희영, 우지효 (2012). 부산지역의 분야별 관리직 실태조사. 부산여성가족개발원.

공미혜 (2014). 페미니즘 이론과 흐름. 여성학: 행복한 시작. 서울: 신정.

곽차섭, 임병철 (2009). 역사 속의 소수자들. 서울: 푸른역사.

교육부(2018). 교육통계연보. 한국교육개발원.

구정화, 박윤경, 설규주 (2009). 다문화교육 이해. 서울: 동문사

구정화, 박윤경, 설규주 (2009). 다문화교육의 이해. 서울: 동문사.

권정호, 김동원, 이윤식, 이윤희, 이재석, 이지연 (2008). 인간관계와 리더십. 경기: 양서원.

吉田生典 (2010). 조직을 성공으로 이끄는 리더십 & 팔로워십. 서울: 멘토르.

김문준, 김노사, 노유진 (2017). 조직문화 유형이 조직유효성에 미치는 영향에 관한 연구 : 조직커뮤니케이션의 조절효과 중심으로. 산업진흥연구, 2(1), 15-29.

김수영 (2012). 그녀들은 무엇이 다른가 Ⅱ: 세계 여성의 리더십. 서울: 명인문화사

김시진, 홍아정 (2017). 내러티브 탐구를 통해 본 여성 리더의 리더십 형성과정에 관한 연구. 여성연구, 93(2). 71-107.

김양희 (2006). 여성, 리더 그리고 여성 리더십. 서울: 삼성경제연구소.

김양희 (2017). 성공하는 조직의 리더십모델. 서울: 이새.

김양희, 김홍숙 (2000). 기업 내 남녀관리자의 리더십 비교연구. 서울: 한국여성개발원.

김엘리 (2017). 공유감정으로 소통하다: 마을 만들기 여성 리더십. 페미니즘, 리더십을 디자인하다. 서울: 동녘. 143-175.

김영옥, 김태홍, 홍승아, 배호중 (2011). 일 · 가정 양립 실태조사. 고용노동부.

김영학, 최성보 (2015). 특수교육 교사의 다문화 교육 역량에 대한 인식이 다문화교육실천에 미치는 영향. 다문화교육연구. 한국다문화교육학회, 8(1), 133-150.

김원홍, 김복태, 김혜영, 전선영, 김은주 (2015). 여성의 정치적 대표성 관련 선거법 · 제도의 효과성 연구. 한국여성정책연구원.

김은경, 김혜영, 전선영, 김원용 (2017). 2018년 지방선거 여성정치참여 확대방안 연구. 한국여성정책연구원.

김은지, 홍승아, 민현주, 성경 (2016). 육아휴직 소득보장 실효성 확보방안 연구. 한국여성정책연구원.

김정현 (2016). 조직구성원이 인식한 최고경영자의 감성리더십이 조직유효성에 미치는 영향: 조직규모 간 다중집단 구조방정식 모델 분석. Andragogy Today, 19(4), 91-111.

김정화 (2019). "나는 페미니스트다": 한국 페미니즘의 역사. 여성학강의, 일곱 번째 이야기. 서울: 신정. 11-35.

김종숙, 이택면 (2011). 경력단절의 임금손실 추정. 한국여성정책연구원.

김지윤, 장영철 (2017). 팔로워십 역량이 팔로워십 특성과 LMX의 질에 미치는 영향: 임파워먼트의 조절효과분석. 창조와 혁신, 10(1), 1-40.

김찬호 (2017). 공동체 리더십과 감정 커뮤니케이션. 페미니즘, 리더십을 디자인하다. 서울: 동녘. 110-142.

김창민, 강희양, 김동원, 이난, 이흔정, 정필영, 최혜란 (2016). 대학생과 리더십. 서울: 공감북스.

김창민, 강희양, 김동원, 이난, 이흔정, 정필영, 최혜란 (2017). 대학생과 리더십(증보판). 서울: 공감북스.

김희경 (2006). 여자청소년의 인적자원개발을 위한 리더십교육의 효과에 대한 분석. 청소년학연구, 13(5-2): 155-174.

김희경, 김현지, 전혜숙, 주경미 (2002). 미래를 여는 여성 리더십. 부산: 부산여성사회교육원.

김희봉, 송영수 (2011). 조직유형별 팔로워십 주요역량에 관한 구성원의 인식차이: 규범적 조직과 실리적 조직을 중심으로. 평생교육HRD연구, 7(3), 1-22.

김희봉, 송영수 (2013). 국내 대기업 조직구성원의 팔로워십 역량 도출 및 역량의 상대적 중요도 분석. **HRD연구**, 15(3), 29-51.

나명익 (2017). 팀 내 구성원의 다양성과 팀 효과성과의 관계에서 공유리더십과 팀 동적역량의 매개효과. 중앙대학교 석사학위 논문.

류은영, 유민봉 (2008). 변혁적 · 거래적 리더십이 혁신행동에 미치는 영향에 있어 리더감성지능의 매개효과: LISREL과 매개회귀분석을 적용하여. **한국행정학보**, 42(4), 151-174.

문미경, 권소영, 금창호 (2015). 일 · 가정양립지원을 위한 대체인력 활성화 방안: 공공기관을 중심으로. 한국여성정책연구원

민경원, 이희수 (2015). 다양성 풍토가 조직구성원의 리더-구성원 교환관계와 경력전망에 미치는 영향: 조직의 포용적 관행의 매개효과를 중심으로. **大韓經營學會誌**, 28(9), 2385-2405.

민무숙, 김이선, 이춘아, 이소영 (2009). 다문화 전문인력 양성현황과 정책과제. 한국여성정책연구원.

민주화운동기념사업회 (2008). 핵심역량의 정의 및 선정 프로젝트 요약.

박연호 (1994). **현대인간관계론**. 서울: 박영사.

박재연 (2016). **말이 통해야 일이 통한다**. 서울: 비전과 리더십.

백기복, 신제구, 김정훈 (2016). **리더십의 이해**. 서울: 창민사.

서경희 (2006). 남성과 여성의 의사소통방식: 레이코프(Lakoff)의 재조명. **영미연구**, 15. 125-149.

손영미, 박정열, 김가영 (2006). 일과 삶의 균형 정책의 도입에 관한 연-공공 부문을 중심으로. 2006년 동계학술대회 발표논문집(下), 987-1000. 한국행정학회 동계학술대회 발표논문집.

신인철 (2011). **따라야 따른다**. 서울: 한스미디어.

안윤정, 임윤서 (2016). 여대생의 성찰을 통해 본 한국사회 여성 리더십의 의미 탐색. **인문사회과학연구**, 17(4), 213-250. 부경대학교 인문사회과학연구소.

양미경 (2016). 다문화역량 증진을 위한 기업전략. **다문화콘텐츠연구**, 21, 271-295.

여성가족부 (2018). 성평등일자리, 차별 없는 임금이 만듭니다! -성평등임금실천을 위한 가이드라인.

위미나 (2007). 문화적 역량의 개념 및 구성요소에 관한 연구. 부산대학교 석사학위논문.

유경숙 (2012). 유아교사의 팔로워십 유형에 따른 교사효능감의 차이. **아동교육**, 21(4), 19-29.

유네스코한국위원회 (2012). 유네스코 문화관련 국제협약모음집. 서울: 유네스코한국위원회
윤혜린 (2007). 여성주의의 사회적 파워를 위한 리더십 모형: 나비효과를 소환하기. 여성주의 리더십: 새로운 길 찾기. 서울: 이화여자대학교출판사. 15-52.
윤혜린 (2009). 여성 리더십의 공간과 철학. 서울: 철학과 현실사.
윤혜린 외 (2006). 여성주의 리더십. 서울: 이화여대출판부.
이동성, 주재홍, 김영천 (2013). 문화다양성 교육의 개념적 특질 및 이론적 배경 고찰. 다문화교육연구, 6(1), 51-72
이병준 (2016). 다문화사회에서의 휴먼서비스 실무자를 위한 상호문화역량 프로그램 개발 방안 연구. 경제인문사회연구회 인문정책연구총서. 1-62.
이병준, 석영미 (2013). 다문화 NGO활동가들의 직업전문성 및 다문화역량 발달에 대한 생애사 연구. 평생교육적 함의. 교육인류학연구, 16(1), 101-127.
이병준, 위미나 (2010). 핵심역량으로서의 문화역량: 독일에서의 문화역량에 대한 담론. 문화역량과 문화예술교육. 서울: 교육과학사.
이상화 (2017). 여성/여성주의 리더십: 권력을 다시 생각하다. 페미니즘, 리더십을 디자인하다. 서울: 동녘. 84-110.
이송희, 이훈상, 이진옥, 박지현, 손숙경, 하정화 (2009). 부산여성사1: 근현대 속의 부산여성과 여성상. 부산여성가족개발원.
이승계 (2010). 다양성 관리 이론의 고찰과 국내 기업에 주는 시사점. 현상과 인식, 34(1/2), 147-174.
이재경 외 (2010). 여성학. 서울: 미래인.
이재열 (2009). 생활 속의 인간관계론. 서울: 북코리아.
이종하 (2006). 독일의 문화간 이해교육의 실천과 시사점. 한국교육문제연구, 17, 105-120.
이주희 (2010). 기업조직 내 여성 리더십 특성연구. 아시아여성연구, 49(2): 7-44.
이주희, 송경영, 박희현, 박은민 (2011). 리더십 계발. 경기: 공동체.
임창희, 홍용기 (2011). 리더십 이론과 실제. 서울: 비엔엠북스.
임희정 (2018). 관리자 및 부하의 성별, 조직문화에 따른 남녀관리자의 리더십연구. 여성연구, 96(1), 119-145.
장미혜 (2008). 다민족·다문화사회로의 이행을 위한 정책 패러다임 구축(II)-다문화 역량 증진을 위한 정책·사회적 실천 현황과 발전 방향. 한국여성정책연구원.
장수용 (2011). 성공 비즈니스를 위한 창의적 사고혁신과 문제해결. 서울: 전략기업컨설팅.

장필화, 나임윤경, 이상화, 김찬호, 김엘리, 양민석, 이명선, 조성남 (2017). 페미니즘, 리더십을 디자인하다. 경기: 동녘.

장한업 (2010). 유럽의 상호문화교육을 번역하고. 북리뷰. 다문화교육연구, 3(2), 1-3.

장한업 (2014). 이제는 상호문화교육이다. 서울: 교육과학사.

전혜숙 (2016). 여성 리더십 교육, 여성의 영향력 확대로 사회의 재편성을 꿈꾼다. 여성주의 교육, 시공을 묻다. 서울: 신정. 238-252.

전혜숙, 김성순 (2017). 부산지역 여성 관리직 실태와 확대방안. 부산여성가족개발원

정기섭 (2011). 지속 가능발전교육의 관점에서 본 상호문화역량. 교육의 이론과 실천, 16(3), 133-149.

정희진 엮음 (2017). 양성평등에 반대한다. 서울: 교양인.

조병남 (2007). 젠더 주류화와 21세기 여성 리더십 개발전략에 관한 연구. 숙명리더십연구, 5(1). 203-235.

주광순 (2016). 상호문화철학의 비전. 2016년 한국상호문화철학회 춘계학술대회. 한국상호문화철학회, 25-39.

주재선, 김태홍, 김영란, 한진영 (2018). 2018년 지역별 성평등 수준 분석 연구. 여성가족부.

주재선, 송치선, 한진영 (2018). 2018 한국의 성인지 통계. 한국여성정책연구원.

주재선, 정성미, 한진영 (2018). 2018년 한국의 성평등보고서. 여성가족부.

최승은 (2015). 상호문화교육의 관점에서 본 초등교사의 음악교육경험에 관한 연구. 인하대학교 박사학위 논문.

최준원 (2018). 팔로워십 유형화 및 각 유형별 특성 분석. 기업경영연구, 25(6), 19-50.

통계청 (2018). 2018 일 · 가정 양립 지표.

하미승 (2018). 리더십 이론과 개발. 서울: 윤성사.

허라금 (2005). 여성주의 리더십 이해를 위한 시론. 한국여성철학, 5, 55-81.

허은아 (2012). 메라비언 법칙. 경기: 위즈덤하우스.

홍용기 (2010). 남성 리더십과 여성 리더십 스타일과 리더십 효율성에 관한 연구. 경영정보연구, 29(4), 187-205.

홍의숙, 정혜선, 허영숙 (2016). 핸드백 속 스니커즈. 서울: 피그마리온.

Abdalldh-Pretceille (2004). *L'education interculturelle* (2010). 유럽의 상호문화교육. 장한업 역, 서울: 한울.

Arnesen, A. L., Hadzhitheodoulou-Loizidou, P., Bîirzéea, C., Essomba, M. À., & Allan, J. (2008). *Teacher education: Policies and practices for teaching socio-cultural diversity*. Council of Europe.

Badaracco, J. I. (2016). 가장 좋은 의사결정을 하는 5가지 방법. *Managing in the gray: 5 timeless questions for resolving your toughest problems at work*. 최지영 역 (2018). 경기: 김영사.

Barker, L. L,. & Watson, K. (2000). 마음을 사로잡는 경청의 힘. *Listen Up: How to Improve Relationships, and Be More Productive by Using the Power of Listening*. published by arrangement with The Martell Agency. 윤정숙 역 (2013). 서울: 이아소.

Bell Hooks (2007). 행복한 페미니즘. *Feminism is for everybody: Passionate Politics*. 서울: 큰나.

Bell Hooks (2010). 페미니즘: 주변에서 중심으로. *Feminism Story: From Margin to Center*. 서울: 모티브북.

BKJ, BMBF, OECD, European Commission (2003). Developing Competencies in Cultural Education International Conference Background Paper.

Breidenbach, J. & Zukrigl, I. (2003). 춤추는 문화 : 세계화 시대의 문화적 다원화. 인성기 역. 서울: 영림카디널

Carnegie, D,. & Associates, Inc (2004). 인간관계 핵심스킬. *The 5 Essential people skills by Dale Carnegie Training*. Nightingale-conant. 최염순 역 (2010). 서울: ㈜씨앗을 뿌리는 사람의 즐거운 편집실.

Chaleff Ira (2014). 새로운 팔로잉 방법의 창출. 팔로워십론. 서울: 시그마프레스.

Cox, T. H. (1991). The multicultural organization. *Academy of Management Executive, 5*, 34-47.

Crabb, A. (2014). 아내가뭄. *The Wife Drought*. Random House Australia Pty Ltd, Sydney, Australia. 황금진 역 (2016). 서울: 동양북스.

Duke, A. (2018). 결정, 흔들리지 않고 마음먹은 대로. *Making smarter decisions when you don't have all the facts*. Portfolio, a division of Penguin Group(USA) LLC. 구세희 역 (2018). 경기: ㈜에이트 포인트.

Eagly, A. H. & Johnson, B. T. (1990). "Gender and Leadership style: A meta Analysis", *Psychological Bulletin*, 108(2), pp. 233~256.

Fisher, H. (1999). **제1의 성.** *The first sex.* Inernational Creative Mangement, Inc. 정명진 역 (2005). 서울: 생각의 나무.

Fornet-Batancourt, R. (2010). Zur interkulturellen Transformation der Philosophie in Lateinamerika, Frankfurt am Main. London: Iko-Verlag.

Gay, R. (2016). **나쁜 페미니스트.** *Bad Feminist.* 노지양 역. 파주: 사이행성.

Goleman, D. (2003). **감성의 리더십.** *The Primal Leadership: Realizing the Power of Emotional Intelligence.* 서울: 청림출판.

Goleman, D. (2014). **포커스.** *FOCUS.* 박세연 역. 서울: 리더스북

Harari, Y. N. (2018). **사피엔스.** *Sapience.* 조현옥 역. 파주: 김영사.

Helder, C. (2013). **원하는 것을 얻고 인생을 바꾸는 대화와 설득의 기술.** *The Ultimate Book of Influence : 10 Tools of Persuastion to Connect, Communicate, and Win in Business.* John Wiley & Sons Australia, Ltd. 정은아 역 (2014). 서울: 매일경제신문사.

Hofstede, G. (1980). Culture's Consequences: International differences in work-related values. Beverly Hills, CA: SAGE.

https://www.nytimes.com/2015/03/03/upshot/fewer-women-run-big-companies-than-men-named-john.html?_r=0&abt=0002&abg=0. Justin Wolfer, "*Fewer Women Run Bing Companies Than Men Named John,*" *New York Times, March 2,* 2015.

Huston, T. (2016). **왜 여성의 결정은 의심받을까?** *How women decide: What's True, What's Not, and What strategies spark the best choices.* Levine Greenberg Rostan Literary Agencey. 김명신 역 (2017). 서울: 문예출판사.

INCA project (2004). Intercultural Competence Assesement. https://ec.europa.eu/migrant-integration/index.cfm?action=furl.go&go=/librarydoc/the-inca-project-intercultural-competence-assessment

Kellerman, Barbara (2011). **팔로워십.** Followership: How Followers are Change and Changing Leaders. 이동욱, 김충선, 이상호 역. 서울: 더난출판.

Kelly, R. (1988). In Praise of Followers. *Harvard Business Review, 66*(6), 142-148.

Kelly, R. (2014). **팔로워십 다시 생각하기. 팔로워십론.** 서울: 시그마프레스.

Kim, Jay S., 송계층, 양인숙, 김교훈. (1999). 세계 보편적 리더십 연구─GLOBE의 생성과 현황. **인적자원개발연구**, 1, 33-62.

Kolb, D. A. (1984). *Experiential learning: Experience as the source of learning and development*. Upper Saddle River, NJ: Prentice Hall.

Komoriya, K. (1998). **의사결정의 법칙**. *Ishikettei no Riron to Gihou*. Diamond, Inc., Tokyo, Japan. 나상억 역 (2002). 서울: 21세기북스.

Lakoff, R.(1975). *Language and Woman's Place*. New York: Harper and Row.

Lussier, R. N., & Achua, C. F. (2016). **리더십**(6e). *Leadership: Theory, Application, & Skill Development, 6th Edition*. South Westen: Cengage learning. 차동옥, 심원술, 서재현, 이호선 역. 서울: 한경사.

Northouse, P. G. (2010). **리더십 이론과 실제**(제5판). *Leadership: Theory & Practice 5th*. 김남현 역. 서울: 경문사.

Northouse, P. G. (2018). **리더십 이론과 실제**(제7판). *Leadership: Theory & Practice 7th*. 김남현 역. 서울: 경문사.

OECD (2018). OECD Gender Initiative data browser.

Patterson, K,. & Grenny, J,. & McMillan, R,. & Switzler, A. (2003). **결정적 순간의 대화**. *Crucial Conversations*. 김원호 역 (2003). 서울: 시아출판사.

Prechtl, E. & Lund, A. D. (2007). Intercultural competence and assessment perspectives from the INC A Project. In Kotthoff, H., & Spencer-Oatey, H. (Eds.). (2007). *Handbook of intercultural communication (Vol. 7)*. Walter de Gruyter.

Riggio, Ronald E., Chaleff, Ira, & Lipman-Blumen, Jean (2014). **팔로워십론**. The Art of Followership. 강정애, 이상호, 이호선, 차동옥, 최미정 역. 서울: 시그마프레스.

Rosenberg, M. B. (2003). **비폭력대화**. *Nonviolent Communication: A Language of Life*. 캐서린 한 역 (2004). 서울: 바오출판사.

Sandlberg, S. (2013). **린인**. *Lean In*. 안기순 역. 서울: 와이즈베리.

Squires, J. (1999). *Gender in political Theory*. Cambridge: Polity.

Stevens, A. (2007). **여성, 권력과 정치**. Women, Power and Politics. Palgrave Macmillan. 김영신 역 (2010). 서울: 명인문화사.

Thuraisingham, M. & Lehmacher, W. (2013). **리더의 편견**. *The secret life of decisions*. Gower Publishing Limited. 정윤미 역 (2014). 서울: 웰컴퍼니.

Tong, P. R. (2004). 페미니즘 사상. *Feminist Thought.* 이소영 역. 서울: H.S.MEDIA.

U, P., Bîirzéea, C., Essomba, M. À., & Allan, J. (2008). Teacher education: Policies and practices for teaching socio-cultural diversity. Council of Europe.

UNDP (2018). Human Development Report 2017.

UNESCO (2013). Intercultural Competences: Conceptual and Operational Framework. UNESCO.

World Economic Forum (2017). The Global Gender Gap Report 2017.

Yukl, G. (2013). 현대조직의 리더십 이론(제8판). *Leadership in Organization, 8th Edituon.* 강정애, 이상욱, 이호선, 차동욱 역. 서울: 시그마프레스.

가족친화지원사업 http://www.ffsb.kr

고용노동부 http://www.moel.go.kr

고용노동부 일생활균형 http://www.worklife.kr

교육통계서비스 https://kess.kedi_re.kr

국가통계포털 https://www.kosis.kr

동아일보 http://www.donga.com

중앙선거관리위원회 선거통계시스템 http://www.nec.go.kr

성인지통계 https://gsis.kwdi.re.kr

시사오늘 https://www.sisaon.co.kr

아주경제 https://www.ajunews.com

여성신문 http://www.womennews.co.kr

연합뉴스 https://www.yna.co.kr

한국일보 https://www.hankookilbo.com

한국일보 https://www.hankookilbo.com

행정안전부 https://www.mois.go.kr

찾아보기

인명

함께 가는 미래
여성주의 리더십

초판발행 2020년 1월 10일 **1판 1쇄 인쇄** | 2020년 1월 15일 **1판 1쇄 발행**

엮은이 (사)부산여성사회교육원
펴낸이 최용구 | **펴낸곳** 도서출판 **신정**
주소 (04316) 서울시 용산구 원효로 89길 19 (원효로1가)
전화 02)3211-4782, 0266(영업부), 3211-4783(편집부), 3211-4784(팩스)
이메일 shinjeong72@naver.com | **홈페이지** www.sjbook.co.kr
등록 2001년 5월 11일 제13-702호
기획마케팅 최용구 장만동 송대용 최충구 | **책임편집** 석기은 황가연 | **표지** SDY

ISBN 978-89-5912-499-2 93330
정가 16,000원